县域精准扶贫的生态文明模式

青海省河南蒙古族自治县实践

师守祥 韩华 唐健隆 孙丽丽 著

中国社会科学出版社

图书在版编目(CIP)数据

县域精准扶贫的生态文明模式：青海省河南蒙古族自治县实践／师守祥等著．—北京：中国社会科学出版社，2019.10

ISBN 978-7-5203-5559-9

Ⅰ.①县… Ⅱ.①师… Ⅲ.①县级经济—扶贫—研究—河南蒙古族自治县 Ⅳ.①F127.444

中国版本图书馆 CIP 数据核字（2019）第 248683 号

出 版 人	赵剑英
责任编辑	刘晓红
责任校对	周晓东
责任印制	戴 宽

出　　版		中国社会科学出版社
社　　址		北京鼓楼西大街甲 158 号
邮　　编		100720
网　　址		http：//www.csspw.cn
发 行 部		010-84083685
门 市 部		010-84029450
经　　销		新华书店及其他书店
印刷装订		北京市十月印刷有限公司
版　　次		2019 年 10 月第 1 版
印　　次		2019 年 10 月第 1 次印刷
开　　本		710×1000　1/16
印　　张		16
插　　页		2
字　　数		263 千字
定　　价		88.00 元

凡购买中国社会科学出版社图书，如有质量问题请与本社营销中心联系调换
电话：010-84083683
版权所有　侵权必究

目　录

引　言 ……………………………………………………………… (1)

第一章　生态资源及战略价值 ……………………………… (6)
　　第一节　河南县生态资源 ………………………………… (6)
　　第二节　服务全国的生态地位 …………………………… (9)
　　第三节　洮河源区生态文明建设的战略价值 …………… (11)

第二章　生态担当与生态保护 ……………………………… (21)
　　第一节　生态责任的河南县共识 ………………………… (21)
　　第二节　拒绝"白色污染"，打造最美草原 …………… (23)
　　第三节　洮河水源地保护与利用 ………………………… (27)
　　第四节　生态保护建设规划 ……………………………… (36)

第三章　支柱产业生态化 …………………………………… (49)
　　第一节　大力发展现代有机生态牧业 …………………… (49)
　　第二节　工业的生态化发展 ……………………………… (66)

第四章　生态资源可持续开发 ……………………………… (74)
　　第一节　生态旅游开发 …………………………………… (74)
　　第二节　培育改良草原，生态增值 ……………………… (102)

第五章　着力夯实稳定脱贫基础 …………………………… (113)
　　第一节　交通与信息化扶贫 ……………………………… (113)
　　第二节　电力、水利扶贫 ………………………………… (121)

第六章　制度与软实力保障 ………………………………… (126)
　　第一节　制度保障精准脱贫的生态文明模式 …………… (126)
　　第二节　党建引领是打赢扶贫攻坚战役的保证 ………… (167)

第三节　开启脱贫致富内生动力 …………………………（171）
　　第四节　全社会动员助力攻坚 …………………………（175）
附　录 ……………………………………………………（202）
参考文献 …………………………………………………（250）

引　言

一个完美的县域精准扶贫研究案例

青海省河南蒙古族自治县概况

青海省河南蒙古族自治县（以下简称河南县）位于九曲黄河第一弯，是青海省唯一的蒙古族自治县，俗称"河南蒙旗"。地处青海省东南部，东临甘肃省夏河、碌曲县，南接甘肃省玛曲县，西南与青海省玛沁县、同德县毗连，北与泽库县相邻，处于青甘川三省结合部，素有青海省南大门之称。地理坐标为东经100°53′25″—102°15′27″，北纬34°04′52″—34°55′36″。县域东西长127.67千米，南北宽94.36千米，全县总面积6997.45平方千米，平均海拔3600米，辖2镇4乡2个社区39个牧委会，135个牧业合作社，总人口4.1万人。

河南县拥有青海省生态保护最好的草原，有"亚洲第一、青海最美"之称。

河南县是全国面积最大的有机畜牧业生产基地，全国三大名马之一的河曲马，青海优良畜禽品种苏乎欧拉羊是河南县"你无我有，你有我优"的优势畜种。

河南县是青海省重要的湿地生态区，黄河干流、洮河、泽曲河贯穿境内，具有丰富的湿地资源。境内草原辽阔，水草丰美，天池、湖泊、瀑布众多。蒙元文化与藏文化融合，使河南县形成了独特的民族风情，藏区环绕之中的河南县是领略青藏高原、美丽草原，感受蒙元文化、独特民族风情的神奇之地。

河南县属于深度贫困的"三区三州"之一的青海省藏区[①]，同时也是国

[①] 2017年6月23日，中共中央总书记、国家主席、中央军委主席习近平主持召开深度贫困地区脱贫攻坚座谈会并发表重要讲话，就攻克坚中之坚、解决难中之难、坚决打赢脱贫攻坚战作出部署安排。2017年11月，中共中央办公厅、国务院办公厅印发了《关于支持深度贫困地区脱贫攻坚的实施意见》（以下简称《意见》）。《意见》指出，西藏、四省藏区、南疆四地州和四

家重点生态功能区、生态脆弱和敏感区，县域全境为三江源国家自然保护区。

河南县作为县域精准扶贫案例研究的典型性、特殊性及推广价值体现为：

第一，它的精准扶贫脱贫卓有成效。从2015年8月开始，河南县打响了精准脱贫攻坚战。依托独特生态、资源优势，紧抓国家"一带一路"、新一轮西部大开发、支持民族地区加快发展、对口帮扶、青甘川三省交界地区平安与振兴等国家发展战略和支持政策的历史机遇，大力度推进生态环境保护与建设，大力度推进扶贫开发，精准脱贫成效斐然，提前三年"摘掉了贫困县的帽子"。2017年7月，经国家主管部门委托的第三方对河南县精准脱贫严格评估验收，贫困人口识别准确率为100%，退出准确率为99.92%，群众认可度达97.45%。经国务院扶贫开发工作领导小组审议通过、国扶办复函和青海省政府批准公示，河南县成为青海省第一批脱贫"摘帽"县。河南县脱贫"摘帽"创造了多个第一，譬如，青海省是脱贫"摘帽"县中唯一荣获国家和省扶贫开发工作领导小组表彰的县（2016年河南县扶贫开发局荣获全国扶贫系统先进集体，2017年河南县荣获青海省脱贫攻坚先进集体）、青南地区21个县域中的唯一、青海纯牧业县中唯一等。为此，河南县县委书记韩华应邀参加了2018年2月12日习近平总书记在成都主持召开的"打好精准脱贫攻坚战座谈会"，向大会做了河南县精准脱贫情况汇报发言。全国有5000多个县市区都在推动精准扶贫、精准脱贫，座谈会发言的县委书记只有两个，青海省有46个县市（区）需要精准脱贫。选中河南县做会议发言，是党中央、习总书记对河南县精准扶贫工作的肯定。会议结束后，"焦点访谈"栏目时政专题、新华社和央视记者跟踪采访了县委书记韩华同志，深入了解了河南县长期巩固提升脱贫成果的思考与未来设想。

第二，河南县情特殊，既是"三区三州"国家层面的深度贫困地区，又是少数民族自治州的少数民族县。河南蒙古族自治县属于青海省黄南藏族自治州，是少数民族自治州管辖的少数民族自治县，河南蒙古族自治县是青海省唯一的蒙古族自治县。是全国主体少数民族人口占比最高的民族自治县，蒙古族人口占常住人口的93%。

河南县是一个蒙古族自治县，周边全是藏族县，在历史发展过程中，黄

川凉山州、云南怒江州、甘肃临夏州（以下简称"三区三州"）以及贫困发生率超过18%的贫困县和贫困发生率超过20%的贫困村，自然条件差、经济基础弱、贫困程度深，是脱贫攻坚中的"硬骨头"，补齐这些"短板"是脱贫攻坚战决胜的关键之策。《意见》提出，中央统筹，重点支持"三区三州"。新增脱贫攻坚资金、新增脱贫攻坚项目、新增脱贫攻坚举措主要用于深度贫困地区。

河南蒙古族先民与周边的藏族、汉族、羌族、回族、土族等民族相互融合、相互影响，共同发展，创造了独具特色的蒙藏融合的"河曲文化"。少数民族地区，各民族既有自己的灿烂优秀文化，在发展过程中相互借鉴，但有时也有因宗教、习俗等不同而相互排斥。只有各族群众团结进步，实现社会和谐稳定才有坚实的基础。改革开放以来，河南蒙古族与各民族一道团结奋进，在经济增长、社会进步、文化发展、生态文明和社会文明的提升等方面取得了显著成绩。2005年河南县被评为"全国民族团结进步模范县"。

第三，河南县是个典型的省际边缘县，是青海、四川和甘肃三省藏区的结合部，地理环境高寒，区位偏远，远离中心城市，国家生态功能区产业结构调整余地小，发展的难度极大，精准脱贫在民族地区、生态脆弱地区具有示范意义。

第四，河南县生态文明建设成效显著。青海藏区是全国重要的生态功能区，良好的生态环境为藏区依靠优质的生态产品和生态资源发展生态经济提供了坚实的基础。河南县扎扎实实贯彻落实中央十八大、十九大精神，树立和践行"绿水青山就是金山银山"的理念，凝神聚力抓生态，形成绿色发展方式和生活方式，坚定走生产发展、生活富裕、生态良好的文明发展道路，创出了一条保护生态环境、发展生态经济、开展生态扶贫、建设生态文明"四位一体"的扶贫与发展之路，这种精准扶贫的"河南模式"具有典型性，有很高的推广价值。

★★★

‖资料0-1‖ 青海韩华同志在"打好精准脱贫攻坚战座谈会"汇报发言稿

持续巩固脱贫成效，推动牧区群众长远发展[①]

（汇报稿）

中共青海省河南蒙古族自治县委书记　韩　华

敬爱的总书记：

您好！

河南县地处三江源核心区，是青海省唯一的蒙古族自治县，也是一个

---

① 河南县县委书记韩华应邀参加了2018年2月12日习近平总书记在成都主持召开的"打好精准脱贫攻坚战座谈会"，向大会做了河南县精准脱贫情况汇报发言（中共河南县委宣传部供稿）。

纯牧业县，辖4乡2镇39个行政村，总人口4.1万人，其中蒙古族占93%。2015年，精准识别贫困村16个，贫困人口1440户5400人。2017年，经国家评估验收顺利"摘帽"退出。2017年年底牧民人均可支配收入达到9836.6元。我们采取"12345"做法打好、打赢脱贫攻坚战，即：

坚持一个统揽。按照中央和省委决策部署，紧紧围绕"两不愁三保障"目标，以"四个转变"推动"四个扎扎实实"重大要求。坚持把脱贫攻坚与经济发展、生态保护、民族团结进步创建、社会稳定结合起来，立足当前，着眼长远，统筹谋划各项工作，形成了以脱贫攻坚统揽全县各项事业发展的工作格局，使这一最大的民生工程扎实推进、惠及群众。

打牢两个基础。一是精准识别基础。落实"六个必须""八不准"要求，采取"五看法"，精准锁定扶持对象。其中，有14户基本符合条件的牧户主动提出不戴贫困"帽子"。二是精准施策基础。始终坚持精准要求，立足县情实际和资源禀赋，制定出台了"1+8+10"政策体系，针对每个贫困村、每个贫困户，根据致贫原因和群众意愿，量身定制扶持举措。

形成三方合力。一是党政主导。成立了以党政"一把手"为双组长的扶贫开发领导小组，县乡村逐级组建作战单元，坚持三级书记一起抓，压实了攻坚责任。二是社会助力。统筹整合定点帮扶、对口援青等资源，大力开展"携手奔小康""百企联百村"精准扶贫行动，有力助推了脱贫攻坚工作。仅天津引进、多方联建的瀚度矿泉水厂每年捐资250万元，每个贫困人口受益500元以上。三是激发内力。始终突出贫困群众主体作用，通过开展集中宣讲、技能培训，组织参与公益事业、规范村规民约等激发脱贫致富的愿望和动力，"我要脱贫"成为贫困群众的主流意识。

强化四项保障。一是资金保障。这两年扶贫资金投入达到3.2亿元，是"十二五"投入的3倍。县级财政专项扶贫资金投入每年增长30%以上。二是制度保障。建立完善了绩效考核、督察检查、约谈问责、监督执纪等机制，坚持以制度落实推动政策落地。三是力量保障。省上1名省级领导联县，全县16名县级干部包村，1049名党干部联户，行政村选派第一书记全覆盖。四是工作保障。组建了14个攻坚小组，由县级干部担任组长。选调23名优秀干部充实到县扶贫部门。同时，安排218名志愿者进村开展扶贫工作。

力推五个实招。一是大力发展扶贫产业。以全国有机畜牧业生产基地为依托，通过实施到户产业、建设扶贫产业园、培育新型经营主体，大力发展生态有机畜牧业、特色种植业、生态旅游业等绿色扶贫产业，多渠道带动贫困人口增收致富，推动生态生产生活良性循环。全县扶持16个贫困村发展特色扶贫产业22项。二是深入开展生态扶贫。充分利用退牧还草、生态修复等政策机遇，通过组织参与工程建设、安排公益性岗位等，带动贫困人口增收脱贫。全县共安排公益性岗位736名，年人均收入最高可达2.16万元。三是着力推进教育扶贫。全面落实15年免费教育政策，设立特困学生、乡村教师补助基金，九年义务教育巩固率达到95%，没有因贫辍学现象。四是扎实开展健康扶贫。全面落实医疗救助各项政策，深入开展"三个一批"行动，贫困群体医疗保险参合率达100%。五是补齐民生领域"短板"。持续推进水电路讯等基础设施以及公共服务项目，牧民群众生产生活条件明显改善。

脱贫攻坚夯实了党在民族地区的执政基础和群众基础，在脱贫实践中既锤炼了干部，又培养了人才，积累了经验。人民群众获得感、幸福感明显增强，家家户户挂起总书记画像，打心眼里感恩党的好政策。

脱贫摘帽只是迈出了全面建成小康社会的第一步，巩固脱贫成果任重道远。要在现有的基础上，持续用力，向更高的目标迈进。持续巩固脱贫成效，坚持政策不变、力度不减，实现有质量可持续的脱贫。大力实施乡村振兴战略，进一步培育壮大村集体经济，着力解决影响脱贫致富的长期性问题。继续强化生态保护工作，深入落实生态立县战略，让生态保护成果惠及广大群众。

我的汇报结束，请总书记指示。

第一章 生态资源及战略价值

生态资源是基于生态系统功能的认识,强调的是生态服务价值。生态服务价值是指人类直接或间接从生态系统得到的利益,主要包括向经济社会系统输入有用物质和能量、接受和转化来自经济社会系统的废弃物,以及直接向人类社会成员提供服务。

第一节 河南县生态资源

河南县既是黄河的上游,又是洮河的源区,它独特的地理环境造就了大面积的草原、湿地生态系统,黄河峡谷区域还有一定数量的森林生态系统。河南县的生态系统的类型有草地生态系统、森林生态系统、沼泽生态系统、河湖生态系统。生态资源主要有土地资源、森林草地资源、水资源、气候资源、生物资源等。

生态资源为河南县提供了新的经济增长支撑,全面推进生态文明建设,不但有利于推动三江源等生态保护建设,为全国提供生态公共产品,做出独特的生态贡献,同时有利于河南县创新体制机制,发展生态经济,推动生态经济产业化,产业生态化。

一 草原生态资源

草原是河南县自然资源的主体,也是广大牧民赖以为生的生产和生活资料。蒙藏民族世世代代在这里从事牧业生产,并创造了与草原密不可分的灿烂文明。河曲草原属典型的高寒草甸型草场,地处被联合国教科文组织誉为"世界四大无公害超净区之一"的青藏高原东部地带。20世纪90年代,被评为"全省无地面鼠害县",2004年被列入"三江源"自然保护区范围。全县天然草场总面积6471.81平方千米,占全县总面积的92.49%。具有水源涵养、防沙、保持水土和生物多样性的生态功能。其中可利用草场5998.29平方千米，占草场总面积的92.68%。河南县优良草场分布集中，草质优良，地势平缓，水源充足，为大面积连片改良、集中合理利用，实现集约化、现代化畜牧业生产提供了有利条件，是全省乃至全国生态保护最好的优良牧场之一，是发展有机畜牧业的理想之地。

草原上有名山列布，西倾山为历史名山，吉冈山、李恰如山风景秀丽。山间大河奔流，浩浩荡荡。黄河的支流泽曲、洮河源远流长。山河间围成夏拉、柯生玛尼、代富桑、克其赫、唐加果、孕玛日、优干宁等大小不一的30多个滩地，一望无际，水草丰美。其中代富桑滩面积最大，达136平方千米，为洮河发源地，该滩地势平坦，牧草丰茂，水源充足，草质优良，属于四季型优良牧场。

河南蒙旗大草原，夏季是山花的海洋，绿草的世界。蓝天、白云、草地勾画出一幅如诗如画的草原风光。

二 湿地生态资源

河南县域属于黄河上游主要的水源补给区，是黄河干流重要的天然蓄水池，对黄河及其第一大支流洮河水资源的调节起到关键作用。河南县湿地生态系统包括河流、湖泊、沼泽等多种类型。

河南县域有大小河流近百条，其中干流4条，均为黄河一级支流，主要支流10条，均为黄河二级支流。黄河为过境客水，泽曲河发源于泽库县，其余均发源于本县，纵横比例，分布均匀，有利于草原生态建设和科学利用。黄河多年平均径流量131.5亿立方米。较大河流为洮河、泽曲河、孕玛日河，这些河流水质好，分布广，流程长，流域大，水文地质稳定，年均径量总量13.87亿立方米。泽曲源于泽库县境内，经河南县流入黄河，是河南县境内最大的河流之一，全长232千米，流域面积4756平方千米，年径流总量7.1亿立方米。洮河在河南县境内流程83.5千米，平均径流总量53亿立方米。

三 林业生态

全县林地面积65.18万亩，占全县土地总面积的6.21%，其中有林地21.4285万亩，疏林地2.511万亩，灌木林地60.2355万亩。林木覆盖率5.89%。天然林资源主要分布于宁木特乡境内，森林覆盖率为4.5%，森活立木总蓄积量为34.8万立方米，主要树种有青海云杉、圆柏、桦木、沙柳等。全县天然林区高等植物有3000余种，隶属226种123属，其中经济植物278余种，药用价值有133种，名贵中药材有党参、大黄、冬虫夏草、雪莲、贝母、姜活、秦艽、黄芪、柴胡等。野生动植物有191种，药用的有73种，其中兽类有30余种，主要有马鹿、马麝、岩羊、雪豹等，鸟类有132种，主要有褐马鸡、雪鸡、草原雕等。

四 蒙古族传统的草原保护文化资源

蒙古族草原生态保护的内容很丰富，从远古时的习惯法到蒙古汗国以后的成文法，都不同程度地反映着这一内容。主要包括倒场轮牧、禁止草原荒火和破坏草场、禁止污染水资源和保护森林资源、季节性围猎和保护野生动物等。蒙古族选择了最适合当地生态环境的游牧生活方式，并在创造游牧文明的过程中起到了人与自然和谐的典范作用。

（一）移牧

主要目的就是考虑畜群的种类与水草植被的关系。移动是游牧的生命，牧民依据牧草和水源的关系、牲畜的种类、牲畜群的大小等，决定移牧的频率和距离。其中草场是最基本的条件，只有丰美的草场，畜群才能肥壮。

（二）轮牧轮休

作为移动游牧的一种方式，它的分工更细致，按季节倒场轮牧，充分利用草原地带各个草场的季节性差异，来满足畜群的采食需求，具有合理、科学的一面。它成为游牧生活生产方式的一种习惯法则，一直被人们所遵循、贯彻着。

（三）严禁破坏草场

草场是蒙古族牧民最主要的生产资料之一。因此，蒙古人特别忌讳在草场上挖坑、挖草根，破坏地表层，造成沙化。

（四）保护水资源

对于游牧民族来说，水资源同草场一样重要，两者缺一不可，常常比作"水草丰美的草场"。

（五）禁止草原荒火

在禁止草原荒火方面，不仅蒙古族习惯法中有明确遵循的法则，而且在后来的成文法中制定得更加明确和详细。这不仅仅考虑到牲畜的安全和吃草问题，更重要的是为了保护草原，考虑到因失火烧毁草场进而破坏草原的植被层，导致草场的退化、沙化。有关禁止草原荒火的法规在古代蒙古族法典里有很多内容，规定得也很详细，认定失火、放火者为犯罪而需受到处罚。采取积极的挽救措施，救助者受到奖励，逃避者受到处罚。

（六）保护野生动物

古代蒙古族懂得季节性围猎与保护野生动物之间密不可分的辩证关系，野生动物多了可以进行围猎，并且是有季节性的。一旦野生动物稀少了就要加以保护，禁止捕杀某些野生动物。在这一点上古代蒙古族掌握得十分熟练、十分合理，清楚地懂得野生动物在生态环境当中所起的平衡作用。主要有冬季围猎，放生雌性、幼崽。禁止猎杀品种，保护稀少动物。

（七）保护森林资源

蒙古族有关保护森林资源的法律内容相当丰富，从禁止砍伐、处罚砍伐者、奖赏发现者、派"得格"护林巡视到荒山野地植树都有较详细的规定。

这样的传统文化在河南县农村牧区的村民公约都有体现，成为保护生态的重要手段。

第二节　服务全国的生态地位

河南县地处生态界面区位，这里的生态系统具有结构最为复杂，功能最为完善，信息最为集中的特点，对相关相邻生态系统也是最为强大而深刻。

一　三江源国家自然保护区重要组成部分[①]

三江源区位于青藏高原腹地、青海省南部，为长江、黄河和澜沧江的源头汇水区，总面积36.3万平方千米，约占青海省总面积的50.4%。该区域是长江、黄河、澜沧江三大河流的发源地，被誉为"中华水塔"，具有青藏高原生态系统和生物多样性的典型特点，是我国江河中下游地区和东南亚区域生态环境安全及经济社会可持续发展的重要生态屏障。该区域动植物区系和湿地生态系统独特，自然生态系统基本保持原始的状态，是青藏高原珍稀野生动植物的重要栖息地和生物种质资源库。

三江源自然保护区是整个三江源地区生态类型最集中、生态功能最重

---

① 资料来源：http：//sjynr.forestry.gov.cn/。

要、生态体系最完整的区域，也是青藏高原生态系统的核心保育区，在我国西部生态与环境保护体系中具有重要的战略地位。该保护区是我国海拔最高、面积第二大、高原物种多样性最为集中的超大型国家级自然保护区，也是中国建立的第一个涵盖多种生态类型的自然保护区群，保护区总面积为15.23万平方千米，占三江源区总面积的42%，占青海省总面积的21%。

三江源保护区是在三江源区范围内由相对完整的6个区域组成的自然保护区网络。涉及青海省的玉树、果洛、海南、黄南藏族自治州和海西蒙古族藏族自治州的17个县市，包括果洛藏族自治州玛多、玛沁、甘德、久治、班玛、达日6县；玉树藏族自治州称多、杂多、治多、曲麻莱、囊谦、玉树6县，海南藏族自治州的兴海、同德2县，黄南藏族自治州的泽库和河南2县，格尔木市管辖的唐古拉山乡，行政区划上共由70个不完整的乡镇组成。

根据主体功能，国家将其定为以高原湿地生态系统为主体功能的自然保护区网络。核心区面积31218平方千米，缓冲区面积39242平方千米，实验区面积81882平方千米，分别占自然保护区总面积的20.5%、25.8%和53.7%。在所有核心区中，主体功能以保护湿地生态系统的核心区分别占核心区个数的42%，面积的54%，其次为野生动物、典型森林与灌丛植被。在空间布局上，中西部以野生动物类型为主，东部以森林灌丛类型为主，湿地类型主要区划在源头汇水区和高原湖泊周边。

三江源区分布有大小河流180多条，大小湖泊1800余个，雪山冰川2400平方千米，沼泽湿地8000多平方千米，黄河总水量的49%、长江总水量的25%、澜沧江总水量的15%发源于此，每年向中下游供水高达600多亿立方米。

三江源地区生态地位极其重要。但近些年来，随着全球气候变暖，三江源区的冰川、雪山逐年萎缩，高原冰川末端每年上升30—50米，雪线也在逐年上升，直接影响着当地生态环境的质量，给中下游地区及东南亚各国经济发展和生态质量带来危害。因此，在青海三江源地区建立自然保护区对长江、黄河、澜沧江三大河流源头地区生态环境保护，落实西部大开发生态保护先行的方针和策略，有着十分重要的意义。

二 河南县服务全国的生态地位

河南县一方面全境位于三江源国家自然保护区，所在区域的主导生态服务功能为水源涵养和生物多样性维护；另一方面又具有界面的过渡性，它是青藏高原与非青藏高原的过渡地带，社会文化上是藏族文化与非藏族文化的融合区，河南县本身是蒙古族，蒙古族人口占全县总人口的比例高达 93%，而其周边都是藏族县，文化是构成生态的重要元素，建设生态文明离不开蒙藏传统的生态保护文化。河南县的生态地位具有独特的生态界面地位，它的作用是双重的，既是不同生态系统的分界线，也是不同生态系统的融合线。

河南县是青藏高原高寒生态系统的典型代表，具备湿地、森林和草原三大生态系统，其特殊的生态、生物多样性景观，具有宝贵的研究价值。境内野生动植物资源丰富，拥有高等植物 324 种，野生动物 191 种，其中有国家一级保护野生动物雪豹、黑颈鹤、金雕，有国家二级保护野生动物大天鹅、鸢、雀鹰等 11 种。

河南县特殊的地理位置，既有青藏高原特色，又是青藏高原向黄土高原生态系统的过渡地带，生态地位更为独特，具有战略地位。

第三节 洮河源区生态文明建设的战略价值

一 关于洮河发源地的文献描述

洮河发源于西倾山，在地理上是清晰的，这一点在古老的文献中多有记载，现实的行政管辖区域也是明白无误的。洮河发源于青海省河南蒙古族自治县赛尔龙乡，官方没有任何争议，2014 年，国家林业局批准建立了"青海洮河源国家湿地公园"。但是我们在阅读有关洮河的文献时发现有不少错误或者模糊描述：有的文献笼统地说，洮河发源于青甘交界地带的西倾山东麓（也有说北麓的），没有点明是青海或者甘肃。出现这种情况是西倾山地跨青海、甘肃两省，论述者的重点不在行政区域所致；有的文献说洮河发源于甘南，则是错误的。分析原因可能是甘南的文献对西倾山的记录甚多，甘南旅游对西倾山的宣传也多，所以有的人就误认为西倾山就在甘南，洮河也发源于甘南。

由于网络文献，特别是微博、博客等自媒体平台缺乏足够的严谨性，致使洮河的发源地表述出现混乱。

黄河网（http://www.yellowriver.gov.cn），是水利部黄河委员会官网，其资料具有权威性。黄河网"黄河概况——水系——主要支流"项做如下描述：

> 洮河是黄河上游右岸的一条大支流，发源于青海省河南蒙古族自治县西倾山东麓，于甘肃省永靖县汇入黄河刘家峡水库区，全长673千米，流域面积25527平方千米，按沟门村水文站资料统计，年平均径流量53亿立方米，年输沙量0.29亿吨，平均含沙量仅5.5千克每立方米，水多沙少。在黄河各支流中，洮河年水量仅次于渭河，居第二位。

洮河流域地处青藏高原东北边缘和黄土高原西部，兼有这两大地区的特点。地形类别复杂多样，上游为河源草原区，中游为土石山林区和黄土丘陵区，大多数地区都是草场辽阔、森林茂密的地方，地面覆盖度高，水源涵养条件好。下游属黄土丘陵沟壑区，约占流域面积的27%，沟壑纵横，植被稀少，黄土裸露，水土流失严重，是流域泥沙的主要来源区。流域气候，虽属大陆性，但因受青藏高原和蒙古高原气候交汇的影响，大部地区湿润多雨，降水量较大，除最北部年降水量近400毫米外，其余90%以上的地区年降水量均在600毫米以上，有些地区还高达八九百毫米。洮河流域平均宽度只有38千米，不易形成大洪水。

二　河南县洮河源区生态保护的跨区域影响

（一）洮河：黄河来水量最大的支流

洮河是黄河上游右岸的一条大支流，流经青海省河南县，甘肃省碌曲县、合作市、卓尼县、临潭县、岷县、康乐县、渭源县、临洮县、广河县、东乡族自治县、永靖县等13个县（市）。洮河流域周围，东以鸟鼠山、马衔山与渭河、祖厉河分水，西以扎尕梁与大夏河为界，北邻黄河干流，南以西秦岭迭山与白龙江为界。洮河水系主要河流包括洮河干流、支流周科河、科才河、括合曲、博拉河、车巴沟、卡车沟、大峪沟、迭藏沟、羊沙河、冶木河、漫坝河、三岔河、东峪沟、大碧河、广通河。

事实上，流域水量的测量与比较有三组数据，即径流模数、年平均径流量、来水量（入干流水量），这三组数据的用途和含义不同，对干流水量的贡献而言，来水量才是真正有意义的。渭河虽然径流量大，但流域经济活动活跃，用水量大，入黄流量大为减少，时常断流。洮河流域多数为草原牧区、林地、高原峡谷，用水量少，是黄河上游地区来水量最多的支流（注入黄河干流水量最多）。

（二）洮河为甘肃中东部干旱地区经济社会发展提供坚实水资源保障

洮河水资源利用的最大特点是跨流域性，上游流经草原牧区，补给多，利用少；中下游流经黄土丘陵区，山高水低利用有限；最大的受益区域在流域外。

洮河对流经的甘肃省各县生产生活均有重要意义，其人均水量和亩均水量分别相当于甘肃省平均数的225%和272%。流域内用水量有限，只是下游农业区对灌溉的依赖性较高，预计今后灌溉面积发展将不超过100万亩，需水4.7亿立方米（由于弃耕和产业结构调整，洮河流域的岷县和临洮灌区用水量呈逐年下降趋势），加上工业及城乡生活用水，年需水量约6亿立方米，只占地表水资源量的11%多。因此，洮河有大量水资源可以外调。

甘肃省为解决其中部干旱地区人畜饮水困难，历经半个多世纪建成了跨流域调水的"引洮工程"。

该工程一期受益区涉及5市11县154个乡镇，总面积近2万平方千米，受益总人口330多万人。洮河河南境内的水资源补给，对于甘肃中东部干旱地区人民群众的生产生活保障具有不可替代的战略地位。一旦上游的草原生态遭受破坏，补水量下降，甘肃中部数百万人和千万头牲畜的饮水就会出现困难。

引洮工程，是甘肃历史上最大的跨流域调水工程，引洮供水一期工程通水运行4年来，解决了陇中干旱的定西、白银、兰州3市7县（区）232.5万人民生产生活用水问题，对促进甘肃省城乡供水安全、扶贫开发、农业产业结构调整、生态环境恢复等方面，凸显了重大水利工程推进扶贫攻坚，加快小康社会建设步伐的能量，为当地经济社会生态全面发展提供了可靠的水资源保障。

甘肃中东部干旱地区经济社会发展的水资源保障。甘肃是我国最干旱的省份之一，其中东部地区尤甚，是气候干旱、地形干旱、生态干旱、工程干旱等的叠加，有"十年九旱"之说。

引洮工程是甘肃历史上最大的跨流域调水工程，分两期建设，总投资124.5亿元，受益人口约占甘肃省总人口的1/6。其中一期工程总投资50亿元，已建成投运，发挥效益。二期骨干工程，总投资74.5亿元，已在加紧建设中。二期工程以城乡生活、工业供水为主，兼顾农业灌溉。设计总调水量3.13亿立方米，其中配置城乡生活及工业水量约2.2亿立方米，农业灌溉水量约0.93亿立方米。新发展灌溉面积29.2万亩。

引洮工程，备受社会各界关注，党和国家高度重视。2013年2月3日，习近平总书记视察引洮工程时讲："引洮工程是造福甘肃中部干旱贫困地区的一项民生工程，工程建成后可解决甘肃六分之一人口的长期饮水困难问题，工程的建设具有非常重大的意义。民生为上、治水为要。要尊重科学、审慎决策、精心施工，把这项惠及甘肃几百万人民群众的圆梦工程、民生工程切实搞好，让老百姓早日喝上干净甘甜的洮河水。"

2015年8月6日引洮供水一期工程正式运行，为定西、兰州、白银3个市辖的会宁、安定、陇西、渭源、临洮、通渭、榆中7个县（区）城乡生产生活用水、工业供水、农业灌溉、生态供水提供了水资源保障。

在引洮一期工程建设期间，工程供水范围逐步延伸，受益人口由154万人增加到232.5万人（配套完善后可达330万人），发展节水农业灌溉19万亩。

2015年7月7日，甘肃省引洮供水二期工程项目可行性研究报告获国家发改委批复。2015年9月23日，水利部以水规计〔2015〕375号文正式批复了甘肃省引洮供水二期工程项目初步设计报告。

引洮工程的受惠区不断扩大，甘肃东部的天水市主城区秦州、麦积两区的15个乡镇及街道80万群众用上了洮河水。这一工程从根本上解决了天水城区水资源的供需矛盾。

（三）引水工程效益巨大

（1）水费收入测算。已投运一期工程年调水量2.19亿立方米，配置非农业用水1.53亿立方米，约占总外调水量的70%；农业用水0.66亿立方米，约占总水量的30%。引洮工程受益区范围大，地区差异大，全面准确测算工程效益比较困难，以主体受益区定西作为样本测算最有代表性。自2017年4月1日起，定西执行定西市发展和改革委员会《关于定西城区自来水价格调整的批复》（〔2017〕80号）。按此水价方案，居民生活用水量设置阶梯为三级。其中，第一级水量为每月每户8立方米（含）以下，价格为3.40元/立方米；第二级水量为每月每户8—12立方米（含），价格为4.55元/立方米；第三级水量为每月每户12立方米以上，价格为7.90元/立方米。非居民生活用水（包括行政用水、经营用水、工业用水）价格为 5.20 元/立方米；特种用水价格为 8.15 元/立方米。考虑到非居民用户、特种用户相对较少，农村农户养殖、自用菜地广泛使用自来水等情况，取中间数，非农业用水均按第二级水量水价，即 4.55 元/立方米。那么一期非农供水 1.53 亿立方米，计收水费 6.96 亿元/年。定西农业供水价格没有新数据，按 2008 年标准每立方米 0.33 元，计收水费 0.22 亿元/年，一期工程合计水费收入为 7.18 亿元/年。

二期工程尚未全面投运，比照一期规模，按现价计算，水费收入为 10.26 亿元/年。一、二期水费收入合计 17.44 亿元/年。

（2）工程直接经济效益。根据国家部委批复方案，引洮供水二期工程设计水平年（2030 年）城镇生活供水量为 6132 万立方米，可产生直接经济效益 5.4976 亿元；农村生活（生产）供水量为 4378 万立方米，可产生直接经济效益 3.9255 亿元；工业供水量为 5255 万立方米，可产生直接经济效益 4.7117 亿元；项目规划水平年（2030 年）灌溉直接经济效益约为 3.0299 亿元。同时，还可改善当地脆弱的生态环境，给当地政府招商引资、增加当地群众收入、促进当地脱贫致富、保障当地群众正常生活秩序提供水资源保障，间接供水经济效益 2.2893 亿元。上述各项经济效益合计 19.454 亿元/年。

一期工程直接经济效益比照二期工程测算，约 26.96 亿元/年。一、二期合计直接经济效益 46.42 亿元/年。

间接经济效益（城镇建设、产业园区）、社会效益、生态效益目前难以测算，但必然是个巨大的数字（新增 48.2 万亩的灌溉面积，按每亩 2000 元收益计算，可增收 9.64 亿元/年）。引洮工程从根本上解决了以定西市为代表的甘肃中部严重干旱缺水地区的水资源匮乏问题、夯实陇中地区经济社会发展基础、改善生态环境和生活条件意义重大，也为甘肃省加快推进"1236"扶贫攻坚行动及"丝绸之路经济带"甘肃黄金段建设提供重要的水资源支撑与保障，为与全国一道全面建成小康社会奠定坚实基础。

（四）为甘肃中东部脱贫致富奠定坚实基础

引洮供水一期工程建成通水，使陇中 232.5 万群众告别了长期吃苦咸水的历史，城乡居民生活质量得到提高；同时，为受益区农业转型发展、增加农民收入、加快扶贫攻坚、实现小康社会奠定了坚实基础。

干旱缺水是造成甘肃深度贫困的直接原因，水资源严重匮乏更是制约扶贫开发和经济社会全面发展的重要因素。引洮工程受益范围主要以定西为核心的陇中地区，属六盘山区连片特困区和国家扶贫重点县区，引洮供水一期工程作为甘肃省扶贫开发的重大水利工程，不仅解决了定西、白银、兰州7县区232.5万人口饮水困难，而且引洮供水二期工程建成后将彻底解决甘肃1/6人口饮水困难问题。随着引洮供水一期工程效益的不断发挥，引洮工程对甘肃扶贫开发的重大意义和深远影响将不断显现。

引洮供水一期工程实现了从"源头"到"龙头"的农村饮水安全，引洮工程受益区农家，不仅自来水接到了厨房，还接到了卫生间，山区农民和城里人一样用上了太阳能热水器，家里还添置了洗衣机、电冰箱。

引洮供水一期工程效益不仅体现在群众饮水安全上，更促进了当地农业新型产业的发展。2017年安定区有2万户农民告别种粮的传统产业，自发种植节水蔬菜，紧紧依靠引洮工程脱贫致富。2016年安定区内官镇永安村致富能人鲁占林流转土地1200亩，采取滴灌技术栽培马铃薯，亩产6000千克，亩收入4200元，实现了大旱之年增产增收。

引洮供水一期工程不仅彻底解决了中部干旱地区数百万群众的饮水安全，为甘肃省深度贫困县全部"摘帽"、解决区域性整体贫困夯实了坚实基础，为甘肃2020年与全国同步实现小康社会目标提供了坚强的水利保障。

★★★

‖新闻链接1-1‖ 引洮工程助陇中225万群众脱贫解困[①]

临近中秋，大西北苹果红了。曾经连喝水都发愁的董阔，在村里的千亩果园里忙碌着。

42岁的董阔家住甘肃省会宁县头寨镇牛河村，这里属于陇中地区，人均水资源占有量仅为全国人均水平的6%，亩均占有水资源量仅为全国平均水平的2%。群众饱受缺水之困、贫穷之苦。

2006年11月国家启动引洮工程，这是甘肃省历史上最大的跨流域调水工程。引洮供水一期工程于2014年12月通水试运行，汨汨清水沿着蛛网般的渠系流向定西市、白银市和兰州市的7个国家扶贫重点县（区）。

2013年，会宁县西北磨坊农产品公司来到牛河村，一口气流转旱地

[①] 新华社记者：张钦，http://www.sohu.com；2017-09-28。

2500亩建起苹果园。董阔把自家的11亩耕地，按照每年每亩500元的价格流转给这家企业，然后跑到果园里打工，每月工资3000多元，一个人在家门口就可以轻松地挣到4万多元一年。

2015年，董阔说服家人，在5亩玉米地里栽植苹果树苗。与许多村民相比，他栽种苹果更有优势。因为这几年在村里的千亩果园务工，他免费学到不少果树栽培技术。

就这样，董阔从一个粮农顺势转型成果农。他所务工的千亩果园，苹果产量估计在200吨以上。他家的果园也已零星挂果。旱塬上不结苹果则已，一结苹果又甜又脆。

引洮工程通水，脱贫水到渠成。像董阔这样，陇中地区的许多农民因为这项规模空前的大型扶贫水利工程，顺势转型成果农、菜农、花农。

因为有了水，近年来许多村庄"脱胎换骨"，农民脱贫水到渠成。会宁县和定西市安定区曾是"马铃薯之乡"，现在经济林果、蔬菜大棚如雨后春笋般多了起来。

（五）加快农业产业结构调整

引洮供水规划灌区48.2万亩。一期工程通水后，灌区农业生产条件逐步得到改善，农业产业结构得到调整，灌区土地流转加快，林果和蔬菜种植形成规模，为高新农业产业发展、高新技术节水和种植大户发展提供了优质水资源。

以干旱著称的定西、会宁等市县，引来了洮河水，农村发展蔬菜基地、千亩果园、规模化养殖场、节水示范园区如雨后春笋般建立起来。安定区粮经结构比例由2014年的7∶3变为2017年的4∶6。2017年流转土地32.88万亩，涉及农户20058户。鲁家沟镇流转土地8000亩，新建1万立方米的蓄水池，其中小岔口、南川、塬坪3个村建成规模化蔬菜基地3500亩，农民收入大幅增长。

会宁县发展林果产业，带动许多企业或个人发展农业新产业。头寨镇牛河村有6000亩旱地，2012年，青年农民张玉珊得知引洮工程快要通水了，立即成立了甘富果业集团果业公司，流转撂荒土地2500亩，引进烟台富士品种，在会宁建了4个果业基地，每年给土地流转户每亩500元流转费，还吸收周边农民务工创收，带动农民发展苹果产业。2017年头寨镇增收1000多万元。

渭源县、临洮县中药材、马铃薯种植及深加工、牛羊养殖业也受惠于引洮工程形成规模；安定区马铃薯产业发展到90万亩，发展养殖企业35家、养殖小区130个，规模养殖户5200户，各类畜禽饲养量达到415.2万头（只），跻身全省"肉羊养殖大县"。陇西县靠中药材深加工，每年实现收入2亿元。引洮工程，为陇中旱塬又添一片片新绿洲，为陇中黄土高原发展增添了生机和活力。

★★★

‖新闻链接1-2‖甘肃会宁借引洮工程做"水文章"，发展设施农业助脱贫[①]

时下，走进甘肃省会宁县郭城驿镇八百户村村民李效憬的日光温室，一股春意盎然的温暖扑面而来，嫩嫩的蔬菜苗生机勃勃，翠绿诱人。

李效憬说："洮河水引来之前，当地大棚蔬菜种植都是利用蓄水池蓄水浇地，由于种菜用水量大，用水得不到保障。洮河水来了之后，随时用水随时有，彻底解决了后顾之忧。"

会宁县位于甘肃中部，是国家扶贫开发重点县，十年九旱，水资源奇缺，"年年有小旱，三到五年一中旱，七到十年一大旱"是会宁的基本县情之一。

近年来，会宁县探索产业扶贫新模式，借助引洮工程，大力发展以日光温室、塑料大棚等为主的设施蔬菜产业，从而提升脱贫质量，确保脱贫成效。

2016年年初，引洮一期会宁北部供水工程正式通水，解决了该县北部11个乡镇25万群众的吃水问题。现在正在建设的引洮二期会宁南部供水工程，将实现对会宁县全覆盖。

借着这样的好机会，2017年，会宁县在中川、韩集等5个乡镇，着力部署推进以日光温室和塑料大棚为主的"万亩万座"设施蔬菜产业。

"通过这些产区的带动，引导全县蔬菜产业向大规模、高质量发展，助推更多农民脱贫致富。"会宁县农业技术推广中心研究员刘生学如是说。

"2018年会宁县要建一万座大棚，种苗需求应该比较大，所以我打算今年把八百户村所有的大棚改建成育苗温室，争取给全县种大棚的乡镇提

[①] 中国新闻网记者：王瑞，2018年3月20日。

供优质的种苗。"看到这样好的发展前景，李效憬也给自己定下了发展目标。

中川镇梁堡村党支部书记董景春说："以前种菜没有水，现在引洮二期工程在米峡水库建了一个储水点，保障了全村的蔬菜用水。村里将根据'三变'改革，首先流转土地，搭建大棚，大面积发展蔬菜种植，争取全村早日奔小康。"

过去，干旱缺水严重制约了会宁县产业发展和群众致富。现在，该县在做好全覆膜种植"抗旱"文章的同时，利用引洮工程水资源，正谋篇做好"用水"文章，大力推广种植以日光温室和塑料大棚蔬菜为代表的高效节水经济作物。

种了3年大棚蔬菜的中川镇高庙村建档立卡贫困户张文东，就是其中的受益者。现在他不但顺利脱贫摘帽，而且实现了稳定增收。

"一个棚收入4000—5000元，两个棚就是1万块钱，四个棚一年基本上能稳定收入2万块钱。"张文东掰着手指头高兴地算着收入账。

看到兄弟村村民通过大棚蔬菜种植，收入稳定增加，生活越过越好，这让中川镇梁堡村建档立卡贫困户康永彬羡慕不已。现在，他趁着该县在本乡镇建设万亩蔬菜产业园的机遇，下决心认领了4个棚。"发展的机会来了就要紧紧抓住，县上在中川镇建设万亩蔬菜产业园，有各项优惠政策，我想通过大棚蔬菜种植改变生活。"康永彬信心满满。

为保障贫困户增收水平和脱贫质量，近年来，会宁县出台了一系列配套保障措施，设施蔬菜种植区贫困户每户最少种植4座塑料大棚或1座日光温室，其中自建2座大棚以上的贫困户给予2500元的产业补助，以此来确保贫困户"稳定脱贫，持续增收"。

据统计，2017年，仅蔬菜产业一项，会宁县落实产业补助资金达402.5万元。2018年，该县将整合各类涉农资金1亿多元，发展1.2万亩2.4万座日光温室和大棚蔬菜，有1万多贫困人口将直接受益，预计每户每人年均将稳定增收5000元以上。

(六) 陇中旱塬生态环境改善

"青山绿水就是金山银山，保护生态是引洮工程建设的生命线"。引洮供水一期通水后，改善了干旱地区生态环境，减轻了干旱威胁，缓解了地下水位下降，林地、草场、河道生态得以恢复；昔日以干旱闻名的陇中，因为有了洮河水，重现山青水绿、林草茂密景象，干渴数十年的关川河、祖厉河流水潺潺，绿草环绕；贫困山区群众脸上洋溢着甜美和幸福。随着引洮供水一期工程的科学规划和精心管理，引洮工程沿线生态环境得到恢复，生态效益初步显现。

（七）洮河是甘肃南部地区的生态基础

受全球气候变暖、降雨减少等自然因素和人口增加、草地超载过牧等人为因素影响，从20世纪90年代起，甘南州草原生态环境日益恶化，天然草地大面积退化，河流湿地也大面积萎缩。为此，国家启动了黄河源生态保护工程，这对甘南草原的保护和生态建设起到了至关重要的作用。洮河是甘南生态的基础，由于流域生态系统的连贯性、一体性，若源区河南县的生态遭受破坏，甘南草原保护就缺乏坚实的基础。

（八）保障洮河干流及黄河甘肃段水利工程运行

从工程保护方面来讲，一旦上游水土流失加剧，河流含沙量增加，包括黄河刘家峡水库、洮河九巅峡水库、干流数十座水电站、临洮、岷县灌区在内的中下游的水利设施都会受到影响。

洮河年输沙量虽不多，但对刘家峡水库的影响却很大。刘家峡水库，于1968年10月正式蓄水运用以来，1972年汛后在洮河口的黄河干流河段形成了拦门沙坎，到1981年已淤成一道长达10千米的沙坎，犹如在水下修了一座宽体缓坡均质土坝，坎顶距刘家峡大坝仅800米，对刘家峡水电站发电有着明显影响。当刘家峡水库低水位运用时，由于沙坎上水很浅，已有很明显的阻水作用。若遇洮河洪水，大量水草和泥沙随水流而下，直抵坝前，对拦污栅造成极大威胁。因此，加速治理洮河下游水土流失区，减少洪水泥沙入库，不但是洮河本身治理的需要，同时也是刘家峡水电站迫切的要求。

（九）河南县洮河源区生态保护事关甘肃中南部生态安全

河南县洮河源区属草甸草原生态，由于植被土层厚度比较小，容易发生土壤流失，生态系统非常脆弱，受到破坏后很难恢复，因此加强洮河源区湿地草原保护与建设刻不容缓。

洮河在青海河南县境内河段为源区，平均径流总量40533立方米。洮河源区的生态影响不仅在河南县境，更在甘肃。在甘肃不仅局限于洮河流域6县，而是扩展到更大、更广的范围，关系到甘南草原、陇中干旱区的可持续发展。

第二章 生态担当与生态保护

第一节 生态责任的河南县共识

河南县地处被联合国教科文组织誉为"世界上四大无公害超净区之一"的青藏高原东部、三江源自然保护区腹地。河南县认识到其发展最大的价值在生态、最大的责任在生态、最大的潜力也在生态。从国家生态安全层面讲，三江源生态保护区是我国生态屏障，关系大江大河中下游生态安全、经济安全和人民群众用水安全，意义重大。如果河南县生态遭到破坏，必然会导致生态"连锁反应"，影响三江源整体水生态安全乃至造成水生态破坏。河南县拥有青海省生态地保护最好的草原，在筑牢国家生态安全屏障、保护水生态方面具有不可替代的作用。

河南县又是洮河源区，洮河没有在首曲段注入黄河，而是绕行千里，流经甘肃甘南藏族自治州、定西市、临夏市，于刘家峡水库注入黄河兰州段。其对甘肃甘南、定西、白银、天水的生产生活生态有着广泛的跨区域影响。地处黄河上游、洮河源区的河南县深感责任重大，全县凝聚共识，主动保护，为生态文明建设与区域可持续发展做出了持续的努力，提出了创建三江源保护区共建共享、人与自然和谐共生的先行区的思路。作为一个纯牧业县，多年来，河南始终坚持"生态立县"战略，采取"治白""治水""灭害""有机"多措并举的治理模式，不断探索做大生态文章、做强生态品牌、做活生态经济的生态发展之路，打响打亮"天堂河曲"天空蓝、河水清、草原绿的生态组合牌。

基于上述认识，河南县认真落实《青海省主体功能区规划》，实施三江源生态保护和建设一期及二期工程，完成有害生物防治2.4万亩，完成封山育林11.7万亩。取得土地矿产卫片执法检查连续八年"零问责、零约谈"的好成绩。在强化生态建设的同时，重视草原环境保护，主要措施有：

一是严格的法律法规保障。为了搞好草原的保护、管理和建设，合理利用草原，改善生态环境，促进畜牧业经济持续、稳定发展，根据《草原法》和青海省草原承包的相关文件精神，先后制定了《河南县冬虫夏草采集管理暂行办法》《河南县草原承包经营权流转办法》《河南县以草定畜管理办法》《河南县生态环境保护条例》《河南县生态环境保护条例实施细则》等法律法规，为进一步完善和明确河南县草原资源的"管、建、用"责任制提供了法律支撑。同时编印图文并茂、藏汉双语的草原生态保护宣传彩页，做到了牧民群众户均一份，使生态保护宣传工作做到了入户、入脑、入心。

二是向"涉水污染"宣战。河南县不断加大工程治水力度，实施了《黄河干流防洪工程河南县段治理工程》《泽曲河河南县段河道治理工程》和《北山小流域综合治理工程》三大工程。通过争取项目资金，还分别实施了洮河赛尔龙段、浩斗河、延曲河等河道治理工程。全面推行河长制工作，制定河长制工作五项制度，将全县河流、湖泊、小溪全部划片分区纳入河长制管理之中，实现了涉水领域管理全覆盖。在涉水区域分别设立各级河长管理公示牌，建立了集监督、考核、追责为一体的管理体系。通过见真章、出实招、保水质，保证了源头水源安全清洁。

三是向"鼠虫害"宣战。河南县长期开展大规模灭鼠活动，到20世纪90年代初，被农业部评为"全国无地表鼠害县"。近年来，针对鼠虫害反弹的趋势，在全面实施三江源生态保护与建设一期、二期项目防治工程的同时，干群结合、自发筹资投劳，开展鼠虫害防治工作。近五年来，累计防治地下鼠327万亩、地面鼠1100万亩、草原毛虫220万亩，鼠虫害泛滥的趋势初步得到遏制。每年冬春两季，尤其大雪纷飞的日子，广袤的河曲草原上，随处都能看见乡镇村社的牧民群众，或经政府组织，或自发行动，步入黑土滩开展"灭鼠战役"。

四是利用蒙古族传统文化保护草原生态。蒙古族草原生态保护的内容很丰富，从远古时的习惯法到蒙古汗国以后的成文法，都不同程度地反映着这一内容。主要包括倒场轮牧、禁止草原荒火和破坏草场、禁止污染水资源和保护森林资源、季节性围猎和保护野生动物等。蒙古族选择了最适合当地生态环境的游牧生活方式，并在创造游牧文明的过程中起到了人与自然和谐的典范作用。

第二节 拒绝"白色污染",打造最美草原

2004年以来,河南县委、县政府立足县情实际,提出生态有机畜牧业发展思路,随之而来的对塑料袋这个"草原杀手"也进行了全面禁止。现如今,走进河南县大街小巷,所有的食品和蔬菜超市,进出的人都拿着一个编织袋,别处常见的塑料袋难以见到,这就是河南县十五年如一日的坚持"禁塑"工作所取得的成就,从而形成商店不卖,群众不用的行动自觉,塑料袋渐渐走出了牧民群众的生活。河南县出台"禁塑令",比我国出台"限塑令"早了整整4年。

河南县历届县委、县政府高度重视环境保护工作,作为纯牧业县,在过去"禁塑"政策举措出台前,草原上到处都有塑料垃圾,尤其是在冬春交接刮风季,到处都是白色塑料垃圾。垃圾堆积的地方,不仅造成牧草生长不良,还会造成牛羊食入塑料垃圾死亡。特别是河流下游牧户家的牛羊经常无故死亡,切开胃部,里面多是塑料袋,对牧民家庭收入也造成了很大的损失。痛定思痛,牧民群众产生了必须禁止使用塑料袋的认识,河南县委、县政府从贯彻落实科学发展观的需要、可持续发展的需要、有机畜牧业发展的需要及人与自然和谐相处的需要出发,果断实施"禁塑"工作,积极响应牧民群众对美好生活的向往。河南县积极组成"禁塑"综合执法队,在对全县批发商持有的塑料袋进行回收、监督零售商不再出售塑料袋的同时,尝试寻找塑料袋的替代品,从最初在极少的财政收入中拿出1万—2万元订购环保纸袋,到各超市、商铺等地进行免费发放,再到目前群众习惯于环保、可循环的布袋子、编织袋,"禁塑"工作已从制度约束变为群众自觉。

为顺应民意,顺应时代发展,全力保护好河曲草原,自党的十八大以来,在党中央绿色发展理念的引领下,特别是习近平总书记视察青海时提出的"四个扎扎实实"重大要求[①],河南县委、县政府重新审视生态文明建设对河南县经济社会发展的重要推动作用,积极推动青海省委

[①] 2017年8月22—24日,习近平总书记在青海考察时,针对青海未来的发展方向明确提出了"四个扎扎实实"的工作要求:扎扎实实推进经济持续健康发展,扎扎实实推进生态环境保护,扎扎实实保障和改善民生,扎扎实实加强规范党内政治生活。

"四个转变"①，再次将"禁塑"工作摆上重要工作日程，通过"禁塑"工作制度化建设，带动其他相关领域生态环境保护。结合每月13日和26日"环境卫生整治日"活动，集中开展环境卫生整治。同时，深入开展环境卫生整治宣传，引导牧民群众积极参与到牧区草原保洁行动中来，自觉清洁承包草场环境卫生，指定垃圾存放点，派环卫工人定期负责清运处理，以此形成长效机制，城乡居住环境达到了"精、美、舒、畅、洁"的要求。

通过近几年的不懈坚持，河南县禁用塑料袋已成为全县各族群众的自觉行动，"禁塑"取得显著成效。在坚持生态文明先行区建设工作中，河南县充分发挥"禁塑"工作以点带面的示范带动作用，总结工作经验，将其运用于其他各项生态环境保护工作领域中，"生态立县"战略不断得到巩固。各项生态环境保护工作进展顺利，2017年防治春季地面鼠225万亩、高原鼢鼠300万亩；防治草原毛虫50万亩；治理草原毒害草10万亩、黑土滩6万亩；治理退化草原50万亩，退化草原治理率达11.6%。全县天然草原平均可食鲜草产量从2011年的402.03千克/亩提升到2017年的485.5千克/亩，增产幅度较大，增产率为20.76%；天然草原平均植被盖度从2011年的81.79%达到2017年的86.36%，增加4.57%；天然草原牧草平均高度从2011年的14.65厘米提高到2017年的18.17厘米，提高3.52厘米，提高24%；草原生态环境改善效果明显。通过水源地保护及河长制工作的推进，保障了人民群众饮水安全，确保了"一江清水向东流"。实施天然林保护工程、重点公益林管护工程，全县综合植被覆盖率达68%。

近年来，河南县牢固树立绿色发展理念，生态环境进一步优化，生态有机畜牧业工作取得了长足的发展，特色优势品牌不断建立，"阿米雪""绿草源"等有机品牌成为省级龙头企业，潇度水产业成为全省"十三五"期间重点打造的百亿水产业品牌；重点实施特色文化旅游三年攻坚计划，通过"牧游"、民俗文化游等形式，推介生态文化品牌；通过引进天然气、光伏发电站等清洁能源项目建设，不断优化县域生态环境，为进

---

① 青海省四个转变：努力实现从经济小省向生态大省、生态强省的转变；从人口小省向民族团结进步大省的转变；从研究地方发展战略向融入国家战略的转变；从农牧民单一的种植、养殖、生态看护向生态生产生活良性循环的转变。

一步深入实施第一、第二、第三产业融合发展奠定坚实的基础，促进牧民群众持续增收致富。

★★★

‖新闻链接 2-1‖ "限塑令"尴尬了，一年至少消耗 73 亿个塑料袋[①]!

自 2008 年 6 月 1 日起，我国发布限塑令，在全国范围内禁止生产、销售、使用厚度小于 0.025 毫米的塑料购物袋。

到 2018 年，"限塑令"已经发布 10 年了，调查发现，在商场、超市按照规定严格执行，但在菜市场，不合格的塑料袋还是屡禁不止。

商超使用量下降　菜市场难杜绝

记者在北京几家大型超市看到，超市使用的塑料袋上基本都印了尺寸规格，塑料袋的厚度都符合"限塑令"的要求。结账时，塑料购物袋也都有相应价格。

记者也发现，很多消费者都有很强的环保意识，来超市购物时自己携带购物袋。

数据显示，限塑令实施以来至 2016 年，全国商超塑料袋使用量普遍减少 2/3 以上，累计减少塑料购物袋 140 万吨左右。但是在菜市场这样的小型商贸市场里，个体经营者免费提供塑料袋的问题仍普遍存在。

效果打折扣原因多　快递外卖消耗成增量

经过十年的努力，"限塑令"虽然取得了一定成果，但受价格因素、新增需求等多方面原因的叠加，效果也逐渐削弱。目前，大家并没有明显感受到塑料垃圾废弃和污染的减少。

在各大超市，虽然使用塑料袋需要收取一定费用，但是选择付费的年轻消费者仍不在少数。

据了解，10 年前"限塑令"出台时，我国城镇居民人均可支配收入 15781 元，而 2017 年为 36396 元，但塑料袋的价格却与 10 年前持平，因此收费对消费者来说约束有限，并且现在由于快递外卖的兴起，塑料垃圾

---

① 央视财经，天府早报记者王亚楠，实习生敖媛，2018 年 6 月 7 日。

还出现了增量。

从2008年限塑令开始实行到2016年，全国主要商品零售场所使用的塑料购物袋，共节约了约700亿个，平均计算下来每年大概节约87.5亿个。但是如今，快递包装和外卖盒越来越多，成了新的问题。

数据统计，2016年全国快递行业消耗塑料袋约147亿个，而国内三大外卖平台一年至少消耗73亿个塑料包装，加起来远超每年节约下来的塑料购物袋。

树业环保科技股份有限公司包装事业部总经理杨炯鹏：之前做超市用的背心塑料袋，后来停产了，因为随着国家的"限塑令"出台，要求市场上要减少这种袋子的使用。快递袋从去年开始，去年大概做了不到1亿条，2018年的年产量大概4亿条。

除了这些问题之外，现有的有偿使用，实际上也为商家提供了可观的利润。记者了解到，多数塑料袋的批发价格每个仅为几分钱，外卖盒的成本也不到1元，均远低于商家收取的费用。在有利可图的情况下，商家减少使用塑料袋的动力不足。

回收处理难　限塑仍需从前端入手

在"限塑令"当中也提到，要提高废塑料的回收利用水平。但在现实生活当中，面对大量消耗的塑料袋和塑料包装垃圾，我们是否有办法能进行高效率的回收处理呢？

在北京东城区的一个垃圾资源回收站里，每天都有专门负责的工作人员，从周围社区回收各种各样的垃圾。但是，其中回收的塑料制品所占比例非常低，大概只有9%。

北京天龙天天洁再生资源回收利用有限公司总经理刘权：主要是居民喝水的塑料瓶，还有一些油壶。塑料袋如果污染以后是不可回收的，还有一些塑料袋的回收成本非常高，目前这些袋子还没有一个正常的渠道进行消纳，回收起来非常困难。

据了解，目前大部分塑料袋底部印有回收标志，是可以回收和再生利用的，但是因为居民不注意垃圾分类，回收困难，只能进行焚烧或者填埋，这也对环境产生污染。事实上，国际上对塑料袋治理着力点都是限制使用。2018年5月，欧盟就提案将立法扩大"限塑"范围，全面禁止塑料餐具。专家建议，我国限塑环保也应当从消费使用行为入手。

中国物资再生协会再生塑料分会副会长王永刚：第一就是老百姓首先要少消费、绿色消费；第二就是要重复利用；第三要提倡回收，怎么让它更好地回收，最后实在不行再进入生活垃圾填埋或者焚烧。

全国范围内"限塑令"没有取得预期效果，甚至变为商场超市新增"利润源"，相比青海省河南县早已实现了全面"禁塑"，他们的做法是有借鉴与推广价值的。

第三节 洮河水源地保护与利用

一 全面推进洮河源区环境综合治理

加快实施洮河源湿地保护、建设，严格落实水资源管理"三条红线"制度，切实加大对草原、森林、河流、湿地等生态系统的综合保护建设力度，通过减畜、扩大出栏等实现草畜平衡、保护青山绿水。大力推进污染防治和减排工作，实施大气、水、土壤等各项污染防治和企业污染源全面达标排放计划，完善污水管网，推进危险废物和医疗废弃物集中处置。

二 强化生态宣传，深入开展"家园美化"行动

通过言传身教、电视、报刊等多方位、多渠道、多方式地加强对生态保护、治理的宣传教育引导。

持续加强城乡环境卫生综合整治，建设城乡环卫配套设施，完善环境治理长效机制，层层落实环卫责任，彻底整治城乡"脏、乱、差"现象，实现全县无垃圾目标，打造美丽河南新形象。

三 青海洮河源国家湿地公园建设

青海洮河源国家湿地公园（以下简称湿地公园）位于河南县赛尔龙乡中部，规划面积383.93平方千米，湿地面积为13820公顷。湿地公园是青藏高原高寒湿地生态系统的典型代表，具备湿地、森林和草原三大生态系统，其特殊的生态、生物多样性景观，具有宝贵的研究价值，是开展科研教学的天然基地。公园内野生动植物资源丰富，拥有高等植物324种，野生动物191种，其中有国家一级保护野生动物雪豹、黑颈鹤、金

雕，有国家二级保护野生动物大天鹅、鸢、雀鹰等 11 种。

青海洮河源国家湿地公园自 2013 年被国家林业局批准为国家湿地公园试点单位以来，遵照《洮河源国家湿地公园总体规划》，立足于湿地公园的自身优势和特点，逐步建立起湿地保护与可持续发展利用的新模式，初步打造出一个集湿地保护、湿地科普宣教及有机畜牧业为一体的湿地公园。

通过国家湿地公园管理局和湿地管护员的多年努力，对园区进行严防死守，杜绝破坏湿地的行为发生，不仅对洮河的正源进行了有效的保护，还对其他未列入国家公园的 111 个源头起到实际管控作用，充分保护了洮河源湿地的生态功能。经过具有资质的第三方检测机构监测，青海洮河源国家湿地公园出口水质达到二级以上标准。动植物多样性增加，据文献记载在 20 世纪 50—60 年代河南县赛尔龙乡雪豹出没较为频繁，70—90 年代，由于人类打猎活动频繁，雪豹等野生动物鲜有出现，一度不见踪影。近年来，随着对野生动物保护力度的加大，一些不常见的野生动物又出现了。其中有牧民群众反映多次见到了雪豹，远红外监测仪器也扑捉到雪豹、马麝行踪，国家二级保护动物——狼的种群数量显著增加；鸟类种类增加 4 种；植物群落结构中，阔叶类植物新增 8 种。

四　全国面积最大的有机畜牧业生产基地

河南蒙古族自治县率先提出了发展有机畜牧业的思路，采取做好牲畜建档立卡、环境评价、内部监督检查、建立可追溯体系和有机牲畜网，实现从"草场到餐桌"的全程监管。

2007 年 7 月，河南县通过北京中绿华夏有机食品认证中心的基地、生产、贸易三项认证。共认证天然草场面积 932 万亩（有机畜牧业生产基地），牦牛、欧拉羊 79 万只，成为当时全国面积最大、参与养殖户最多、存栏牲畜最多的有机畜牧业生产基地。2010 年 3 月，河南县有机畜牧业生产基地被国家环保部批准为国家级有机食品生产基地。河南县有机畜牧业生产基地的成功申报，填补了当时青海省有机畜牧业生产基地的空白，同时也是发展绿色农牧业、创建和谐社会、构建和谐青海具体实践的体现。长期以来河南县各牧户主要以天然放牧为主，在放牧过程中，坚持以草定畜、划区轮牧，同时注重灭鼠治虫，切实保护草场资源。河南县是青海全省草场主要的高草区，草场具有纯净天然、无污染、无公害等特点。河南县有机畜牧业生产基地的认证通过，充分证明了河南县这块净土具有发展有机畜牧业得天独厚的自然环境优势，标志着我国最大的有机畜牧业生产基地在青海省河南县的诞生，它不仅带动河南县畜牧业的经济发展，实现牧业增效、牧民增收，为河南县畜牧业发展插上腾飞的翅膀。同时，它还将为青海省畜产品加工企业提供优质、安全、无污染的有机加工原材料，而且还可以为青海省有机畜牧业的发展起到示范、带动和推动作用。2010年5月，苏乎欧拉羊、河曲马通过国家农业部产品地理标志认证。

河南县有机畜牧业科技示范园被列为青海省四大现代农牧业示范园区之一。建成欧拉羊、雪朵牦牛、河曲马等9个县级有机畜牧业标准化牧场，生产基地被环保部批准为国家级有机食品生产基地。启龙牧场和绿草源食品有限公司先后被认定为国家级和省级龙头企业，"阿米雪"有机牦牛酸奶获得中国国际有机食品博览会金奖。

★★★

‖新闻链接2-2‖破译生态生产生活良性循环的密码——河南县推进"四个转变"样本调查[①]

在2017年全国"两会"召开之际，《青海日报》记者张浩、姚斌拍摄的报道河南县加强环境保护的新闻图片《河南：拒绝"白色污染"打造最美生态草原》在一版头题见报后，引起青海省代表委员和干部群众的强烈共鸣。

"亚洲第一"，"青海最美"！

人们毫不吝啬地用"第一""最美"这样的词汇来形容这个位于九曲黄河第一弯南端的蒙古族自治县。

究竟是什么让"河曲草原"成为全国面积最大的有机畜牧业生产基地，成为青海省生态保护最好的草原之一？究竟是什么让河南县在"努力实现从农牧民单一的种植、养殖、生态看护向生态生产生活良性循环的转变"的生动实践中一路前行、一路收获？

---

① 林玟均、宋明慧：《青海日报》，http：//www.qhnews.com//，2017年5月5日，引用时有改动。

初春，带着问题，记者深入河南县进行采访调查。

一　保护生态是前提

河南，是全省唯一的蒙古族自治县，俗称"河南蒙旗"，这里的大片沃野被统称为河曲草原，是全国面积最大的有机畜牧业生产基地。

初春，行走在广袤的河曲草原，远处是连绵不断的雪山，身旁是潺潺流淌的河水，草原虽未泛绿，但我们已能真切地感受到身边弥漫着春天的气息，感受到草原上牧草的肥美以及背后的艰辛。

半个世纪前，这里鼠害面积曾一度占全县可利用草场的51.87%，是青海草原鼠害最严重地区之一，有群众夸张地说："那时候，河南县的草原上老鼠泛滥，把整个山都吃空了。"

在牧民尕布龙的带领下，河南县大规模开展灭鼠活动，河曲草原生态渐渐恢复，到20世纪90年代初，被农业部评为全国无地表鼠县的称号。

如果说，河南县成就了时代楷模尕布龙，那么尕布龙带给河南县人民的，则是亲近自然、保护自然、人与自然和谐相处的生态理念。

河南县草原综合专业队队长马戈亮说："我们始终把防鼠灭鼠作为保护草场植被的重要举措，紧抓不放，防鼠灭鼠、恢复草场、保护生态的理念已经深入人心。"

优干宁镇南旗村夏季草场山大沟深，很多地方无路，尤其下雪时，踩着10多厘米厚的积雪，放灭鼠饵料是常有的事。

马戈亮记忆犹新："牧民都知道只有雪天才是灭鼠的好时机，在南旗村已故村党支部书记阿什加的带领下，大家带着药饵走进大山深处。当时50多岁的阿什加是灭鼠队伍中年龄最长者。从早晨一直坚持到下午收工，短短几千米的路，阿什加摔了十几跤，第二天照样继续进行。"

阿什加无疑是无数个河南群众积极参与灭鼠工作的典型代表。

曾有草原专家说，如果在100千米范围内找到一个老鼠就有奖励，然而这一奖励却未曾兑现，因为实在找不到老鼠。这在当时成为佳话。

如今，在优干宁镇，让人感到惊奇的是，草原上几乎看不到小山包似的鼠洞。

"禁白"已成全县干部群众的自觉行动

2004年，河南县出台《河南蒙古族自治条例》，禁止销售、提供、使用塑料袋,向"白色污染"宣战。2016年6月,《河南蒙古族自治县生态环境保护条例》出台。

在全省率先实行白色污染治理,有了这一先决条件,河南县在探讨传统畜牧业向现代畜牧业转变中,如何让畜牧业产值最大化,让老百姓得到更多利益,成为历届党委政府的头等大事。

陪同采访的河南县有机畜牧业开发中心主任张鹏飞说,过度放牧、草场退化、鼠害严重、群众收入下降,有机畜牧业让我们找到了出路。集中养畜、草场划片、能人放牧……我们希望让有机畜牧业更加"有机",它不仅仅是群众收入的增加,更重要的是减少生态压力,解放劳动力,让更多牧民转入第二、第三产业,实现生态生产生活良性循环。

3月22日,阿赛公路23千米处,白雪皑皑的"雪多"山脚下,成群的牦牛悠闲地觅食。眼前,赛尔龙乡兰龙村生态有机畜牧业专业合作社11栋畜棚一字排开,万余头牦牛分散在附近的草场上。

"右边这头牛5万元都不卖,这可是去年全县牦牛公牛评比冠军。"看着眼前成群的雪多牦牛,兰龙村党支部书记、合作社负责人常爱满脸幸福。

常爱笑着说:"全县最好的牛在这里。全村126户447人,去年合作社收入70万元,分红达35万元,家家户户受益,我家年收入足足超过10万元。"

合作社除了培育优质牦牛,很大一部分收入来自合作社成立的肉食品加工厂,经过精细加工分类后的牦牛肉每千克能卖到360—400元,且供不应求。

转变之间谋发展,转变之间创造新生活

转型之路打破了农牧区群众原来单一、传统的生产生活方式。可以看出,在机遇与政策当前的今日,正有许许多多的人走出牧区,转身从事更为高端的生态畜牧业、转身变为更为多元化产业的领路人。

一个思路、一个共识、一致行动,"三大经验"昭示着提高生态建设就是提高竞争力的理念从未改变。

二 发展生产是基础

态度决定高度,思路决定出路。作为三江源生态保护核心区域,河南县生态保护与建设地位和作用更加突出,责任与使命更加艰巨,保护生态仍然是这里面向未来的战略抉择。但作为纯牧业地区，河南县也需要加快发展，发展是解决这个贫困牧区一切问题的关键，绝不能有丝毫的松懈。

为此，河南县历届县委、县政府在全面落实"生态保护优先理念"的前提下，把生态文明建设融入经济发展、社会建设、民生改善的各项工作中，努力实现生态建设与经济发展"双赢"目标。

实现从应急式保护向持续性保护转变，从单一生态保护目标向生态好转、生产发展、生活富裕的综合目标升级。县委、县政府领导班子换了一届又一届，但大力发展生态经济，以生态保护优先的理念，正确处理经济建设与资源环境的关系，着力转变发展方式，提高生态建设就是提高竞争力的思路理念，从未改变。

一条思路从清晰蓝图到创新实践，只有在全县上下凝聚起广泛的共识，才能形成统一行动，结出丰硕成果。也只有在正确思路的引领下，科学发展、加快发展的路子才会越走越宽广、步伐越迈越坚实。

"治白""护绿"双管齐下，河曲草原山更青、水更绿，天河之南正在加速绿起来、富起来、美起来！

十二年"治白"坚守，成绩斐然，来之不易。这一切得益于河南县历届党委政府的高度重视和正确引导；得益于县、乡、村各级干部的勇于担当、敢于奉献；得益于全县各族群众的积极参与和持之以恒。

多年来，各族干部群众把生态文明建设作为实现好、维护好、发展好人民群众根本利益的一项重要任务，以发展特色高效畜牧业为主线，以生态文明建设带动经济发展、民生改善，做到会吃生态饭、会做生态文章，努力实现生态和经济"双赢"的可持续发展目标。

思路、共识是一切行动的先导。从农牧民单一的种植、养殖、生态看护向生态生产生活良性循环的转变，这一发展思路来自青海各地的具体实践，也指明了未来青海发展方式的转变方向。而这一重大任务在河南县近几年的蓬勃发展中体现得淋漓尽致。

一个习惯。十二年坚持推行"白色污染"治理巩固策略，禁用塑料袋已成为全县各族群众的自觉行动，达到了全县范围无"白色污染"的效果。

一部条例。《河南蒙古族自治县生态环境保护条例》，为依法治理生态提供了法律依据。

一个示范。"在保护中开发、在开发中保护"的理念,持续推进有机畜牧业发展,打响打亮"亚洲一流、青海最美"生态草原金名片。

习惯、法规、示范……于今天,就是河南县用生态环保成就有机产业的日益发展,就是全县各族干部群众发展有机畜牧业的信心和决心。

"从保护生态,治理生态,到调整结构,转变生产生活方式,增加牧民收入。这一思路的变化,促使河南县最终决定发展有机畜牧业。"

张鹏飞说:"如果说0.67公顷草场载畜量只有10只羊,现在既要减畜又要增收?怎么办?只有通过整合合作社、打造有机畜牧业产业园,改变传统农牧生产方式,实现减畜;通过精深加工,增加附加值,同时结合内地需要,走高端市场,以一只羊的价值体现5只羊的价值,实现畜牧业向生态生产生活的良性循环发展转变。"

这是具有历史性意义的角色转变,从取之不尽、用之不竭的草原上走出来,由养牛羊为生,到捡垃圾、灭鼠为生,从利用草原,到保护草原、治理草原,再到保护中开发,开发中保护,蒙旗儿女的生产生活正因最美草原而华丽"蝶变"。

这一转变,需要统筹推进,围绕贯彻落实供给侧结构性改革,加快产业结构调整,推进第一、第二、第三产业融合发展,实现经济结构不断优化。

这一转变,需要常抓不懈,践行生态保护优先理念,不断加大生态保护和建设力度。扎实推进重大生态工程,建立生态环境综合整治长效机制,加强污染防治和减排工作,实现生态环境不断改善。

这一转变,需要依靠科技创新和信息化手段,提高生产力发展与生态建设的联动效应。

这一转变,需要把生态文明建设渗透到农牧民日常生产生活全过程中,形成生态保护与民生改善互动互促的良好局面。

实现从单纯的种植、养殖和生态看护,向生态生产生活良性循环转变。

"河南县这些年的发展,印证了这一论断的实践性、指导性。从某种意义上说,天河之南的发展实践上升成为全省发展的工作思路,深感振奋。"今年全省"两会"新闻发布会上,河南县县委书记韩华欣慰地说。

发展绿色、培育特色、全民共享,"三大思路"实现牧民增收与生态良性循环双促"双赢"。

三 改善生活是目的

一年12个月,9个月处于寒冬,如何打破"瓶颈",实现生态生产生活良性循环?作为畜牧业大县,又是全国最早的有机畜牧业示范县,有机畜牧业如何提升改造?如何在保证第一产业的同时,引领、扶持第二、第三产业协同发展,实现2020年全面建成小康社会的目标?

"绿水青山就是金山银山"。守着广袤无垠的草原,无论是要绿水青山,还是要金山银山,必须着力于生态环保,实现绿色发展,找准可行的现实路径,找准发力的切入点。在河南县"十三五"规划中、政府工作报告中、县委书记韩华的介绍中可以得出这样的结论,河南县的践行"四个转变"的思路结合实践、清晰可循、符合民心。简言之,有十二个字、三个方面即发展绿色、培育特色、全民共享。

在河南县,发展绿色就是要继续加大生态环境保护力度。着力搞好生态文明建设,巩固提升脱贫成果。牢固树立"绿水青山就是金山银山"的生态发展理念,全力建设生态文明小康村,打造县域内无垃圾示范县,着力建设洮河源国家湿地公园。力争到2020年将全县39个行政村全部建成生态文明小康村,颁布实施《河南县创建全区域内无垃圾示范县实施意见》,构建环境友好型社会,推动美丽河南、生态河南建设。

就是要大力推进生态生产生活联动。科学布局生产空间、生活空间、生态空间,把生态文明渗透到群众的日常生产生活全过程,把生产生活条件改善建立在环境保护和生态改善基础上,提高生产力发展与生态建设的联动效应,促进人与自然和谐相处,探索走出一条河南绿色崛起之路。

在河南县,培育特色就是要扩大特色农牧业品牌影响力。按照国家推进农村第一、第二、第三产业融合发展规划,拓宽牧民增收渠道的要求,重点建设具有发展优势的产业链项目。以坚持特色、推出新品、做大规模、打造精品的思路,结合实际,不断推出新产品,确保品牌效应,实现品牌效益向经济效益的转化,促进特色品牌产业向集群化、规模化发展,提升全县特色产业品牌市场占有份额。

就是要持续推进有机畜牧业发展。按照"生态、有机、高端"生产示范基地的定位,实现有机畜牧业的区域化布局、规模化生产、产业化经营、市场化运作,打响有机健康牌。加大黄蘑菇、人参果等有机食品、土特产品及手工制品等其他产品开发力度,积极投入市场运作。

在河南县，全民共享就是要不断加强和改善民生，让群众有更多获得感、更强幸福感。努力将循环发展、协调发展、绿色发展等理念融进城镇建设当中，不断推进发展成果全民共享。结合"多规合一"试点工作，从规划层面解决城市"摊大饼"式发展。以发展旅游型、生态型、文化型精品城镇为导向，不断提升城市品位，推动基础设施建设、公共服务、社会保障等向城镇全体居民、牧区村社居民覆盖和延伸。

就是要举办国际诗歌圆桌会议、那达慕盛会等活动，助推旅游业发展，促进并带动牧民进城转移就业，减轻人畜对草场的压力，为草原生态保护和恢复创造良好环境。

穷则思，思则变，变则通。"十三五"期间将发展壮大有机产业、生态饮用水产业、文化旅游业，在推进县域经济确保增速不减的前提下，实现向生态环保型、循环利用型、低耗高效性提升，牧民增收与生态良性循环双促"双赢"。

力争将河南县打造成为有机畜牧业生产基地核心区、三江源生态保护产业发展示范区、生态保护治理示范区、精准扶贫产业科学发展示范区，成为带动青南和甘肃、四川周边牧区优质、安全、高效草地有机畜牧业建设的核心有机产业链；达到促进畜牧业由传统粗放型向现代集约型转变，实现辐射地带牧业增效、牧民增收、牧区共同发展和促进草地生态保护的目标。

在尝到了合作社改制的"甜头"后，常爱说："以前是纯粹放牧，一家至少要有一人，现在解放出来了很多劳动力，可以干些别的。观念改变了，挣钱的渠道多了，我们的生活也会越来越好，在小康路上更有信心了。我们期待合作社股份制改革，实现全村全部资产入股，生态文明小康村指日可待。"

作为三江源核心区，甘青川三省协同发展区域，青海省"三规合一"试点区，以及正在争取国家发改委第一、第二、第三产业融合发展的试点县……如今，占地120公顷的有机畜牧业科技示范园区里，阿咪雪酸奶为主的乳制品加工、有机肥料加工企业、大学生创业园、蒙藏药研发中心……正在如火如荼地建设发展中。

我们期待着，不久的将来，越来越多的牧民将从草原上解放出来，走进企业厂房，从事第二、第三产业，转型成为新型牧民。我们更期待着，通过发展绿色、培育特色、全民共享，河南县一定能再接再厉，早日实现从农牧民单一的种植、养殖、生态看护向生态生产生活良性循环的转变。

第四节 生态保护建设规划

河南县"十三五"规划目标中提出:"着力实施三江源生态保护二期工程建设,生态屏障构建完善。到 2020 年,城镇污水处理率达到 90%,城镇垃圾集中处理率达到 90%以上,林草覆盖率达到 90%以上。单位生产总值能耗降低率和主要污染物排放量减少率控制在国家下达指标以内。人们拥有天蓝、草绿、水净的美好家园。"

《河南蒙古族自治县国民经济和社会发展第十三个五年规划纲要》(2016 年,以下简称《纲要》)中主要任务和重大举措的第一条就是"构筑生态安全屏障"。提出把生态文明建设放在突出位置,切实以生态保护优先理念协调推进经济社会发展,牢固树立"绿水青山就是金山银山"的理念,以打造全省生态文明先行区示范县为目标,加大生态保护建设和环境治理力度,建设天蓝、草绿、水净的美丽河南。具体提出了如下任务和措施。

一 加强地方生态保护条例制定

落实青海省生态文明先行区实施方案,提高发展的绿色化水平。启动实施《河南蒙古族自治县生态环境保护条例》。落实好以草定畜、草畜平衡等生态保护基本政策,全面落实草原生态奖补奖罚机制政策,坚决防止和杜绝过牧、滥牧问题。制定和完善自治县生态保护、资源开发利用、湿地和草原保护方面的法律条例,通过立法定规提高环境保护的强制性和约束性,作为推进资源节约型发展的根本保障。加强草原监管队伍建设,进一步加大草原保护执法的监察力度。

二 积极构建生态安全屏障

加强以草地、林地、水资源和生物多样性为重点的生态建设与环境保护。处理好牧民群众全面发展与资源环境承载能力的关系,将保护生态与精准扶贫相结合,与牧民转岗就业、提高素质相结合,与牧民增收、改善生产生活条件相结合,发展绿色产业,打造绿色品牌,增加牧民收入。进一步加大南部沿黄河草原湿地保护走廊建设;中北部滩地草原保护区生态建设；东部草原湿地保护区生态建设。草原保护重点实施草原保护、沙漠化防治、草地植被恢复、草地改良、草原防火、草原鼠虫害、毒杂草和黑土滩治理等工程，争取申报河南县草原国家公园，积极融入三江源国家公园体制试点，实行严格的禁牧、休牧、轮牧，重点推进草原植被保护和恢复，提升水源涵养功能，实行退牧还草、禁牧减畜，实现草畜平衡，促进草原生态管护员制度的有效运行。力争"十三五"期间，恢复草地植被21000亩，每年保护草场200万亩，改良天然草场200万亩，治理黑土滩35.6万亩。林地保护加快推进三江源生态保护和建设二期工程、黄河两岸南北山重点区域造林绿化、天然林保护、重点公益林、森林防火工程、林区公路建设等项目。加强自然保护区建设，建立保护珍稀野生动植物长效机制，促进人与自然和谐共生。以恢复濒危动物、植物种质资源为重点加强生物多样性保护，建立雪豹保护基地、黑颈鹤保护基地、古圆柏保护基地、野生动物救助站。水源地和湿地保护重点实施小流域综合治理工程、重点饮用水源地保护工程、洮河、黄河及泽曲河河道治理工程、水土保持预防监督站、水土保持监测中心等项目，强化黄河源头水生态保护，着力建设洮河源国家湿地公园。"十三五"时期末，水环境保护基本形成有效防护机制，泽曲河、洮河、黄河河道治理达到120千米以上。县城以上城镇集中式饮用水水源地水质达标率达到95%，农村集中供水率达到80%。

三 加大城乡环境综合整治

启动实施"碧水蓝天行动"，深入开展生态乡村活动和"家园美化行动"。持续推进实施城乡环境卫生整治工程，全面治理县、乡、村、社卫生死角"脏、乱、差"现象，推动环境治理工作规范化、精细化、常态化。集中开展交通干线及旅游景区环境综合治理工作，完善中心县城和各乡镇、物流园区等污水管网、垃圾收集系统，加快污水处理厂、垃圾无害化处理等城镇和主要旅游景点垃圾处理设施建设。大力开展绿化工程（新牧区绿化造林、绿色平安寺院、校园绿化）、农村牧区（寺院）环境连片综合整治和乡镇生态修复及预防保护工程，统筹农牧区饮水安全巩固提升、改水改厕，继续巩固"白色污染""零排放"成果。全面提高城乡净化、美化、秩序化水平。建成河南县动物及产品无害化处理厂，实现垃圾无害化、减量化和资源化处理，加强危险废物安全处置。加强气象灾害监测、地质灾害治理，增强灾害预防能力。发展智慧畜牧业和后续产业，提供生态保护支撑。

四 提高生态文明意识

积极培育生态文化和生态道德，倡导勤俭节约、绿色低碳、文明健康的生活方式和合理消费模式，大力倡导绿色价值观，加强生态环保知识普及教育。把生态文明教育纳入干部职工培训、国民教育、农牧民群众培训体系中，倡导绿色低碳生活方式，推广节能环保产品，促进绿色消费需求。倡导绿色居住、鼓励绿色出行、推行绿色办公，加快形成简约适度、绿色低碳、文明健康的消费行为。动员全社会力量参与生态保护，形成人与自然和谐发展的良好局面。

五 推进生态文明制度建设

继续开辟生态管护公益岗位，激发保护的内生动力。使牧民由草原利用者转变为生态保护者，兼顾草原适度利用。坚持以管代护，按照"生态保护，人人有责"的基本思想理念，实行以户为单位，每户抽出一个人负责一片生态区域，且进行有偿补助。坚持最严格的节约用地制度，逐步建立土地流转管理办法，完善土地收储机制。实行严格的基本草原保护制度，建立草原保护与合理利用的长效机制。推进生态环境监测网络建设，加快建立以天然森林、天然草原、水资源为主要内容的环境保护补偿机制。开发草原碳汇功能，建立草原碳汇交易与生态补偿机制。建立生态文明评价和考核制度，营造崇尚生态文明、推进保护建设的社会氛围。

为了顺利完成上述任务，《纲要》凝练出了15个重点生态保护和建设重点项目。即：

（1）三江源生态保护和建设二期工程；
（2）乡镇生态修复及预防保护工程；
（3）小流域综合治理工程；
（4）重点水源地保护工程；
（5）洮河源国家湿地公园；
（6）草原国家公园保护项目；
（7）青海省三江源国家公园体制试点项目；
（8）黄河干流及主要支流河道综合治理生态保护工程；

（9）黑土滩综合治理工程；

（10）生态畜牧业设施建设工程；

（11）草原生态保护补助奖励机制政策项目；

（12）两镇四乡污水处理站项目；

（13）重点人口集聚区及交通沿线地质灾害治理项目；

（14）碳汇交易项目；

（15）三江源头（中华水塔）生态水源主题公园建设。

河南县不仅在"十三五"规划中制定了生态文明战略，实施中也确实落实了生态优先战略。由青海省发改委、黄南州发改委组织，委托第三方独立机构完成的河南县"十三五"规划纲要执行情况中期评估报告证明了这一点。

★ ★ ★

‖ 资料2-1 ‖《河南县国民经济和社会发展第十三个五年规划纲要》（以下简称纲要）中期评估报告（生态文明及相关部分摘录）①

一 总体情况

（一）生态安全屏障日益筑牢

贯彻落实青海特色的"四梁八柱"生态文明制度体系，颁布实施了《河南蒙古族自治县生态环境保护条例》，有效落实生态补偿、草原保护补奖等政策。生态环境保护、城乡环境综合整治、生态文明意识等取得显著进展，生态保护和修复工程进展顺利，环境状况得到改善，生态活力显著提升，生态文明先行区示范县初具雏形。

（二）高质量发展成就明显

坚持生态优先、绿色发展，深入推进供给侧结构性改革，聚焦加快构建特色产业体系，推动高质量发展，地区生产总值稳步增长，经济增长好于预期。以旅游业为龙头突出服务业发展，产业结构不断优化。固定资产投资保持高位增长，消费市场持续繁荣，城镇化质量持续提升。

（三）高品质生活创造加力

贯彻落实以人民为中心的发展思想和新发展理念，扎实推进各项民生工程，优先发展教育事业，持续改善就业创业，加快推进健康河南建设，

---

① 由青海省工程咨询中心、青海省投资项目评审中心完成，2018年10月10日。

大力实施福利设施建设，不断扩大社会保障覆盖面，持续增进民生福祉，增强人民群众获得感。

（四）精准脱贫成效斐然

围绕打赢脱贫攻坚战"两不愁、三保障"决策部署，扎实推进转移就业脱贫攻坚、医疗保障和救助脱贫攻坚行动计划，坚持民生优先，采取"12345"做法打赢脱贫攻坚战，农牧民收入不断提升，就业创业、技能培训定点扶贫工作力度不断加大，城乡基本养老保险提标扩面，提前三年摘掉了贫困县的帽子。

（五）城镇空间布局不断优化

加强城乡建设规划与新型城镇化规划的衔接，开展了"多规合一"试点工作，制定了县域城乡空间发展战略规划，加快打造"一心、双轴、三区"城镇体系空间格局。建立规划管理信息化平台，推进"多规合一"信息平台与生态监测、自然资源资产管理、国土空间管控等平台融合，智慧县城建设加快推进，实现了"一张蓝图管控"。

（六）特色农牧业发展稳健向好

畜牧业基地、有机畜牧业科技示范园、高原现代科技生态园、有机畜牧业加工园建设取得新进展。大力发展牧民专业合作社、家庭牧场等适度规模生产经营，龙头企业不断壮大，新型现代农牧业经营体系初步建立。农牧结合、草畜联动步伐加快，市场化、规模化、集约化经营水平稳步提升，有机产业稳步发展，农牧区第一、第二、第三产业融合发展势头良好。

（七）城乡基础设施加速完善

完成了16个贫困村畅通工程、信号基塔建设、精准扶贫"互联网+"等项目和任务。加大农牧区危旧房改造力度，完善了城镇污水、垃圾收集处理设施，以实施"家园美化"工程为抓手，完成了16个高原美丽乡村建设，城乡基础设施一体化水平进一步提高。开展了环境连片整治，初步建立了农村环境连片整治项目长效运行管理机制，进一步提升了全县景观形象。落实各项节能减排政策措施，主要污染物排放总量全部控制在州政府下达的计划指标之内。

总体来看，规划实施两年以来，在县委、县政府的坚强领导下，各地区、各部门认真贯彻各项工作部署，各项目标任务进展顺利，重点工程项目有序推进，重大改革举措深入实施，符合预期，取得了提前三年扶

"摘帽"的丰硕成果,全县朝着同步全面建成小康社会宏伟的目标迈进。

二 主要指标完成情况

(一) 主要指标完成情况良好

从规划中期执行情况看,"十三五"经济社会发展主要指标完成情况良好,为全面完成五年规划目标奠定了扎实基础。《纲要》确定的经济发展、生态文明、民生福祉和创新驱动4大类27项主要指标总体进展符合预期,约束性指标13项,全部实现预期进度,预期性指标14项运行平稳,其中7项指标达到时间进度要求。

(二) 主要指标完成情况呈现的特点

1. 生态保护优先指标成效显著

深入贯彻落实党中央国务院和省委省政府决策部署,坚持生态保护优先,统筹推进各项生态保护和建设工程,环境状况得到持续改善,生态文明先行区示范县初具雏形。一是生态安全屏障进一步筑牢。加强了地方生态保护条例制定,生态法治建设步伐加快。草原生态系统保护成效显著,林地生态工程扎实推进,2017—2018年上半年,林草覆盖率分别达到86.84%和87.5%。水源地和湿地保护水平不断提升,洮河源国家级湿地公园项目获批,黄河、洮河等干流出省断面水质均在Ⅱ类以上,确保了"一江清水向东流"。生态文化体系不断健全,生态文明意识显著提升,生态文明制度体系初步构建。二是水污染防治行动计划全面落实。2016—2017年,全县城镇生活污水处理率分别为50%和85%,年均增速达到27.5%,2018年上半年全县城镇生活污水处理率达到86%。三是节能减排工作成效明显。2016—2017年,万元GDP用水量、单位GDP二氧化碳排放和主要污染物排放量减少率均完成了省、州下达的目标分解任务。

2. 高质量发展指标平稳提升

一是经济增长指标好于预期。2016年,全县实现生产总值14.45亿元,年均增长11.5%,高于《规划》目标4个百分点,完成《纲要》目标的78%;2017年实现生产总值15.2亿元,同比增长5.2%;2018年上半年实现生产总值4.4亿元,同比增长0.6%,完成《纲要》进度目标。二是经济结构指标日趋优化。服务经济主导地位开始凸显,2016—2017年,第三产业占全县GDP比重分别为25.22%、25.94%,2018年上半年全县第三产业占GDP比重达到41.71%,提前实现规划2020年目标。生态旅游取得了新突破。三是固定资产投资高位增长。2016—2017年,全县累计完成固定资产投资36.3亿元,年均增长15.9%,按照两年增速测算,基本完成《纲要》目标。四是财政收入稳步过半。2016年全县地方财政一般预算收入达到5264万元,年均增长19.8%,高于《规划》目标12.8个百分点。2017年、2018年上半年全县地方财政一般预算收入分别达到3865万元、1878万元,因营改增改革影响,增速存在波动,收入稳步过半。五是城镇化质量持续提升。2016—2017年,全县常住人口城镇化率分别达到35.4%和36%,增速较慢,实现《规划》目标存在困难,但进城的农牧业转移人口和在城中村、城郊村、建制镇居住的实际"农牧民"等"四个一部分"农牧业转移人口的市民化问题逐步解决。六是消费市场持续繁荣。2016—2018年上半年,全县社会消费品零售总额年均增长9.8%,比预期目标低2.21个百分点,随着"互联网+"时代的到来和新一代网络技术的广泛应用,消费和经营理念的不断变化,信息消费、电子商务等新兴业态加快发展。

3. 高品质生活指标实现新突破

一是居民收入增长指标基本达到预期。2016—2018年上半年,全县城镇居民人均可支配收入分别达到26854元、29276元,分别增长8.35%、9.02%,实现规划目标;2016—2018年上半年,农村居民人均可支配收入分别达到8988元和9836元,分别增长3.2%、9.43%,略均低于预期目标,但城乡居民收入增速超过经济增速。二是基本民生保障指标持续改善。2016—2017年,全县适龄儿童入学率平均达到99.55%,增长速度逐年加快,完成《纲要》目标。九年义务教育普及率均为100%,提前完成《纲要》目标。高中阶段毛入学率分别达到74.3%和83.6%,分别高于《规划》目标1.99%和11.29%。城乡基本社会保险覆盖率养老数据与医疗数据均稳步增加,并完成《纲要》确定的目标。着力解决贫困问题,2016年河南成为全省第一批、青南牧区第一个脱贫"摘帽"县,解决了1440户、5400人的脱贫问题。贫困人口识别准确率达到100%,退出准确率达到99.92%,群众认可度达到97.45%。2016—2017年,全县城镇登记失业率分别达到2.63%和2.3%,完成《纲要》目标。三是宜居水平指标显著提升。实施了美丽乡村、美丽城镇、村镇风貌整治等项目,城镇建成区绿化覆盖率进一步提高,"家园美化"行动成效显著。完成了县垃圾填埋场整改工作,2017年生活垃圾集中处理率达到78.13%,对优干宁镇街道、公路沿线和沿河两侧的绿化景观带进行改造,开展省道沿线和旅游景区及周边环境整治，人居环境不断优化美化。乡镇道路通畅率均达到100%，提前完成《规划》目标。

……

三　重点任务完成情况

（一）生态安全屏障日益筑牢

牢固树立"绿水青山就是金山银山"理念，全面落实"扎扎实实推进生态环境保护"和生态保护优先的重大要求，深入推进三江源生态保护和建设，强化城乡环境综合整治，提速国土绿化，提高生态文明意识，推进生态制度构建，生态安全屏障日益筑牢。

1. 生态安全屏障进一步筑牢

草原生态系统保护成效显著。以三江源生态保护和建设二期工程为依托，加快推进各类草原生态保护工程建设，"十三五"以来，治理黑土滩面积22万亩，加强草原有害生物防控，防治高原鼠兔196万亩，高原鼢鼠102万亩，草原虫害300.15万亩，安装招鹰架932架、安装鹰巢架233架，缓解了全县草原退化趋势，改善了草地生态系统。

林地生态工程扎实推进。重点实施了封山育林、天然林保护、重点公益林、森林防火及林区公路建设，截至2018年上半年，共完成封山育林12万亩，人工造林1200亩，天然林管护面积达142.37万亩，重点公益林管护面积189.1万亩，建设森林防火物资库149平方米。加大森林有害生物防控力度，在优干宁林场、宁木特林场梧桐村和赛尔龙乡阿赛公路等处，新建测报站1处，测报点1处，县级检疫检查中心实验室1个，林业植物检疫检查站1处，有害生物防治设施1处，实施项目已全面通过省州联合验收。实施生物多样性保护计划，开展雪豹、古圆柏、候鸟栖息地调查行动，邀请国家林业局西北林业勘察设计院编制河南县古圆柏保护小区规划，全县珍稀野生动植物种群数量逐年增加，生物多样性得到了有效保护。

水源地和湿地保护水平不断提升。实施小流域治理工程，优干宁镇北山小流域综合治理工程已全面开工，治理水土流失面积20平方米。开展了泽曲河河道治理工程，已完成项目总进度的90%。加快推进重点饮用水源地保护建设，共完成擦玛沟、大学朵、达宗沟3处重点饮用水源地保护工程，县城以上城镇集中式饮用水水源地水质达标率达到100%，农村集中供水率达到80%，已提前实现"十三五"规划确定目标。大力推动湿地保护建设，洮河源国家湿地公园建设稳步推进，逐步修复了项目区内的植被条件与野生动植物栖息环境，保护了洮河、延曲河的良好水质。

2. 城乡环境综合整治力度不断加大

"家园美化"行动成效显著。着力开展以农村环境连片整治为主的环境综合治理。开展国省道沿线和旅游景区及周边环境整治，实施了6个乡镇道路沿线环境连片综合整治项目，影响人居环境的突出问题得到初步解决，进一步提升了"亚洲一流、青海最美"生态草原的旅游形象。

节能减排工作进展明显。各项节能减排政策措施落实到位，二氧化硫、氨氮、化学需氧量、烟尘等主要污染物排放总量全部控制在州政府下达的计划指标之内。

水污染防治行动计划全面落实。提升城镇生活污水处理水平，县城污水处理厂正式投入运行，截至目前，县城城镇生活污水集中处理率达到87.5%，远高于全省平均水平。

3. 生态文明意识持续提高

生态文化体系不断健全。进一步挖掘并弘扬蒙古族、藏族"尊崇自然、敬畏生命、中和节制、天人合一"的传统生态文化理念，并结合独特的县情，将社会主义核心价值观、生态文明建设和民族文化相互融合，形成了深厚、多元、繁荣的生态文化体系，有力地推动了生态文明建设进程。

生态文明意识显著提升。自全省生态文明战略实施以来，河南县通过"大美青海，最美草原"这一生态文化品牌打造新的区域形象，对内筑牢全县人民生态保护理念，对外向全社会表达一以贯之的生态价值主张和彰显河南蒙藏生态文化独特的魅力。经过多年的宣传教育，引导社会公众在价值取向、生产方式和消费模式上向绿色转型，使保护生态环境、建设生态文明成为全县各级党委政府决策、企业行为的自觉行动。全县各族群众对生态文明建设有了深刻认识，形成人人参与、多方支持的工作合力。

4. 生态文明制度体系初步构建

生态法治建设步伐加快。在落实好《河南蒙古族自治县自治条例》关于"禁塑令"有关要求和《河南蒙古族自治县城镇市容和环境卫生管理条例》的基础上，加强地方生态保护条例制定，全县首部生态文明建设领域地方性法规《河南蒙古族自治县生态环境保护条例》2016年5月经省人大常委会批准后，于当年9月1日起正式实施。该条例进一步完善了生态文明法治体系，为全县生态保护工作迈向制度化、长效化、常态化奠定了法律基础，同时也给三江源地区同类县（市）提供了样板。

生态文明制度体系初步构建。按照《青海省生态文明制度改革总体方案》和《中共青海省委青海省人民政府关于贯彻落实〈中共中央国务院生态文明体制改革总体方案〉的实施意见》的工作部署，县委县政府主动作为，先行先试在多领域改革中取得了实效。实施主体功能区规划，制定了《河南县国家重点生态功能区产业准入负面清单》，将中药材种植、牛羊饲养、牲畜屠宰等12类产业和狩猎、毛皮加工、水力发电等4类产业分别划定为限制类产业和禁止类产业，进一步完善了主体功能区的产业政策制度。健全草原生态保护补奖绩效管理，出台《河南县草原生态奖补资金管理办法》，明确了牧民依法保护草原生态责任，有效发挥了财政资金的使用效益，年落实草原生态保护补奖资金1.04亿元，草原生态保护效果显现。实施公益林、天然林管护补助政策，安排精准扶贫管护员461名，监管员20名。

实施差别化绩效评价制度。落实《青海省生态文明建设目标评价考核办法（试行）》《青海省生态文明建设目标考核体系》和《青海省生态环境保护工作责任规定》，按照省委考核办要求，将河南县生态保护指标权重提升到0.35，全面强化了领导干部绿色施政的生态理念，构成了生态文明评价考核和责任追究的"双利剑"组合机制。

（二）国土空间保护与开发格局逐步优化

落实主体功能区规划，统筹布局城乡国土空间开发、保护和整治，推进"多规合一"，加快构建科学合理的城镇化格局、农牧业发展格局、生态安全格局。

1. 城乡发展新格局基本形成

优化新型城镇布局，完成了河南县"多规合一"试点工作，推动城乡建设、土地利用和生态环境保护"一张图"管理，建成了信息管理专项平台，并在生态保护红线划定、差异性分析、基础设施布局等多个方面成果显著，初步形成了从总体到局部、自上而下有机统一的城乡发展空间规划体系。

2. 智慧县城建设加快推进

智慧生态监测平台初步建立，智慧医疗解决方案制定完成。

3. 高原美丽乡村建设任务全面完成

实施了优干宁镇参美村、阿木乎村、多特村，宁木特镇尕群村、作毛村，托叶玛乡曲海村，赛尔龙乡尕庆村和柯生乡柯生村8个村庄高原美丽乡村建设项目。农牧区危旧房改造工程加快实施，全县累计下达农村危旧房改造任务1751户，建筑节能示范户778户。项目各类资金均已全部到位，开工率99.1%，竣工率达到96%。

(三) 特色产业体系初步构建

1. 有机产业不断壮大

有机畜产品生产基地建设加速推进。完成了优干宁镇阿木乎村、荷日恒村、赛尔龙乡兰龙村，柯生乡尖克村和宁木特镇作毛村有机畜产品生产基地建设。顺利通过了2016—2017年河南县有机畜牧业生产基地再认证工作，并完成2018年度再认证上报工作，待考察认证。河南县全国草地生态畜牧业试验区建设取得新进展，重点打造了23处特色标准化养殖示范场，为全县及周边生态有机畜牧业的发展提供示范。河南县有机畜牧业科技示范园、高原现代科技生态园、有机畜牧业加工园建设扎实推进，重点实施了河南县有机畜牧业科技示范园建设项目、优良畜种选育推广工程、畜牧良种补贴项目、牦牛藏羊高效养殖项目、基层农技推广体系改革与建设补助等项目。牛羊溯源监管系统初步建立。完成5个有机示范养殖牧场牲畜牛25792头、羊71384只的有机耳标佩戴和数据录入工作，实现畜产品全过程监管。

新型农牧业经营主体快速发展。大力发展牧民专业合作社、家庭牧场等适度规模生产经营主体，逐步形成了"分户放牧、联户经营、集中定居、一体管理"的有机畜牧新格局。全县9个试点合作社股份制改造工作稳步进行，整合草场12.86万亩，整合牲畜14876头只（四）。39个行政村以多种形式组建了132家合作社，参与牧户7773户，入社人数达28146人次，其中生态（有机）畜牧业专业合作社40家，参与牧户6925户、入社人数达22607人次，注册资金104707.54万元；农牧民专业合作社、家庭牧场共92家，参与牧户848户，入社人数达2830人次，注册资金16014万元。积极组织牧民专业合作社和畜产品加工企业加入我省有机产品协会，以牧民专业合作社股份制改造为突破口，逐步规范有机畜产品产业链的经营方式。

产业化经营规模不断扩大。大力发展"订单牧业"，柯生乡尖克、赛尔龙乡兰龙、宁木特镇作毛3家生态（有机）牧民专业合作社及4家示范家庭牧场向牧腾、绿草源2家企业供给符合有机标准的牦牛、欧拉型藏羊，企业加工生产有机牦牛肉101.9吨，有机欧拉型藏羊肉21.5吨，园区总产值达 4.21 亿元。发挥河南县绿草源食品有限公司、河南县启龙牧场两家龙头企业内联基地、外联市场的产业化经营优势,与河南县基地牧民专业合作社签订牛羊收购合同,以"订单牧业"的形式向企业供给符合有机标准的牦牛、藏羊等,带动河南县 4000 余户牧民发展增收,逐步形成"企业+合作社+牧户"的产业化运作模式。通过招商引资的方式,积极推进河南县启龙牧场奶粉结合开发项目。

市场营销不断拓展与品牌加力宣传。举办了河南县招商引资暨有机产品推介会,组织协助企业、专业合作社参加有机食品博览会、清食展、青海年货展销会、青海乐都农展会以及全国农交会等省内外各类展销会。河南县绿草源生产的"三江牧场"有机牦牛肉、藏羊肉等产品荣获上海第十届国际有机食品博览会"优秀奖"、昆明第十四届全国农交会及青海乐都农展会"金奖"。打响有机优质健康牌,突出产地标识及畜产品质量认证标志,设立省外直营店、专卖店、销售分公司,持续加大在全国市场的销售布点工作。以河南县"邮乐网"服务平台为依托,积极衔接"京东·青海扶贫馆",加快有机畜产品网络交易体系建设,全面拓宽河南县有机畜产品市场空间。加强宣传展示获得"中国驰名商标""青海省名牌产品""青海省著名商标"的绿草原品牌,获得国家级有机认证和"青海省著名商标"的阿米雪品牌,获得国家地理标志认证的苏呼欧拉羊、河曲马等有机畜产品优质资源。

2. 天然饮用水产业规模效益初步显现

发挥天然冰川矿泉水资源优势,加强水源地生态保护,不断丰富产品内涵,以做特中高端矿泉水,延伸发展特色饮品为主线,形成了 5 大系列,10 多个品种的产品体系,天然饮用水年产销量达 3 万吨,三江源生态饮用水产业核心基地和全国重要的中高端天然矿泉水水源供应基地建设初具规模,成为全县新的经济增长点。主打的瀞度天然饮用水品牌已经成为绿色经济特色品牌,在本地及中高端市场的辐射范围不断扩大。

3. 传承和发展蒙藏医药产业

发挥资源和蒙藏医药优势,建成蒙藏药制剂中心和加快推进蒙藏医院风湿专科楼、蒙藏医药研究所、蒙藏中药饮片生产加工厂等建设项目,参加了北京国家农展馆河南县特色产业项目北京推介会和天津黄南特色产业项目推介会。开展了一年一度藏医特色《宇妥曼智庆茂》,传承和发展了蒙藏医药产业。

4. 生态文化旅游发展势头强劲

积极融入"大九寨"北环线。编制了《河南县旅游发展三年行动方案（2018—2020）》《河南县旅游发展总体规划（2016—2030）》，与四川九寨沟、甘南州玛曲县、碌曲县等周边州县进行旅游合作，打造西宁—河南县—郎木寺—九寨沟、甘南—夏河—河南县—西宁两条旅游通道，实现旅游资源共享、品牌共建、线路互联、节会互参。

"一心、三带、四区"旅游新格局初步形成。依托河南县草原文化、赛马文化、蒙元文化、藏族文化和山水文化等优势，初步形成了以优干宁镇为中心，以S310峡谷风情风景廊道、五河公路神山圣湖风景廊道、S203草原湿地风景廊道三条旅游风景带和草原峡谷、草原圣湖、草原河曲、草原湿地四个文化生态旅游区为重要支撑，集文化、生态、交通、游憩、保护功能于一体的旅游新格局。

旅游核心景区景点加快创建。建设完成了曲格寺—亲王府红色旅游目的地、腾格里赛马场—蒙旗文化小镇、泽曲河（城区段）休闲带等项目。继续推进洮河源—李恰如山（创建4A）、仙女湖—吉岗山（创建4A）、宁木特黄河大峡谷（创建3A）、潴度神泉公园等景区景点建设。完成自驾车旅游营地、游客接待中心等项目前期准备工作，推进开工建设。

特色旅游城镇建设大力推进。已启动赛尔龙草原湿地特色小镇建设，大力推进优干宁蒙藏文化特色小镇、宁木特峡谷风情特色小镇、柯生乡神山圣湖特色小镇等其他三个特色旅游小镇建设。

旅游配套设施不断完善。完善景区游客中心、停车场、安全防护等配套设施，服务功能不断提升。鼓励特色餐饮住宿，推广地方特色旅游小吃，培育具有地域特色的主题度假民宿（蒙古族帐房度假营地、草原星空酒店）、牧区民宿、精品客栈。支持旅游商品线上线下销售，为优质特色旅游商品提供金融、物流等便利服务。开展"厕所革命"，每年新建改建2—3所A级厕所。

旅游品牌影响力持续提升。邀请国内有影响力的诗人、画家、摄影家等来河南县境内采风，以县域内美景为素材进行艺术创作，"天堂草原、纯净河南""亚洲最美草原"等旅游品牌影响力持续提升。

5. 服务业发展步入"快车道"

现代服务业持续壮大，传统产业稳步发展。

……

第三章　支柱产业生态化

精准扶贫要把为贫困地区、贫困村户谋划致富产业思路、找准富民产业作为突破口，坚持精准扶贫与转变贫困地区产业发展方式深度融合，加快制定贫困村、贫困户发展致富产业的多元支持政策体系，重点完善支持贫困人口发展致富产业的金融支持政策，采取普惠和特惠相结合的致富产业培育方式，将产业发展资金优先配置到具有特色优势致富产业领域，由被动"输血"变主动"造血"，既可帮助贫困人口提高收入，也可实现企业发展的战略延伸和可持续，释放贫困地区的市场潜力，形成新的经济增长点。

第一节　大力发展现代有机生态牧业

在生态文明时代，有机生态化是畜牧产业发展的必由之路。现代畜牧业的技术路线之一就是有机生态化。坚持有机生态化的技术路线，畜牧业就能走上资源节约、环境友好的自主创新之路；坚持有机生态化的技术路线，畜牧业才能走向人与自然和谐、可持续发展的道路；坚持有机生态化的技术路线，才能从根本上解决畜产品的质量安全问题；坚持有机生态化的技术路线，采取健康的饲养、放牧方式，才能产出绿色有机畜牧食品。

青藏高原被称为地球上最后一片"净土"，"绿色、纯净、无污染"就成为青海农牧业的天然标签，由此，青海有机产业便具有了得天独厚的优势。利用好青海高原的生态优势和区域环境，在"富环境"的经济欠发达地区积极发展有机农业、有机畜牧业，必然增加农牧民收入，推动农牧业结构调整，促进产业结构升级的最好选择。

近几年来，青海依托独特的自然地理气候资源优势，结合国家退耕还林、退牧还草政策的红利，大打"高原牌、绿色牌、有机牌"，有机产业进入快速发展期。自2011年起，抓住国务院在青海实施的三江源国家生态保护综合试验区的有利时机，河南县提出了发展"生态畜牧业"和"有机畜牧业"的发展思路，制订了有机产业发展规划，逐步走出一条生态保护和牧民增收的"双赢"之路，形成了符合三江源地区功能定位的保护发展模式，具体做法有：

（1）规划先行。先后编制完成了《河南县有机畜牧业发展规划》《河南县有机畜牧业科技示范园发展规划》《河南县现代畜牧业示范园区发展规划》，对基地的所有产业进行了整体规划，并作为产业发展和招商引资的主要依据。项目规划已通过省级论证，并纳入青海省沿黄经济开发规划之中。

（2）扎实基础工作。有机基地认证。2007年7月取得北京中绿华夏有机食品认证中心的基地、生产、贸易三个认证证书，并已连续11年获得北京中绿华夏有机食品认证中心再认证。是目前全国已通过认证基地面积最大、参与有机养殖牧户最多、存栏牲畜最多的有机畜牧业生产基地。

争取国家级殊荣。2010年3月获得国家环保部审核确定的第三批国家有机食品生产基地。2015年12月获国家认监委"有机产品认证"创建示范县。

优良畜种地理标志认证。2010年5月30日通过国家农业部对河南县苏呼欧拉羊、河曲马地理标志认证。2014年取得了天河牧场、青南牧场、雪多牦牛等商标。

（3）健全机制。一是加强组织领导。为做好河南县有机畜牧业产业化工作，成立了河南县有机畜牧业产业化建设领导小组、有机园区管委会，并下设办公室。二是健全溯源监管。2008年开发系统编程和设计可追溯体系数据库建设工作，2009年7月建设完成并投入试运行。2010年升级改造。经过几年软硬件调试和实际操作，可追溯体系系统建设已完善。

（4）创建品牌。坚持打"生态牌"，走"有机路"的战略，认真创建"中国有机第一县"。重点打造天河牧场、青南牧场、雪朵牦牛、苏呼欧拉羊4个商标以及特色品牌。

（5）建设"互联网+"交易平台。通过河南县"互联网+"交易平台，目前发展了四个线下示范养殖大户，为交易商品佩戴可追溯电子耳标及建档立卡工作已基本完成。

（6）积极发展"订单牧业"。依托"公司+合作社+牧户"的产业化运作模式。2016—2017年河南县牧腾公司、河南县绿草源食品有限公司、牧民专业合作社及示范家庭牧场以"订单牧业"的模式，在市场收购价格的基础上每千克上浮10元。2016年涉及合作社入社牧户40户，户均增收6627.65元；2017年涉及合作社入社牧户107户，户均增收10800.00元。为实现河南县有机产品的优质优价迈出了坚实的一步。

围绕贯彻落实供给侧结构性改革，加快产业结构调整。在传统畜牧业向现代畜牧业的转变中，既实现以草定畜、草畜平衡，生态休养生息，又达到畜牧产值最大化、牧民增收致富。按照"生态、有机、高端"的定位，实现有机畜牧业的区域化布局、规模化生产、产业化经营、市场化运作，打响有机健康牌，实现从农牧民单一的种植、养殖、生态看护向生态生产生活良性循环的转变。河南县已取得有机基地产品双认证，有机畜牧业科技示范园区也被列为省级示范园区，"公司+合作社+牧户"的运作模式已形成，龙头带动企业已初具规模。亲近自然、保护自然、人与自然和谐相处的生态理念已成为全民共识。

一 全国面积最大的有机畜牧业生产基地

河南县是三江源生态自然保护区的腹地和青海生态保护最好的草原。这里地域辽阔，人口稀少，黄河、洮河、泽曲河呈三角形状贯穿全境。拥有913万亩亚洲一流草场，草质优良，地势平缓，水源丰足，是青海的优良牧场之一。这里的草原远离工业污染源，空气、水、土壤都未受任何污染，加之拥有全国三大名马之一的河曲马、青海名优畜种欧拉羊、"高原之舟"牦牛三大主要优良畜种近百万头（只，匹），是发展有机畜牧业的最理想之地。

河南县坐拥天下黄河第一弯福地，近年来，利用草场优势积极发展生态畜牧业，目前已经成为全国面积最大、参与有机养殖户最多、存栏牲畜最多的生态有机畜牧业生产基地。

河南蒙古族自治县率先在全省提出了发展有机畜牧业的思路，采取做好牲畜建档立卡、环境评价、内部监督检查、建立可追溯体系和有机牲畜网，实现从"草场到餐桌"的全程监管。在具体实施过程中，河南县加强先期资金投入，加大基地建设力度，并建立有机畜牧业溯源系统，实现了畜产品的全过程监管。同时全面完成欧拉羊、河曲马地理标志认证工作，并在赛尔龙、柯生、多松三乡镇选定组建欧拉羊繁育群30多群，这些举措为今后欧拉羊规范化生产和发展有机畜牧业奠定了坚实基础。

二 优化特色畜种资源

（一）中国三大名马——河曲马原产地

河曲马与内蒙古三河马、新疆伊犁马被誉为中国三大名马。河曲马史称"南番马"，据史料记载，这种马已有1300多年的历史，它以青、甘、川三省交界处的青海河南蒙古族自治县、甘肃玛曲县、四川若尔盖为主要产地。因其分布区处在黄河河曲地带，1954年由西北军政委员会正式定名为"河曲马"。

河曲马在我国战争史上战功赫赫。汉朝时，朝廷为改良中原地区的马种，曾引西域的优良马种汗血马放牧于青海一带，这些马的后代为汉朝征讨匈奴立下了"汗马功劳"。在蒙古大军南征大理时，忽必烈指挥大军在水草丰美的河曲地带大量牧养军马。

河曲马经过长期的人工组群放牧，养成了喜群居，好游走，恋群性强于舍饲马的特征。河曲马极耐粗饲，采食牧草范围很广，尤其在枯草季节，能食各类可食杂草，各季残草，甚至香柴、柳梢，因而形成抓膘快，掉膘慢，保膘的品质。河曲马记忆力较强，马群对饮水、食草的地点清楚，各季草场何处牧草好，何处有水源都熟记不忘，识途能力极强。

马作为交通工具的功能在牧区已经不再，但其休闲娱乐价值近些年快速上升，它彰显财富的价值也已经超过了轿车。

（二）苏呼欧拉羊家园

苏呼欧拉羊是青海省河南县特有的畜种，是经过野生盘羊和藏系绵羊不断杂交、繁育后形成的皮肉兼用型优质羊种。2005年9月在首届青海省高原特色农畜产品展示会上被评为优质畜种。欧拉羊体格高，体重大，肉脂性能好，对高寒草原的低气压、严寒、潮湿等自然条件和四季放牧、常年露营放牧管理方式适应性很强。四肢及颈、胸部多为黄褐色，纯白个体极少。欧拉羊突出的特点是体大膘肥肉多，成年公羊活重约75千克，母羊约58千克。具有生长发育快、产肉量高、肉质无膻味、商品率高、神经敏锐、行动敏捷、合群性强、耐粗饲、易饲养及皮大、皮板厚、结实、柔韧性好、保暖性强等特点。苏呼欧拉羊为农产品地理标志产品。

（三）雪多牦牛

"雪多牦牛"原属于野牦牛的一个类型，是青海黄南州培育的一个特色品种。河南县依托高原无污染的天然草地，在三江源自然保护区生态保护和建设后续产业发展研究与示范项目的支持下，在赛尔龙乡兰龙村建立了高原型雪多牦牛繁育基地，并通过有机畜牧业生产基地认证，每年可以培育优质种公牛200多头。兰龙村的"雪多牦牛"犊牛体格大，抗寒、生命力强、存活率高，生长周期比其他犊牛快。"雪多牦牛"产肉率高、肉质鲜美而富含营养，其乳质品、牛奶、酥油、曲拉等也是品质优良，在本地及周边地区市场上销路好、竞争力强，可称得上是"抢手货"。

牦牛全身都是宝，蒙藏民族人民衣食住行烧耕都离不开它。人们喝牦牛奶，吃牦牛肉，烧牦牛粪。它的毛可做衣服或帐篷，皮是制革的好材料，角可制工艺品，骨头是药材。绒毛是纺织工业的高级原料，将其漂白退成驼色，可替代驼毛织成毛衫、围巾，在大衣呢中掺入牛绒，不仅降低成本，还能使产品挺括，提高质量。

（四）现代生态畜牧园区建设稳步推进

河南县占地1800亩有机畜牧业科技示范园基础设施已全面完成，逐步建立起发展有机畜牧业生产、加工、管理、信息、营销的运行体系，形成生态保护和畜牧业发展良性循环，经济、社会、生态三大效益协调统一的产业体系。园区示范性推进气象灾害防御体系建设，建成了点对点气象灾害防御示范站。同时在6个乡镇建成6个欧拉羊、2个雪多牦牛、1个河曲马等9个县级有机畜牧业标准化、规模化养殖示范牧场。

河南县有机畜牧业科技示范园区2016年度总产值达2.6949亿元；2017年度总产值达2.97438亿元，同比增加值增长率为9.60%。超额完成园区产业增加值增长率6.6个百分点。

河南县绿草源食品有限公司。2016年完成牛羊收购5.16万头只，生产各类牛羊肉制品2451吨：牛肉制品1710吨、羊肉制品737.59吨、有机产品3.41吨（有机牛肉制品1.91吨、有机羊肉制品1.5吨，产值122.76万元），实现总产值2.49亿元。

河南县启龙牧场。园区新型牧场，2017年完成牛奶收购396.3吨，生产各类奶制品334.5吨（酸奶291吨，酥油36.5吨，鲜奶7吨），实现总产值2279.2万元，产业增加值增长率为11.21%。

（五）产业化发展取得积极成果

通过推行"公司+合作社+牧户"的生态畜牧业产业化发展模式，进行有机畜产品精深加工，先后引进了青海绿草源、雅克牧业等知名企业入驻。2012年青海省绿草源食品有限公司被认定为"第五批国家级农业产业化龙头企业",雅克牧业生产的"阿米雪"有机牦牛酸奶获得第六届中国国际有机食品博览会金奖。2013年"阿米雪"商标荣获青海省著名商标称号。有机系列产品已推向北京、上海、广州、深圳等大都市,深受海内外客商和高端群体的青睐。

近年来,随着河南县第二、第三产业结构的调整,农畜产品商品化速度的加快和农牧民市场观念的提高,农牧民群众合作意识逐步增强,在河南县农牧部门的引导、培育、扶持下,河南县的牧民专业合作社如雨后春笋般发展起来。河南县经工商部门登记注册牧民专业合作社39家,吸收社员29609人,注册资金2150万元,带动牧户5792户,基本覆盖河南县特色主导畜产品,其经济效益和社会效益日趋明显。

(六)智慧畜牧业进展顺利

依托青海大学进行"智慧生态畜牧业河南、泽库典型区技术集成与应用示范"课题研究项目(涉及优干宁镇阿木乎村、荷日恒村、柯生乡尖克村、赛尔龙乡兰龙村、宁木特镇作毛村)并成立了由县兽医站主要负责人任组长、乡镇农牧业技术服务站站长为成员的智慧生态畜牧业高效养殖技术服务小组,全面开展对示范区牲畜养殖和推广的技术指导,项目已全部实施完成。

生态的改善促进了牧业的良性发展,截至2017年7月,全县存栏各类牲畜89.3万头只匹,其中,马牛羊分别为1.38匹、35.27万头、32.65万只。总增率、出栏率、商品率、母畜比重分别为40.47%、15.89%、12.5%和52.46%。仔畜成活率达97.09%,成畜损亡率为1.27%,肉类总产量达到4739.8吨,奶类产量达到17482.15吨。

★★★

‖资料3-1‖青海省河南蒙古族自治县现代畜牧业示范区发展规划(2013—2020年)节选[①]

一 发展原则

政府引导、多方参与。充分发挥政府引导与服务职能,改善政策环境和产业发展环境,加快建立与市场经济相适应的畜牧业经营体制,充分发

[①] 青海省河南蒙古族自治县人民政府,农业部规划设计研究院,2013年。

挥牧民的积极性和创造性，引导和鼓励社会资本投入有机畜牧业，凝聚各方力量，共同推进河南县现代有机畜牧业示范区建设。

因地制宜、突出特色。充分发挥河南县资源、地域与产业优势，因地制宜、趋利避害、合理布局，将资源优势、地域优势转变为经济优势，探索一条符合河南县现代有机畜牧业的发展之路。

科技引领、提升水平。在充分发挥传统草原畜牧业和丰富生产经验的基础上，改革传统的畜牧业生产和经营方式，坚持走依靠科技和现代畜牧业产业化经营的发展路子，实行集约化经营，实现高起点和跨越式发展，加强畜牧业科研与应用研究，增强科技成果转化能力，加大技术集成创新，加速畜牧业先进实用技术推广应用，着力提高科技对畜牧业发展的贡献率。

生态环保、持续发展。畜牧业发展与资源环境保护相结合，畜牧业发展与资源的循环利用相结合，加强草场保护措施，消灭草原"四害"；尊重牧民意愿，维护牧民土地承包权益，严禁占用草场进行各种建设项目，切实保护好三江源草场。实现畜牧业发展的现实目标与可持续目标的有机结合，有效利用、配置、保护农业资源，改善畜牧业生产条件，大力发展资源节约型、环境友好型畜牧业。

二　功能定位

通过建设现代畜牧业示范区，提高经济发展水平，进一步提升有机畜牧业在全县生态建设与县域经济发展中的地位，把河南县打造为我国"西部地区最大的国家有机畜产品生产基地示范县"，促进青海省乃至整个西部地区的生态建设、有机畜牧业生产标准化建设以及牧区社区建设。示范区主要有生产、生态、示范三大功能。

（一）生产功能

通过现代有机畜牧业示范区的建设，提供安全、鲜活和有特色的畜产品，满足人们对畜产品质量和产量的增长要求，丰富人民的"菜篮子"。

（二）生态功能

通过有机畜牧业的自净和自我维持能力，形成生态屏障，维持可持续发展的自然环境，现代有机畜牧业示范区的建设对草场进行生态修复、降低草原载畜量以及防灾体系建设完善等有促进作用，能优化养殖环境，保护三江源生态环境。

（三）示范功能

通过现代畜牧业生产与科技、信息等方面的结合，建设具有基础设施先进、服务功能完善、科技化水平高、管理机制健全的现代畜牧业示范区，为周边地区乃至全省、全国的牧区起到示范带动作用。

三 规划思路

立足河南县欧拉羊、牦牛、河曲马等特色优势资源，做大做强特色产业，完善产业体系，探索"一条主线、三大产业、五大体系"的现代畜牧业发展模式和新机制，即以体制、机制创新为动力，大力推进有机畜产品产业化经营为主线，通过草场生态修复、三大牲畜养殖、畜产品加工三大主导产业的建设，动物疫病防控体系、畜产品质量安全保障体系、有机畜产品市场体系、科技创新与培训体系以及防灾减灾体系五大体系的完善，全面推进河南县有机畜牧业健康发展。

四 发展目标

（一）总体目标

到2015年，河南县现代畜牧业示范区建设取得阶段性成效。建成一批标准化、规模化、专业化的畜产品生产基地，欧拉羊、牦牛和河曲马良种繁育率不断提高，培育打造一批特色优势名牌产品。畜牧业产业结构调整成效明显，畜产品养殖、加工、流通、休闲观光，第一、第二、第三产业融合集聚的产业体系基本构建完成。物质装备水平有较大提高，科技支撑能力显著增强，生产经营方式不断优化，畜牧业生产效益明显提高，牧民收入有较大改善。到2015年，把河南县建成产业优势突出、区域布局基本合理、生态环境优美的现代有机畜牧业示范区。

争取到2020年，形成完整的现代畜牧业产业链，最终实现现代畜牧业的区域化布局、规模化生产、产业化经营、市场化运作，按照"生态、有机、高端"生产示范性基地的定位，将河南县高原有机畜牧业生产基地建设成为青藏高原高寒地区现代有机畜牧业产业化发展的模范区、科技创新试验的先行区、高效生产的样板区、先进管理经营模式的实践区和农民接受新知识新技术的实训区，建设成为"引领黄南、示范青海、影响西部"的高原有机畜牧业生产示范基地。

（二）具体目标

有机畜牧业规划的具体目标主要包括减畜目标、畜牧业产值、科技带动水平、产业化水平、草原生态水平等指标。详见下表。

有机畜牧业规划具体指标

指标		单位	2015年	2020年
有机畜牧业经济发展	存栏量	万头（只、匹）	68	53
	出栏量	万头	27	23
	畜牧业产值	亿元	7.2	14.415
	占农业总产值比例	%	85	95
	人均纯收入	元	8000	12000
生态环境保护	载畜量（羊单位）	万只	184	145
	草场修复	万亩	500	900
畜牧科技	繁育 良种覆盖率	%	90	95
	繁育 欧拉羊选育	万只	40	38
	繁育 牦牛提纯复壮	万头	10	15
	科技进步贡献率	%	40	60
	牧业劳动力培训	万人次	1	2
动物防疫	畜禽及产品检疫率	%	100	100
	重大动物疫病免疫率	%	100	100
	病害牲畜无害化处理率	%	80	95
畜牧业加工	市级以上龙头企业	个	1	2
	国内知名品牌（含产品）	个	2	5
	畜禽产品商品率	%	75	85
	加工转化率	%	20	40
生产经营组织	专业合作社	个	50	80
	产业化组织带动农户率	%	50	60

五 土地现状与总体布局

（一）土地利用现状

全县土地总面积1049.92万亩，其中可利用草场面积888.12万亩。

（二）土地利用特点及存在问题

土地利用以草场地、林地为主。全县牧草地面积984.74万亩，占土地总面积的92.88%；林地面积35.92万亩，占土地总面积的3.57%。这两类用地面积之和占土地总面积达96.45%。牧业用地在土地利用总体构成中处于绝对优势，因此形成以牧为主、林牧多种经营综合发展的产业格局。

土地后备资源有限。全县自然保留地28.42万亩，仅占全县土地总面积的 2.83%。可供开发利用的后备资源较为有限，主要分布在托叶马乡、塞尔龙乡和柯生乡。

草原生态环境压力与日俱增。河南蒙古族自治县是黄河上游主要流经地和水源补给涵养地区之一，境内有洞箫河流数十条。境内的沼泽地、森林及灌丛地，是涵养水源重要保证，河流是黄河水量补充的重要源头地区。进入 20 世纪 80 年代后，由于受大气环境的影响和人类过度对大自然的索取，气温上升，降水量减少，加之本地区草场载畜量的加重，过度放牧，使境内的许多小块湿地（沼泽地）干涸，一些小的溪流断水，草场鼠害、虫害加重。草场的退化、沙化、小块沼泽地的消失，灌丛地的减少，将直接影响到水源和水涵养，导致生态不平衡，草原生态环境面临的压力越来越大。

（三）土地利用需求分析

建设用地需求量将会加大。河南蒙古族自治县是青海省通往甘肃、四川等地的南大门，具有极其优越的区位条件，发展外向型经济具有得天独厚的条件。未来发展中，招商引资与工业的发展将促使了产业升级和产业转移，加大对土地的需求。随着区域经济一体化进程的加快，河南蒙古族自治县将凭借良好的区位优势和明显的土地、劳动力等成本优势，全县招商引资的良好势头势必将会持续很长时期，今后几年，工业用地的需求量也势必将会持续增加。

农业用地面临内部结构调整。根据《河南蒙古族自治县土地利用总体规划（2006—2020 年）》提出的农用地结构调整目标，到 2015 年农用地面积调整到 977.61 万亩，2020 年调整到 982.58 万亩。

为了保证牲畜草料供给能力，适当增加牧草地。到 2015 年牧草地面积增至 934.04 万亩，2020 年增至 934.41 万亩，占土地总面积比重从 2009 年的 96.22%，分别调整到 92.94%和 92.97%。

合理安排畜牧养殖、草原观光生态旅游等用地，提高产出效益。到 2015 年，其他农用地面积增至 0.79 万亩，到 2020 年增至 0.81 万亩，占土地总面积保持在 0.08%左右；到 2015 年草原观光旅游用地面积增至 0.25 万亩，到 2020 年增至 0.36 万亩，占土地总面积比重从 2009 年的 0.006%调整到 0.03%和 0.04%。

草场面积及载畜量分析。参考《河南蒙古族自治县畜牧业区划》牧业综合分区，全县划分为三个区，即东南部山地河谷，欧拉羊、河曲马养殖区（Ⅰ区）；中北部滩地丘陵，欧拉羊繁育、加工区（Ⅱ区）；西部高山，牦牛养殖区（Ⅲ区）。各区草场面积及载畜量情况见下表。

河南蒙古族自治县有机畜牧业分区草场面积和载畜量现状

分区	季节草场	草原面积（亩）	可利用面积（亩）	理论载畜量（羊单位）	现有牲畜（羊单位）	超载量（羊单位）
全县	冬春	5360303	4996575	1114800	1860096	745296
	夏秋	4487079	4140524			
	合计	9847382	9137099			
Ⅰ区	冬春	1933641	1824828	552978	768509	215531
	夏秋	2080705	1917072			
	合计	4014346	3741900			
Ⅱ区	冬春	1930701	1829591	379216	678202	298986
	夏秋	1195964	1140808			
	合计	3126665	2970399			
Ⅲ区	冬春	1495961	1342156	182606	413385	230779
	夏秋	1210410	1082644			
	合计	2706371	2424800			

（四）总体规划布局

依托河南蒙古族自治县草场资源的分布情况，将合理的区域分工和专业化生产相结合，按照"整乡推进、一乡一业"的发展思路，现代农业建设总体布局遵循以下原则：

以土地利用分析为指导。分析未来全县土地利用需求的变动格局的基础上，对有机畜牧业用地进行适宜性分析，奠定全县有机畜牧业空间布局的基础条件。

以产业基础和资源分布为导向。在现有产业布局的基础上，根据资源、交通、经济基础等要素，优化有机畜牧业生产力布局，要进一步突出重点、集中要素，推进主导产业向优势区域集中。

以生态环境保护为前提。通过转变发展方式，调整布局结构，减轻草原生态环境压力。

（五）规划布局方案

根据布局原则，县城北部的优干宁镇依托优越的地理位置、交通和毗邻城区等要素，基础设施条件较好，现代畜牧业有条件向做精做强方向发展，成为重要的科技创新中心、有机畜牧业加工及生产服务区；县城东南部（赛尔龙、柯生、多松）依托现有的产业基础和地形地貌等资源条件，将向优势化方向发展，成为欧拉羊养殖区和河曲马保种区；县城西部宁木特镇依托森林、野生动物和旅游资源，以及适合牦牛养殖的区域优势，成为具有青藏高原特色的牦牛生产区（优势产区）；全县范围内草场均有破坏，针对全县范围内草场破坏严重的地点，进行草场生态修复与建设。最终在全县形成"中（北）强、东（南）优、南特"，"两园""三区""多点"的空间布局。

两园：包括有机畜牧业加工园和科技示范园，建设地点位于优干宁镇。主要功能是：延长产业链，建立信息港、物流仓储、质量控制、物质循环等有机畜牧业支撑体系。主要建设内容包括：有机畜产品加工、有机畜牧业质量检测中心、信息中心、科技创新中心、物流中心等项目。

三区：即欧拉羊养殖和河曲马繁育优势区、欧拉羊繁殖优势区、牦牛养殖优势区。

欧拉羊养殖和河曲马繁育优势区，分布在东南部山地河谷区（畜牧业区划的Ⅰ区），涉及的乡镇有赛尔龙、柯生、多松三个乡的12个村委会，37个合作社。

欧拉羊繁育优势区，位于中北部滩地丘陵区（畜牧业区划的Ⅱ区），涉及的乡镇有优干宁和托叶玛两个镇的22个村委会，60个合作社。

牦牛养殖优势区（畜牧业区划的Ⅲ区），涉及的乡镇是宁木特11个村委会，38个合作社。主要功能是生产功能，通过建立有机畜牧业生产体系，生产有机畜产品。

多点：涉及地区包括优干宁、托叶玛、多松、宁木特乡、赛尔龙、多松乡6个草场退化严重的地区。主要建设内容包括：草原生态修复、草场围栏、草原病虫害防治、草原鼠害防治等项目。

六 草场建设规划

（一）发展思路

贯彻落实《国务院关于加强草原保护与建设的若干意见》，以党的十八大提出的生态文明优先发展为指导，紧紧抓住国家重视草原生态保护建设和建立草原生态保护补助奖励机制的机遇，以保护和恢复草原生态为前提，以促进现代生态畜牧业发展和农牧民增收为目标，以市场为导向，以科技创新为动力，按照"统筹规划、优化布局、因地制宜、突出重点"

的原则，以政府投资为引导，带动企业、专业经济组织、经济实体及种养大户加大投入，通过调整优化饲草产业区域布局，大力发展规模化牧草良种及饲草料生产基地，建立和完善饲草料科技推广服务体系，一是组织实施好退牧还草、生态保护和建设工程，重点在减畜禁牧、草场管护、以草定畜、退化草地治理等关键环节上取得突破，确保工程达到预期效果。二是抓住工程实施的机遇，全面实施鼠虫害综合防治工作，通过大面积防治和连续扫残巩固，使草原鼠虫害危害基本得到控制。三是加强牧民定居房屋、牲畜棚圈和草地围栏等草原基础设施建设，改善生产生活条件。四是引导和加强牧民开展饲草种植和贮备工作，扩大颗粒饲料调运和贮备工程的规模和范围，提高冬季饲草饲料贮备水平，力争在防御自然灾害能力方面有较大幅度提高。

（二）发展目标

根据规划总体思路和有机畜牧业发展目标，到 2015 年牲畜存栏 68 万头，2020 年牲畜存栏 53 万头，力争 2015 年，草场修复面积 400 万亩，草原环境监测覆盖全县 60%。

2020 年实现全县草场修复改良面积达到 600 万亩，草原环境监测覆盖全县 100%。建设饲料加工厂，年产有机饲料 5 万吨，通过加大饲草饲料保障体系建设力度，满足有机畜牧业饲草饲料供应。

（三）主要任务

确保退牧还草工程进度和实施效果。抓住国家草地生态建设的机遇，确保工程建设效益，重点做好两个方面的工作：一是确保退牧还草工程进度和实施效果，根据不同的地区、不同的生态环境和草地类型，实施禁牧和休牧相结合，确保禁牧效果做到禁得住、不反弹；二是采取生物毒素与招鹰架、人工鼠夹相结合的防治方法，建立鼠虫害防治奖励和惩罚机制，提高广大牧民防治鼠害的自觉性，探索和建立长效的鼠害控制示范区，力争使全县的 984.74 万亩草原鼠害危害面积控制在防治标准以下。

加强牧民生活和草地基础设施建设。按照青海省新牧区建设总体规划，以农牧区小康住宅建设标准、畜用暖棚建设标准，加强牧民高标准定居房屋、畜用暖棚、草场围栏和人工种草基地建设，实现人有住房、畜有棚，冬春草场围栏化的目标。加大人畜饮水、草原灌溉、交通道路、文化教育、医疗卫生等配套设施建设，为全面建成小康社会创造条件。

争取有关优惠政策，推进草产业发展进程。一是要建立人工饲草料种植和贮备财政补贴机制，提高牧民种植和贮备的积极性。在不开垦天然草地的前提下，利用房前屋后的空地和极度退化的黑土滩，扩大圈窝子种植规模。二是要积极争取国家政策，扶持和培育1—2个草产品开发和饲料加工龙头企业，使草产品和饲料加工企业的数量、产品种类和生产规模有较大的突破。三是要狠抓饲料贮备，提高防灾保畜能力。

加强草原监理体系建设，提高草地执法水平。认真落实《青海省草原使用权流转管理办法》，做好草原使用权流转的管理工作。进一步贯彻执行《中华人民共和国草原法》《征占用草原审核审批管理办法》等法律法规，建立和推行基本草原保护制度、草畜平衡制度、划区轮牧和休牧禁牧制度。加大草原行政执法力度，严厉打击非法开垦、乱采滥挖等破坏草原植被和毁坏草原基础设施的行为，规范草原的征占用的临时使用草原的审核审批程序，正确处理国家、集体、个人的利益及生态保护和地方经济发展关系，切实维护草原使用者的合法权益。

（四）重点工程

退化草原综合治理工程建设工程；

草地基础设施和牧民定居点建设工程；

适度开发草原旅游资源建设工程；

草地生态环境监测体系建设工程；

科技培训体系建设工程。

（五）投资与效益估算

草原生态重点建设项目总投资91000万元，预计产值26000万元。

七　高原有机畜牧业养殖规划

（一）发展思路

坚持以市场为导向，以科技为支撑，以生态环境保护为基础，以牧民增收为目标，立足资源优势，以种质资源保护为主，本品种选育为主线，提高自治县养殖业种质资源保护能力、育种能力、供种能力和质量水平为目标，建立与畜牧产业结构、区域布局和不同生产方相适应的良种繁育体系，提高良种化程度。加强和完善良种繁育体系基础设施建设，逐步构建"产—学—研"相结合、"育—繁—推"一体化的现代畜牧业良种繁育体系。优化区域布局，合理控制载畜量，大力推行标准化生产、现代化管理、产业化经营，加强草原生态基础设施建设，转变生产方式，提高有机畜牧业综合效益，推进有机畜牧产业持续健康发展。

（二）发展目标

力争到 2015 年，完成欧拉羊本品种选育 40 万只，牦牛提纯复壮 10 万头，全县牲畜良种覆盖率达 90% 以上；到 2020 年，完成欧拉羊本品种选育 38 万只，牦牛提纯复壮 15 万头，达到 95% 以上。

通过规划的实施，实现载畜量逐年减少，到 2015 年，实现牛羊区域化布局合理，形成专业化生产的牛羊繁殖区和育肥区。组建牛羊养殖专业合作组织，构建比较完整的产业化组织体系。河南蒙古族自治县牲畜总存栏量减至 68 万头，出栏牲畜 27 万头，肉类产量 9400 吨，草场载畜量控制在 184 万个羊单位，比 2011 年减少 28 万个羊单位；到 2020 年，河南蒙古族自治县牲畜总存栏量减至 53 万头，出栏牲畜 23 万头，肉类产量 1 万吨，草场载畜量控制在 145 万个羊单位，比 2011 年减少 67 万个羊单位。

（三）主要任务

加大品种选育力度，提高良种贡献率。畜牧业发展，兽医防疫是保障，畜禽良种化是关键。只有政府加大扶持力度，健全和完善畜种改良技术支撑服务体系，才是发展高原特色、青海特点的有机生态畜牧业的出路所在。

规划期重点任务是加大品种选育力度，提高良种在畜牧业生产中的贡献率。一是实施种质资源保护。建设畜种质资源保护区，做好欧拉羊、河曲马的选育、提纯、供种工作，建立优良地方品种供种基地；加大地方良种开发利用，挖掘潜力，促使资源优势向经济优势的转化，走"以开发促保种，以保种促开发"的科学保护与发展之路。二是强化良种及繁育技术推广。采用成熟、配套的良种繁育技术路线进行改良。三是依托国家畜禽良种工程项目，积极支持现有繁育户实施改造和扩建，提高供种能力。四要加强种畜扩繁能力，建设羊、牛的人工授精站，完善基础设施，配备必要的测定和育种设备，改善种质量检测手段，提高良种选育和资源开发利用能力，最终使个体生产能力普遍得到提高，增加养殖户收益。五是培育扶持具有经营种畜生产能力的专业合作组织，使其具备承担培育和提供良种、保护品种资源、开发新品种的能力。

合理布局，健全养殖设施。有机畜牧业生产基地建设要在稳定存栏数，增加出栏数，加速畜群流转，减少环境污染，提高综合效益过程中，全面加快有机化进程，大力发展有机养殖业，调整畜群结构，全面实施区域化布局、产业化经营、标准化生产。重点放在建设欧拉羊和牦牛养殖基地，把河南蒙古族自治县建设成为"分户放牧、联户经营、集中定居、一体管理"的现代化有机牧场，使河南蒙古族自治县有机畜牧业生产基地产生一定的辐射和带动作用。

规划期主要任务是建设以种草养畜为主导、舍饲养殖为骨干、暖棚化发展为主要模式的有机畜牧业生产基地，以提高有机畜牧产业的集聚度为重点，建设有机羊养殖基地和有机牦牛基地。通过草场综合治理、灭治鼠害、建设围栏、以草定畜、推行与育肥出售淘汰牛（羊）和屠宰出售当年羊羔为基本内容的季节性畜牧业生产等综合措施，遏制草地退化，恢复草原植被，提高草场单位产量和牧草品质，引导牧民开展饲草种植工作，扩大圈窝子种草规模，增强饲草料贮备，提高牲畜越冬抗灾能力，力争在防御自然灾害能力上有一个较大幅度的提高，促进草地生态良性循环和草地畜牧业的发展；加强牧民定居点建设、牲畜暖棚、草地围栏和粪肥无害化处理等基础设施建设；提高管理水平，严格进行标准化生产，抓好适度规模生产确保产品完全达标。

（四）重点工程与项目

河曲马保种区建设工程、欧拉羊繁育工程、牦牛提纯复壮工程、现代畜牧业养殖项目。

（五）投资效益估算

有机畜牧业生产基地重点建设项目总投资63450万元，项目建设完成后预计可实现产值76500万元，利润13050万元。

八　畜产品加工规划

（一）发展思路

以当地丰富的畜牧业资源为依托，以青海省河南县有机农牧业科技示范园建设为契机，以转变农牧业发展方式为核心，以促进畜牧业发展、牧民增收为目标，大力发展有机畜产品加工、特色农产品加工、生物制品加工和废弃物的综合利用，大力发展现代物流业。通过农畜产品精深加工和流通，促进农牧业由传统粗放型向现代集约型转变，促进产业转型升级，提升竞争力，推进品牌建设，拓展市场空间和发展领域，实现牧业增效、牧民增收、牧区发展和促进草地生态保护的目标。

（二）发展目标

河南县有机畜产品加工业的发展应以大中型龙头企业为主导，以特色加工小型企业为补充，以牦牛肉、羊肉和乳制品系列产品生产开发为主，在深加工、精加工上下功夫，出花色、出品种，打造分割肉、风味肉、酱制品、熏烤制品、腌腊制品、干制品以及发酵制品等系列肉类产品,做强鲜奶、酸奶、乳饮料、奶油、奶酪、奶饼、酥油等传统乳制品;开发毛、绒、皮、骨、血等产品,深挖牦牛和羊的加工副产品附加值,努力培植和发展有机牦牛、羊的系列品牌,创出自己的品牌拳头产品,增强有机畜牧业的市场竞争力,让河南县有机畜产品走向国内外市场。

(三) 重点任务与措施

培育壮大龙头企业。大力开展招商引资工作,提高入园门槛,重点引进和发展有机畜牧业精深加工项目。着力培育一批规模大、实力强、技术先进、加工链条长、产品多元化、市场对路、竞争力强并对全县畜牧养殖业具有较强拉动作用的产业龙头。对龙头企业实行优惠政策,支持龙头企业到规划区建基地,探索龙头企业与基地牧民共同发展的机制。以龙头企业为依托,加强产销联合,大力推广"公司加基地联牧户"的经营模式,鼓励和提倡龙头企业通过建立风险基金、最低保护价收购、按牧户出售牲畜的数量适当返还利润等多种方式,与牧户建立利益共享、风险共担的紧密型利益联结机制。

培育有机畜产品市场体系。一是建立开放统一、竞争有序的有机畜产品市场体系。建设多种形式和规范的初级市场,建立市场营销体系。重点发展产地批发市场、专业市场和有机畜产品专卖店。二是培育专业合作经济组织和经纪人队伍等中介组织,为有机畜产品进入市场提供优质服务,提高市场竞争力和抵御风险的能力。三是加强信息服务。建立健全多种形式的信息传播网络系统,完善畜产品生产、销售和消费信息的收集和发布制度,为养殖户提供准确、及时、有效的市场信息,正确引导畜产品生产和流通。

创新营销方式。加强与国内外营销企业的联合与协作,培育壮大营销经纪人队伍、中介组织和运销大户,鼓励和支持各种形式的农民专业合作经济组织发展,提高农户的组织化程度,促进小生产与大市场有效对接。通过在大中城市设立直销点、网上销售、参评参展、举办产品展销会、新闻发布会等,创新销售方式,拓宽销售渠道。大力推进品牌战略,做大做强有机品牌。

(四) 重点工程与项目

牛羊屠宰加工项目、牦牛奶加工项目、生物制品加工项目、蒙藏药加工项目、有机肥加工项目。

(五) 投资效益估算

农产品加工物流重点建设项目总投资17720万元,项目建设完成后预计可实现预期产值 40600 万元。

第二节 工业的生态化发展

在国务院批准的《青海省主体功能区划》中，河南县位于国家级三江源草原草甸湿地生态功能区，整体属于限制开发区域，个别区域（青海省洮河源国家湿地公园）属于禁止开发区。在这样的区域，存在污染风险的工业受到严格禁止，产生"三废"排放的工业绝对不能布局，制度约束倒逼河南县重点发展生态水、蒙藏药和新能源等生态工业。

一 天然饮用水产业

"水产业"是青海省"十三五"期间重点发展产业之一。河南县作为三江源生态自然保护区的腹地，有着丰富的优质矿泉水资源。县委、县政府高度重视生态水产业发展，提出了培育发展天然饮用水产业，使其成为河南县绿色产业、特色优势产业和新的经济增长点。力争到"十三五"末，实现天然饮用水产销量达 60 万吨（5000 万标箱），产值达 37 亿元，天然饮用水产业成为河南县新的经济增长点。

（1）打造高端水品牌。依托三江之源自然品牌，立足天然冰川矿泉水资源优势，主打瀞度天然饮用水品牌，瞄准市场中高端、产品中高位营销定位，优先做好产品和品牌宣传和营销。积极申请中华人民共和国地理标志保护，努力争创中国驰名商标，全力打造天然饮用水系列品牌，加强与援建省市的协调对接，利用援建优势进一步加大宣传推介力度，组织天然饮用水企业参加全国糖酒会等国内外展会和博览会，提升河南县天然饮用水影响力和知名度。

（2）丰富产品提升档次。以聚能瀞度饮料股份有限公司为龙头，大力发展冰川矿泉水、天然含气苏打水等高端矿泉水，提高矿泉水的开发利用水平，利用当地蕨麻等特色生物资源进一步研发蛋白饮料等新产品适应高端市场发展规律，支持企业产品开发，使产品多样化、专业化，生产化妆用水、母婴水、特制用水等专用系列产品，最大限度地提升产品附加值，提高市场占有率和竞争力。

（3）完善生产配套体系。加快构建包括现代仓储物流、产品质量检验检测、研究开发设计、知识产权在内的天然饮用水产业现代服务体系；

积极引导和鼓励发展印刷、包装等重点协作配套产业，不断完善天然饮用水产业的产业链体系。加强产业科技研发支撑能力。配套开发系列产品，把天然饮用水作为绿色产业、特色优势产业和新的经济增长点重点扶持和培育。将河南县打造成为青海省三江源天然饮用水产业核心基地和全国重要的中高端天然矿泉水水源和供应基地。

通过不断发展，努力将天然饮用水产业打造成集冰川矿泉水、天然含气苏打水研发、生产、销售、物流、服务于一体的综合性高端饮用水产业集群，带动全县经济发展。

河南县重点生态企业——青海聚能瀞度饮料股份有限公司成立于2011年，是天津市援建青海藏区企业，集瀞度水研发、生产、销售、物流、服务于一体的综合性高端饮用水企业。企业投资创建的"瀞度水"项目受到了政府的高度重视。项目总投资人民币22.08亿元，厂区总占地面积312亩，拥有300平方千米瀞度专属水源保护区。项目自一期建设以来，得到了天津市政府及青海省政府的大力支持。2015年，青海省政府将"瀞度天然水"项目列为青海省"十三五"期间重点工业项目。目前，公司已在天津设立营销中心，北京、上海、重庆、成都、广州、深圳、浙江、江苏、陕西、青海等地设立了办事处，营销能力辐射全国。

瀞度企业通过在当地招工就业、捐资助学、为贫困户发放补助等多种形式积极参与河南县的精准扶贫，所开拓的是一条前人从未践行过的创新之路，在精准扶贫、产业辐射和生态保护等各个领域，都开创了一个和谐与发展并举的"瀞度模式"。在企业发展中坚持生态先行，在经济发展中促进当地百姓增收、蒙藏汉民族团结，以自身的力量肩负起青海三江源生态保护与多民族共同发展的企业重任。

★★★

‖ 资料3-2 ‖ 严格保护水资源

河南蒙古族自治县人民政府
关于同意调整青海聚能活力源饮料有限公司三江源瀞度
水源地生态保护区范围的批复　河政〔2015〕46号

县国土资源局：

你局《关于调整青海聚能活力源饮料有限公司三江源瀞度水源地生

态保护区范围的请示》（河国土资〔2015〕66号）收悉。经县人民政府第二十七次常务会议研究，同意将该水源保护区在2014年100平方千米的基础上调整为300平方千米，范围为托叶玛乡曲海村至夏吾特村间的区域，具体坐标（80坐标系）如下：

北纬34.36125度；东经101.29429度
北纬34.35540度；东经101.44054度
北纬34.28364度；东经101.43511度
北纬34.28548度；东经101.29300度

要求你局务必严格按照相关规定，保护好生态水源地，保证"瀞度天然冰川活水"项目和人民群众饮水安全。

此复。

河南蒙古族自治县人民政府
2015年6月26日

2013年6月，瀞度发起"三江源生态"保护行动，并成立了中国首支企业水资源保护队——"瀞度三江源水资源保护队"。为保护三江源自然保护区的生态环境付诸实际行动。

二 推进特色蒙藏药产业化

深入挖掘河南县丰富的蒙藏药资源，打造适应高寒环境的蒙藏药材种植基地，满足蒙藏药材的生产加工。积极延伸藏医药制造产业链，适当发展藏医药加工产业。现已研制出"七十二味珍珠丸""仁庆枣智达谢""仁庆芝皎""仁庆章皎""仁庆伊什娘尼啊""仁庆谢牟尼啊""仁庆昂日乐尼啊""十三味仁天达西"八处藏医历史上名贵藏药和140余种常用藏药。扩建蒙藏医院，提高蒙藏医院接纳病人的能力。成立蒙藏药研究所，加快藏医研发和课题攻关相关平台建设。加强蒙藏医药科研与传承工作，保证蒙藏医药质量。加快推进蒙藏医药国药准字号的申报进程，进一步做大风湿专科等现有强势专业，突出关键领域，引进培养一批优秀的蒙藏医药人才。加快产业化进程，加快蒙藏医药资源优势向产业优势转化进程，加快推进蒙藏医院风湿专科楼、蒙藏医药研究所、蒙藏药制药中心扩建、蒙藏中药饮片生产加工厂等项目建设。着力打造蒙藏医药在高原适应性生理调节，休闲养生等旅游医疗品牌，将蒙藏医院打造成青甘川藏区一流的特色民族医院。加快蒙藏医药对外开放步伐，扩大生产规模，提高产品品质，积极实施蒙藏医药"走出去"战略，蒙藏医"治未病"工程和基层蒙医药服务提升工程，在西宁、兰州等地开设河南县蒙藏医院分院，提升品牌知名度。考虑发展"飞地经济"，与生态承载能力较强的地区进行合作，共同打造蒙藏医药制造产业高地。

三 谋划新能源产业

在现有光伏电站、水电站的基础上，在严守生态保护红线的前提条件下，充分利用高原地区的水力资源，加快宁木特水电站、光伏电站等清洁型能源工业发展步伐，形成能源产业发展的新承载地。

四 大力发展民族特色手工业

充分挖掘宗教文化和民族文化的价值内涵，重点发展民间手工艺品、民族特需用品、藏饰品、藏日用品、藏文化用品等特色产品。充分传承民间手工技艺，突出工艺品的文化传统和手艺传承，以文化提升工艺品价值，以工艺品传播文化，做大、做响民族特色手工业，带动旅游产业发展。

★★★

‖新闻链接3-1‖青海河南三江源天然水源"保护中利用"纪实[①]

新华社青海河南4月7日电 对于放了大半辈子牛羊的昂白来说，忽然有了一份稳定且收入可观的工作，实属不易。这份工作对他来说既熟悉又陌生，巡视一片面积300平方千米的三江源水源保护区。

这里是青海黄南藏族自治州河南蒙古族自治县三江源瀞度水源保护区，位于我国三江源国家级自然保护区的核心腹地，海拔3800多米。

当地有一眼被牧民们称为"圣洁之水"的神涊泉，罕见地涌出"一泉双水"，不足3米的两个泉眼群，一边是阳离子锶含量达3毫克每升的天然矿泉水，一边则是碳酸氢钠（俗称小苏打）含量达到国际饮用标准的天然苏打水。

---

① 资料来源：新华社记者：罗争光，2016年4月8日。

昂白从小生长在这里，熟悉这里的每一片水草。他现在的工作，是每天和另外两名同事一起，以神涿泉为中心巡视这个300平方千米的水源保护区，清理废弃物、动物皮毛等污染物品，同时防止其他污染源进入保护区，确保核心水源地防护栏不受破坏。

"以前我家的收入主要是养牛养羊，一年挣不了几千块钱。2011年我进入水厂，成了专职的（水源保护队）巡护员，每个月工资3000多块钱。"昂白说。

昂白所在的这家工厂，是青海聚能潢度饮料股份有限公司，属于天津对口支援青海黄南藏族自治州的一项建设成果。2011年，看中了这处绝好水源的天津企业家郭庆华，投资建成了这家企业。

"在三江源腹地，神涿泉的水具有小分子团、矿物质丰富、弱碱性等特点，简直就是大自然留给人类的一处宝藏。与其让这么好的水白白浪费，不如将它转化为产品输送给全国乃至世界各地的消费者。"郭庆华说，"但扎根下来之后，我们首先要做的不是产品生产，而是生态恢复和保护。"

三江源国家级自然保护区是长江、黄河、澜沧江的发源地和水源涵养地，被誉为"中华水塔"。然而，一段时间以来，这里发生大面积生态退化，水土流失严重。

神涿泉附近，情况同样令人担忧。随意放牧和人类活动频繁，使当地的生态环境受到一定的破坏，泉眼附近散落着垃圾。

近年来，三江源生态保护一直是国家重点工程。

郭庆华在此投资建厂后，联合当地政府部门迅速划定了100平方千米的水源地保护区（后申请扩大到300平方千米），下大力气恢复生态，保护水草。同时，在水源地周边建起三级围栏防止人和动物进入活动，造成污染，并建立了在线的水源监测系统，实时监控水质和周边环境。

"在建设过程中，我们的建筑材料都处处有生态环保，比如围栏和泉眼取水房用有机木料建造，搭建悬浮木栈道供工人行走，以避免直接踩踏草地。"郭庆华说。

作为对口援助项目，建水厂自然也带动了当地经济社会的发展。随着项目推进，当地的物流、运输等行业逐步被带动起来。一批当地牧民被吸引到工厂就业，昂白就是其中之一，稳定的工作不仅让他们收入提高、生活条件改善，生产生活方式也得以改变。

一些当地旅行社，很快也发现了商机，开辟了"瀞度健康之旅"，每年吸引数千人次前来观光体验，带动周边饭店、宾馆营业额大幅提高。

收入高了、人气有了、经济活了，但生态保护依然是当地政府和企业的首要任务。

"优质水源是我们的天然财富，但它的转化利用，必须以保护为前提，要在保护的基础上利用。"河南蒙古族自治县县长阿琼说。

为了避免出现水源过度开采，当地政府对企业开采量进行了限制，大部分水流量要留给牧民和自然环境。"而且，我们要求天然泉水只能流出来，不能抽出来，不能对生态环境造成影响。"阿琼说。

郭庆华告诉记者，除了神汆泉，这块区域还有大量天然水源可供利用，因而发展前景可观。目前，瀞度公司正在建设一个水源地生态修复主题公园，以集中接纳前来参观、体验的人员，"这将让大家更好地体验'中华水塔'的神奇和圣洁，并更深刻地理解和践行生态保护的理念。"

（资料来源：新华社　发布时间：2016年4月8日，记者：罗争光）

★★★

‖专题调查3-1‖牵住产业发展"牛鼻子"，让特色产业成为群众致富"摇钱树"

位于九曲黄河第一弯的黄南州河南县，作为2016年青南牧区第一个脱贫"摘帽"县，在脱贫攻坚，共奔小康的伟大征程中，牵住产业发展的"牛鼻子"，扶持农牧民发展特色产业，让特色产业真正成为牧区群众致富的"摇钱树"。

河曲草原已是滴水成冰的时节。而在河南县优干宁镇荷日恒村的梅朵赛青民族服饰厂，却是一番暖意融融的景象，宽敞的阳光厅里，工人们正在缝制服装，有说有笑。而在两年前，她们还都是荷日恒村的贫困户。

河南县荷日恒村梅朵赛青民族服饰厂工人才让卓玛说："以前家里的收入只有放牧，后来县上组织培训，我学会了服装加工，到这里来上班，现在每个月能有一千多元的固定收入。"

2015年成立的梅朵赛青民族服饰厂，是荷日恒村的扶贫项目，两年来已经有十多名妇女在这里谋得一份职业，每到年底，她们还能拿到1万元左右的效益分红。

河南县荷日恒村梅朵赛青民族服饰厂工人才让卓玛说："对我们帮助

很大，家里条件真的改善不少，工作环境也好，这样的生活我感到很满足。"

"扶贫攻坚手拉手，你不致富我不走"，让牧民群众更有获得感，这是荷日恒村与驻村干部脱贫路上的豪迈宣言。近年来，依托丰厚的畜牧资源优势，荷日恒村稳步推进产业发展、劳务输出、生态保护等"一揽子"产业脱贫工程。

河南县优干宁镇荷日恒村驻村第一书记张立成说："以生态畜牧业合作社为抓手，大力发展我们的实体产业。我们现在有牦牛高效养殖基地、欧拉羊繁育基地、荷日恒民族服装加工厂、畜产品加工厂、小汽车修理城、冷库六个产业。"

去年，荷日恒村仅牦牛养殖社就赚了 30 万元，村里还成立了扶贫产业发展互助基金会，帮助合作社解决发展中的资金问题。

从一个纯牧业省定贫困村，成长为能脱贫、有产业的小康村，荷日恒村并没有停止前进的脚步，接下来，全村人还有着更美的致富梦。

河南县优干宁镇荷日恒村驻村第一书记张立成说："脱贫摘帽不仅仅是这六个产业。我们的发展思路就是围绕主导产业，把我们相关的产业做大做强。下一步具体思路，就是我们把牛场和羊场的规模扩大。相应的我们牛羊肉、牛奶等产量就会提高，围绕这些东西再做我们的酥油、酸奶、冷鲜肉分割包装等。通过建设生态畜牧业合作社，融合发展第二、第三产业，我们做到减畜不减产，同时要增加我们农牧民的经济收益，这也是贯彻落实党的十九大精神的具体措施。"

传统产业升级换代，新兴产业悄然兴起，"一村一产"多元化的产业扶贫发展思路，是河南县脱贫摘帽的"根本"，也是"法宝"。在托叶玛乡曲海村，瞄准劳动密集型产业发展酒店服务业，成为村里带领群众致富的选项。这家位于县城繁华地段的曲海酒店，就是全村人入股建立的村级扶贫产业。四层楼的酒店集餐饮、住宿、超市购物为一体，吸纳了村里的贫困家庭成员前来务工。

河南县托叶玛乡党委副书记、乡长才旦公保说："服务员、大师傅、门卫招聘方式就是当地上学回来的贫困户和建档立卡户，面向这些群体考虑的。"

在产业发展的同时，村里合作社生产的酸奶、酥油、奶酪等畜产品，也会提供到酒店超市销售，形成一体化产业链。现在，曲海村又大胆创新，筹划着将酒店业务拓展到电商行业。

河南县托叶玛乡党委副书记、乡长才旦公保说："党的十九大精神总书记谈到了很多发展新思路，我们曲海酒店今后的计划就是联合大学生创业联合会，引进当地的大学生，当地的一些人才，我们今后的发展思路也更宽阔了一些，咱们曲海酒店的商业链也更加地广泛了一些，村里面收入会一年比一年好。"

要想生活一年比一年好，在脱贫攻坚中就要有"弱鸟先飞，滴水穿石"的精神。自2016年以来，河南县明确了先脱帽、再巩固，三步走战略，勾勒出2016年贫困县"摘帽"、2018年消除绝对贫困、2020年建成小康社会的美好蓝图。围绕这一蓝图，河南县以打造多元特色产业为主线，扶持农牧民进行特色产业发展，建成了覆盖16个贫困村的22个产业项目，使贫困户按照年人均可支配收入超过3316元的脱贫标准，最终实现1440户、5400名贫困人口脱贫、16个贫困村退出和贫困县"摘帽"的脱贫攻坚任务。

河南县扶贫开发局局长唐建珍说："通过这些措施的采取，增加了牧民群众的收入。下一步我们通过推进文明小康村的建设，利用四年时间，逐步对39个村进行生态文明小康村的达标改造。一方面是推进村生态文明达到标准，另一方面就是通过生态文明小康村的建设，要达到脱贫巩固的问题。"

一项项透着温度的扶贫工程效果喜人，一个个适合当地贫困村绿色健康发展的产业生根发芽，一张张牧民群众的笑脸越发灿烂。放眼河南全县，发展升级道路越走越广，展望不久将来，全面小康蓝图锦绣辉煌！

（资料来源：河南县委宣传部、青海电视台记者周贤安、张云飞、雷婷婷、赵鑫、安桃佳、马明瑜，时间：2017年12月27日）

第四章　生态资源可持续开发

　　生态资源的可持续开发是指在生态系统承载能力范围内，运用生态经济学原理和系统工程方法改变生产和消费方式，挖掘一切可以利用的资源潜力，发展一些经济发达、生态高效的产业，建设体制合理、社会和谐的文化以及生态健康、景观适宜的环境。生态资源可持续开发是实现经济腾飞与环境保护、物质文明与精神文明、自然生态与人类生态的高度统一和可持续发展的开发。

　　可持续开发的本质，就是把经济发展建立在生态环境可承受的基础上，实现经济发展和生态保护的"双赢"，建立经济、社会、自然良性循环的复合型经济生态系统。

　　在环境保护与经济发展的关系方面，习近平总书记指出，"绿水青山就是金山银山""保护生态环境就是保护生产力、改善生态环境就是发展生产力"等。这些重要论述告诉我们，通过环境保护也能促进经济发展，其主要途径是发展生态友好型经济开发。

第一节　生态旅游开发

　　河南县有天然草场近千万亩，是青海著名的天然优质草场之一。夏季气候凉爽，正值内地炎热难当的盛夏季节，这里却是野花飘香、百鸟争鸣的晚春季节，气候凉爽宜人，适合避暑度假。这里是纯牧业县，无工业污染，自然环境洁净健康。只要到这里，就会领略到天蓝、水清、空气新鲜的草原风光。

　　为什么说河南的草原是青海最美草原？河南蒙古族自治县宣传其草原为"亚洲一流、青海最美"已有一段时间，但缺乏科学的论证过程，社会上可能会有些疑虑，毕竟青海是中国四大草原牧区之一，其境除河湟地区外均有草原美景，各州县都会觉得自己的草原美（这也是人之常情，谁不说咱家乡美!)。那么河南县的草原为什么是青海最美？这需要一个有说服力的权威论证！

通过检索国内外相关文献，走访兰州大学草地农业科技学院、甘肃农业大学草业学院专家学者，我们归纳出最美草原的六大标准，通过对标，河南县的草原完全有证据称"青海最美草原"！

(一) 最美草原评价标准[①]

(1) 草地质量好，植被茂盛，季相鲜明华丽，有层次和立体感，且辽阔壮观；

(2) 草原健康，毒害草少，生物多样性丰富；

(3) 有特殊或多样的地貌景观（比如河曲）；

(4) 牧民生活方式自然淳朴，民族风情浓郁，人与自然和谐相处；

(5) 有重要的历史文化遗迹；

(6) 原生态保存较好，利用适度。

[(1—3) 为自然项，(4—6) 为社会人文项]

(二) 河南县草原特征

(1) 总体感受：丰富变化之美，多面立体之美，包容深刻之美。

(2) 单项目评价（基于生态旅游开发的评价）：

一是滩地草原+中山草原类型，辽阔且富于变化；二是湿地景观丰富多样（大河奔流、小河舒缓、湖沼生动）；三是花滩景观奇特（金莲花、龙胆花、毛茛花，谓高原花之三奇）；四是山水配合良好（黄河、洮河、泽曲、西倾山）；五是骏马白帐，云蒸霞蔚；六是"藏地蒙族"，风情独特；七是夏季凉爽，洁净无虫。

河南县发挥自身生态优势，积极调整经济结构全力发展生态文化旅游业，把旅游业作为脱贫奔小康的重点产业，编制了全县旅游发展总体规划和旅游发展三年行动方案。

目前形成的景区有黄河大峡谷风景区、李恰如山风景区、圣湖、仙女洞、双鱼湖、瀞度生态湿地修复公园。

特色产品有洮河源科考（徒步）、野生动物观赏、洮河源湿地公园观鸟、九曲黄河第一弯、草原母亲河泽曲河、千佛魂山吉岗山等自然山水观光。

---

① 《青岛得龙地理规划设计研究院整理》，2017年版。

一　旅游业发展能力提升

（一）旅游产业发展能力

旅游产业发展能力，主要由六种行为主体的能力共同构成：一是党政行业管理能力；二是企业竞争能力；三是从业者服务能力；四是中介机构协调能力；五是旅游者素质能力；六是环境的保障支撑能力。

（二）党政旅游管理能力

党政旅游管理能力指的是立足旅游业行政管理的职能，以市场、规划等为手段，规范管理行业发展的能力。考虑到旅游业的复杂性和我国社会经济制度的现实生态，党政应该具备的旅游管理能力主要有决策效率、有效力；宏观经济政策应对能力；有限形式的市场行为能力。具体地讲，主要包括三个方面内容：一是市场准入和监管的控制能力；二是公共服务能力；三是高效规范、上下一心的执行能力。

（三）行动目标

根据《河南县旅游业发展总体规划》要求，提升河南县党政旅游管理能力、旅游发展能力。

提升文化旅游局指导、协调全县旅游产业发展能力、完善对旅游者的公共服务功能；以提高旅游行政管理部门对旅游的行政服务水平为需求，确保总体规划建设项目的实施。三年行动方案实施后，区域内旅游区和旅游城镇基本形成雏形，具备一定的接待能力，形成旅游产业经济。

（四）统一思想，大力发展旅游业

旅游产业是高度综合的产业，发展旅游光靠旅游部门是不行的，需要集全县之力共同努力。因此，需要广泛宣传、全民动员，达成共识。考虑到河南县旅游业尚处在起步阶段，干部群众缺乏发展旅游的决心和经验，建议择时召开"河南县旅游发展大会"，从统一思想认识，加强行业管理和提高技术技能等方面促进河南县旅游业的突破发展。

（五）挖掘特色、科学定位

河南县旅游资源丰富，蒙藏和谐民族文化底蕴深厚、大地景观多彩，有独具魅力的文化、山水、民族等主题，藏地蒙旗是最具代表性的河南旅游形象，打造旅游品牌基础良好。

河南县是藏文化三大区域之一的安多文化区重要组成部分，同时是青海省唯一的蒙古族自治县。这里的文化主要有人文历史景观（曲格河南亲王府、历史名山西倾山)、洮河源故道文化、民俗文化、宗教文化等。

1. 产业定位

河南县在自然地理上是青南高原，属纯牧业县。自然环境决定了三次产业结构以第一产业为主，第一产业以牧业为主，牧业以自然草地放牧为主。其特点是经济结构单一，高度依赖自然生态，稳定性差，生产力低下。在主体功能区划上属于三江源国家级自然保护区，发展第二产业受到严格限制，大大压缩了产业结构调整回旋空间。

靠传统的畜牧业、劳务经济能解决一时脱贫，但靠其致富奔小康就比较困难。因此必须培育县域经济新动能，寻找富民突破口。旅游业作为综合性现代服务业、对第三产业辐射带动作用大，劳动就业容量大、生态环境破坏小，能够实现经济效益、社会效益、生态效益的兼顾统一。旅游产业是河南县产业结构调整、经济增长方式转型升级、人民生活改善的理想选择。

河南县旅游资源丰富，周围大景区环伺（省内有热贡艺术、年保玉则等景区，外省有甘肃甘南、四川大九寨景区）。可以抓住青海省建设生态旅游大省、文化旅游大省的机遇，大力发展高原特色旅游业。综合考虑各种因素、现实与可能，近期定位为培育县域经济新动能、巩固脱贫成果奔小康的新兴产业。远期可打造成县域经济的支柱产业。

2. 产品定位

分析河南县旅游资源的特色、优势与周围地区（青海果洛、甘肃甘南、四川阿坝）旅游发展定位，我们提出的旅游产品发展定位是：以山水（西倾山、洮河源）观光旅游为基础，以生态休闲、健康旅游为重点，以"藏地蒙族"文化旅游为特色，构建全县旅游业发展的产品体系。

(六) 河南县旅游行政能力提升工程

1. 强化组织领导

深入贯彻《旅游法》，县委、县政府进一步加强对旅游工作的组织领导，成立由县主要领导任组长，相关职能部门组成的县旅游发展领导小组，负责《河南县旅游业发展规划》《旅游业发展三年行动方案》的组织实施，县旅游发展领导小组办公室设在县文化旅游局，负责日常工作。定期召开党政联席会议，研究旅游重大发展战略，制定阶段性发展目标，协商解决旅游发展重大问题等重要事项。明确部门、乡镇分管旅游领导，在不增加编制情况下涉旅乡镇增设旅游干事岗位；将旅游工作纳入涉旅乡镇和部门年度目标考核体系，由县督察室牵头，对旅游工作成效进行跟踪督察。

2. 赋权明责

旅游局在我国的设立比较混乱，有单独设立、联合设立、挂靠设立等形式。有的是政府组成部门，有的是事业单位。非单独设立的通常与文化局、商务局、经发局等联合或挂靠。也有的县没有旅游局，县政府办公室"代行"旅游统计等功能。县一级独立设置时最高配置的称旅游发展委员会，青海省尚没有县级旅游管理委员会。青海县一级多数属政府组成部门的旅游局，事业单位的旅游局很少。

黄南州各县旅游局行政配置普遍较低，都属于混合配置的旅游局，全名为××县文体广电旅游局，河南县"旅游局"是混设机构，其属性、工作职责、人员编制并无明确分工、认定。

由于国务院机构改革启动，原国家旅游局撤销，成立了文化和旅游部，省级及以下尚不清晰，我们建议在县文体广电旅游局下设副科级机构——旅游资源开发办公室，设独立编制、经费预算，并赋予下列职能。

(1) 认真贯彻实施执行国家旅游行业法律、法规、方针和政策，承办县委、县政府和上级旅游部门交办的各项旅游业事项。

(2) 编制全县旅游业中长期发展规划和年度计划，并牵头组织实施。

(3) 协调全县旅游开发中的关系，牵头实施全县旅游开发重点项目，并对各乡镇及旅游企业进行业务指导。

(4) 对县内饭店（酒店）、旅游景区景点、涉旅交通运输业、旅行社、导游员等实行行业管理，组织实施行业内部的业务培训和精神文明建设。

(5) 负责开展全县旅游整体形象宣传，组织旅游产品、旅游线路开发和重大促销活动。

(6) 负责对县内星级饭店和 A 级景区的审查、申报以及管理工作，协同有关部门落实旅游行业的安全管理。

(7) 负责县内旅行社、旅行社分社、旅行社服务网点的审查、申报和管理；负责全县旅行社经理、导游员和其他业务人员的管理教育及培训工作。

(8) 负责县内"农（牧）家乐"乡村旅游的行业管理，牵头落实规划发展、市场促销、质量检查、星级评定、人员培训和监督管理工作。

3. 资金保障

财政涉及广泛的责权利关系，具有极大的社会经济"联动性"。坚持政府投入为引导，积极向省、州政府争取旅游产业发展引导资金及其他各类非系统内专项支持资金。县财政在业务经费正常增长的同时，每年在预算内安排不少于300万元的旅游发展资金，发展资金由旅游局提出初步使用意见后报县旅游产业领导小组审批，确保资金向重点项目倾斜。特别事项所需资金实行一事一议。

4. 人才保障

建立人才激励机制，引进各类专业人才，努力建设一支具有现代旅游意识、市场意识和服务意识的复合型人才队伍。设立旅游人才培训制度，培养不同层次的旅游管理和服务人员；制定相关优惠政策，吸引本科以上学历旅游专业人才来县就业。聘请旅游专家担任县旅游经济顾问。

5. 政策与制度保障

制定促进旅游业发展的相关政策，包括财政优惠政策、农业特产税优惠政策，用地优惠政策（包括租赁、出让等）、招商政策，奖励政策等。各有关部门要包装项目，积极向上争取资金，用于旅游开发建设。有关职能部门要尽量简化审批程序，为旅游项目建设提高绿色通道。全面落实省政府、州政府推动旅游业发展的文件，发挥政策的导向作用。加强政府对旅游核心资源控制、旅游规划编制、旅游品牌打造、基础设施建设的主导作用。加大统筹协调和整合力度，用行政手段整合新农村建设、生态建设、城市建设、基础设施建设的政策和资金，加快景区项目建设。加大财政资金对旅游产业的投入和招商引资力度，撬动旅游项目建设。积极探索利用项目融资方式，吸引社会和民间资金投入旅游产业建设中。

6. 监督保障

建立旅游工作目标责任制、旅游工作调度协调机制、旅游工作考核奖惩制度。把旅游发展纳入全县经济社会工作目标统一考核。采取签订目标责任状、年底考核评价的办法，加强对各乡镇及相关部门的目标管理。县委、县政府督察室和县考核办要定期开展督察督办，确保县委、县政府部署的各项工作落到实处。领导小组办公室要加强监督指导，及时通报工作实施情况。

二 旅游客源市场开拓

（一）旅游客源市场的开发

1. 对资源的高度依赖性

旅游产品对客源市场的吸引力对资源规模、等级、开发条件等存在高度的依赖性，因此旅游资源条件制约着旅游客源市场的范围、类型和层次。在旅游市场开发过程中一定要清醒认识自身的资源条件。例如，世界自然文化双遗产"九寨沟"旅游区，尽管藏在深山，交通条件较差，但因为自然风景极其优美，羌藏民俗风情浓厚，仍然吸引了大量远道而来的观光游客，其主要客源市场当然是喜爱自然风光、民俗风情的游客。

2. 开发对象的差异性

不同特征的旅游客源市场的开发具有明显的差异性。旅游度假区在进行客源市场开发时，可以根据地理位置特征将客源市场划分为本地市场和外地市场两大类，对本地市场以人员销售为主要开发手段，而对于距离较远的外地市场则主要通过媒体、网络营销来开发。

3. 开发主体的协调性

旅游客源市场开发必须特别强调协调性。政府、行业协会组织、企业作为旅游客源市场开发的三大主体，对客源市场开发的理解和利益出发点同中有异，不可避免地会出现一些矛盾和摩擦。对于旅游者而言，完整的旅游体验包括食、住、行、游、购、娱六大环节，任何一个环节的缺失或不足都会影响旅游者的满意度，而这六大环节涉及不同的旅游企业，跨越不同的行业主管部门，相互之间的沟通和协调有一定的难度。所以，在进行旅游客源市场开发时，要处理好政府、行业协会组织、企业之间的关系，以及企业和企业之间的沟通和协调。

（二）2017年6—8月青海客源市场大数据分析

河南县的游客市场离不开全省客源市场的大背景，分析全省客源市场规律是河南县游客市场定位的主要依据。

1. 客源地分析

从客源地分析图看，6—8月来青游客占比前五的省份分别为甘肃、河南、陕西、四川、广东。青海旅游核心客源市场主要以周边省份甘肃、新疆、四川、陕西等为主，其次为部分一线城市及省份，因此旅游营销策划应围绕核心客源市场重点进行（见图4-1）。

图 4-1　6—8 月各省入青人数统计

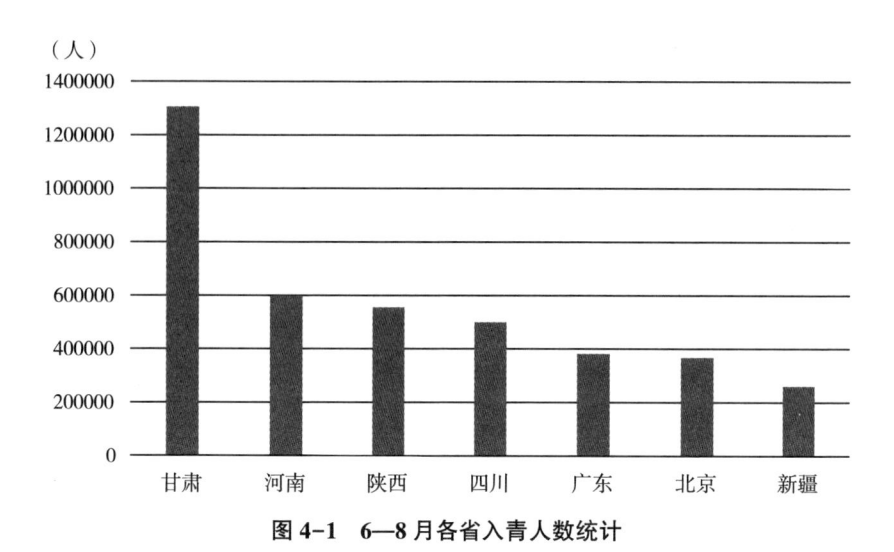

2. 各旅游目的地旅游客流统计

6—8 月来青游客的主要目的地占比中，西宁、海东作为游客主要集散地占比最高；海北、海南作为环湖旅游线路所在地占比较高，但是总数还不高，青南"黄果树"整体游客较少（见图 4-2）。

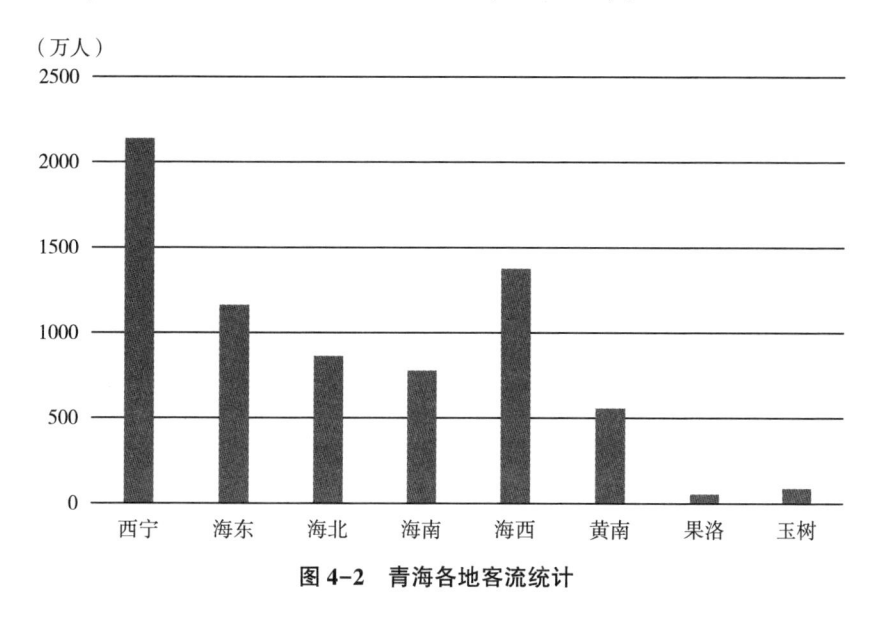

图 4-2　青海各地客流统计

3. 外省游客驻留时间分析

青海路途遥远，游客滞留时间长，过夜游客比重大，1—2 天的占比达42%，远高于全国平均水平（见图4-3）。

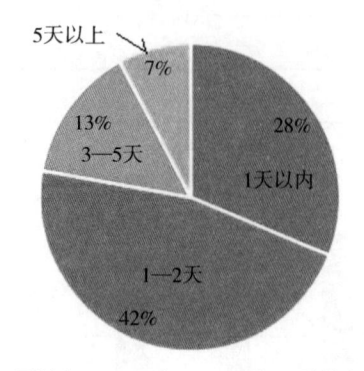

图4-3 外省驻留时间占比

4. 各省游客平均驻留时间占比

来青旅游的游客符合距离衰减规律，邻近的甘肃、陕西最多，经济发达的珠三角地区占比较少（见图4-4）。

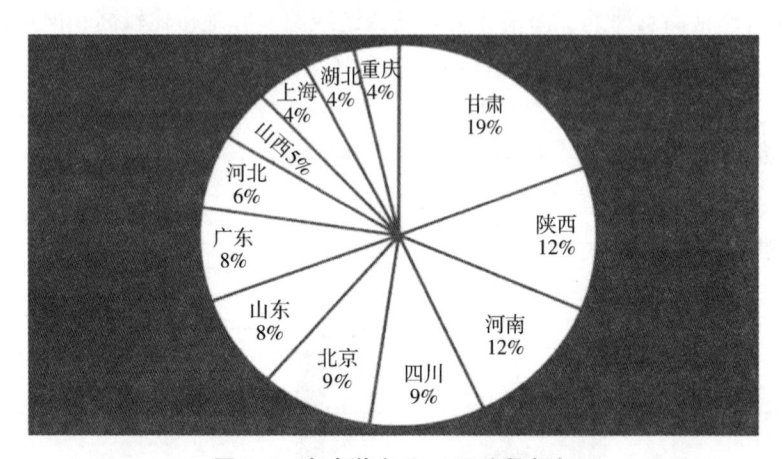

图4-4 各省游客1—4天驻留占比

5. 入青车流量车源统计

入青自驾游车辆以甘肃、陕西、河南、山东、四川等周边省市为主，与青海省距离较远的省份自驾游车流相对较小（见图4-5）。

自驾游的发展与交通的发展有着很大的关联，交通公路网络的完善将极大地推动自驾游的发展，随着青海本省及周边省份的高速、公路等交通基础的建设，未来入青自驾游车流将会持续增长。

图 4-5　入青车流量统计

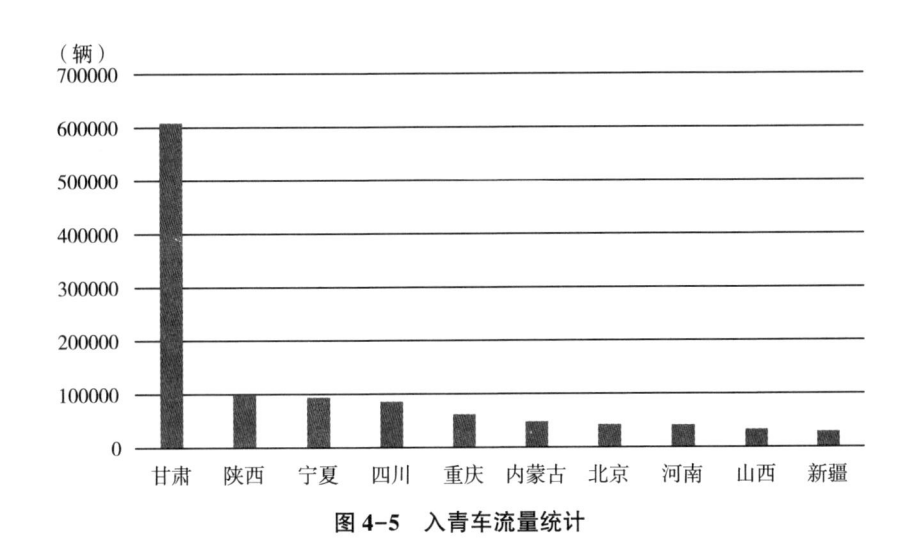

6. 青海旅游 6—8 月关注趋势

峰值出现在 7—8 月，这段时间青海气候凉爽，同时也是学校的暑假（见图 4-6）。

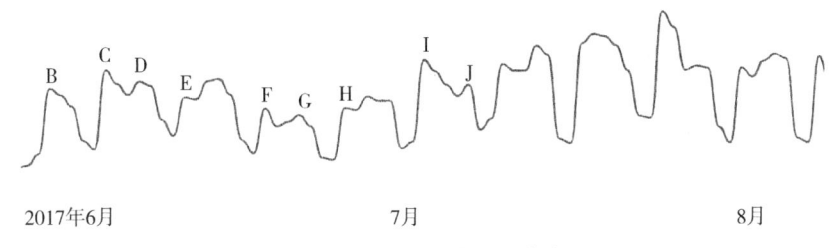

图 4-6　6—8 月游客关注度

7. 互联网关注热词

河南县及其所在的青南地区尚没有进入内地游客的视野，需要加大宣传力度（见图 4-7）。

8. 微博社交平台关注分析

青海对多数人来说是遥远陌生的，微博的注意力本身不高，其中集中于旅游与美食，这与青海长期的宣传有关。青海的"大美青海"在全国有较高的知名度（见图 4-8）。

9. 游客食物偏好

除了风景之外，美食是青海旅游的重要吸引力，口碑也不错，其中畜牧资源类美食广受欢迎，青海酸奶、手抓羊肉、烤羊排名列前三。还有民

1. 青海湖旅游
2. 西宁到青海湖
3. 塔尔寺
4. 青海旅游攻略
5. 茶卡盐湖
6. 青海湖旅游攻略
7. 青海湖旅游最佳时间
8. 西宁
9. 青海湖天气
10. 青海最佳旅游季节
11. 西藏旅游
12. 西宁旅游
13. 青海旅游路线
14. 青海天气

图 4-7　互联网关注青海旅游

注：有的游客分不清青海、西藏，故在青海旅游关注词里出现了"西藏旅游"。

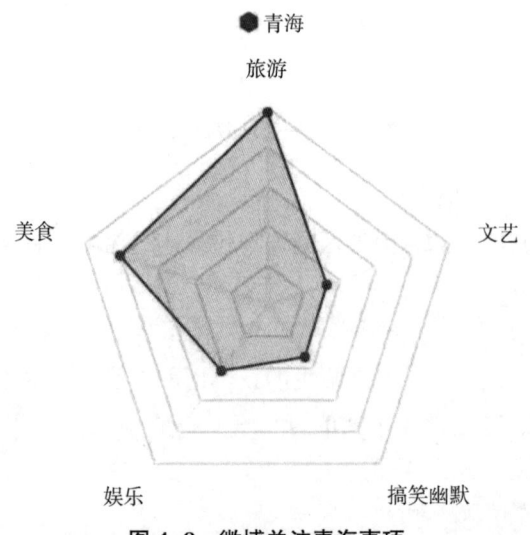

图 4-8　微博关注青海事项

第四章 生态资源可持续开发　　85

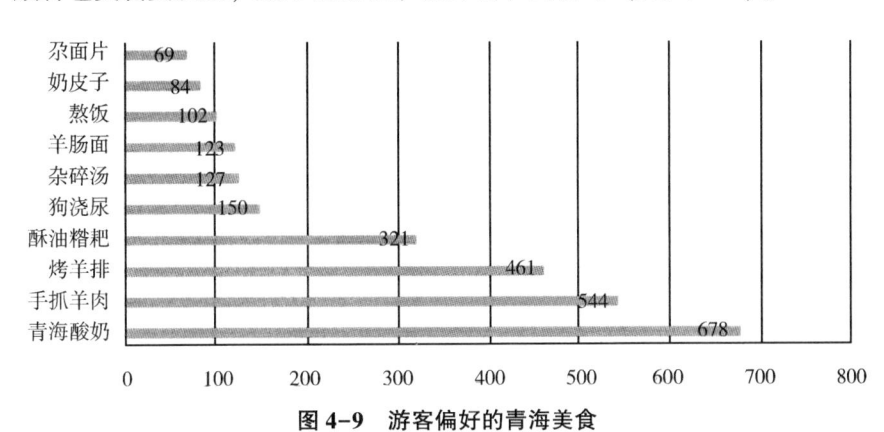

族特色美食受欢迎，如酥油糌粑、杂碎汤、面食等（见图4-9）。

美食	数量
尕面片	69
奶皮子	84
熬饭	102
羊肠面	123
杂碎汤	127
狗浇尿	150
酥油糌粑	321
烤羊排	461
手抓羊肉	544
青海酸奶	678

图4-9　游客偏好的青海美食

资料来源：互联网数据。

10. 游客住宿偏好

帐篷旅馆占比最高，超过了两成，木屋营地、青年旅社、露营等也深受游客的欢迎（见图4-10）。

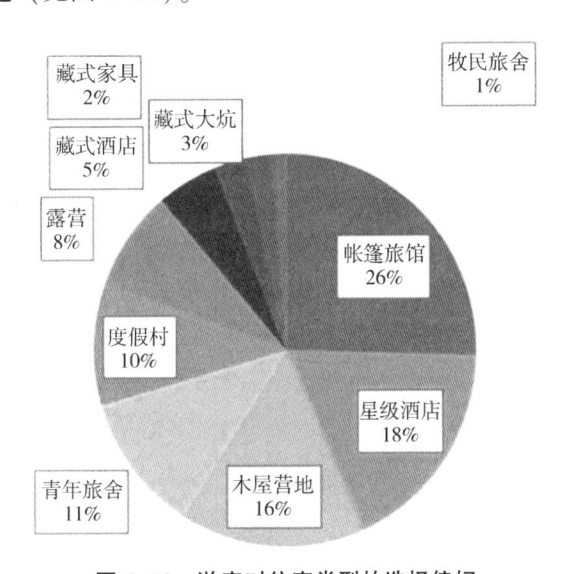

图4-10　游客对住宿类型的选择偏好

- 帐篷旅馆 26%
- 星级酒店 18%
- 木屋营地 16%
- 青年旅舍 11%
- 度假村 10%
- 露营 8%
- 藏式酒店 5%
- 藏式大炕 3%
- 藏式家具 2%
- 牧民旅舍 1%

11. 游客出游方式偏好

来青旅游骑行、租车、自驾选择意愿列三甲。骑行盛行一方面与"环湖赛"有关，另外与青海旷达的地理环境有关（见图4-11）。

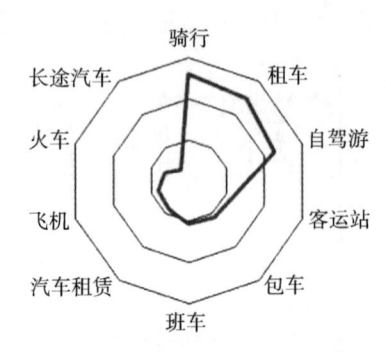

图 4-11　游客出游方式偏好

12. 游客购买偏好

从图 4-12 可以看出，只要东西好，即便价格昂贵，游客还是有购买意愿的。

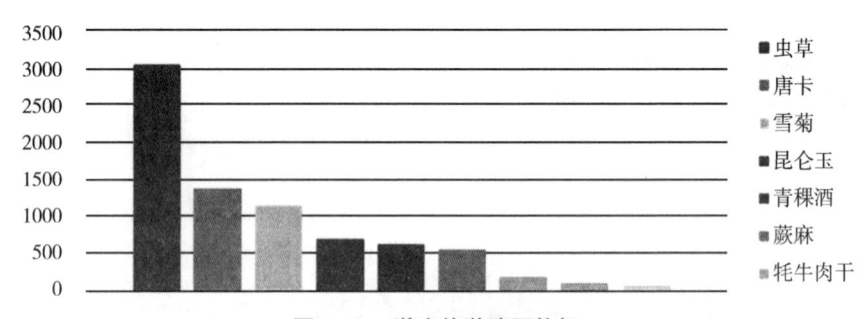

图 4-12　游客旅游购买偏好

13. 游客娱乐偏好

除了环湖赛之外，其他多数是民族民俗类项目（见图 4-13）。

（三）河南县周边（甘肃甘南州）客源市场特点

河南县与甘肃甘南藏族自治州的夏河县、碌曲县、玛曲县临接，地理同体，文化同源，各方面联系甚为紧密。

根据中国科学院地理科学与资源研究所的调查数据（2014 年）[①]，甘南州的客源男性占 61.98%，女性占 38.02%，男性占主体地位；年龄段以中青年为主，19—49 岁年龄段游客占比达 89%；游客文化程度较高，大学以上文化程度游客占 77.72%。

游客来源以国内为主，其中甘肃本身占比最高，达 57.57%，其次为

[①] 中国科学院地理与资源研究所：《甘南藏族自治州生态旅游发展规划》，2015 年。

第四章 生态资源可持续开发

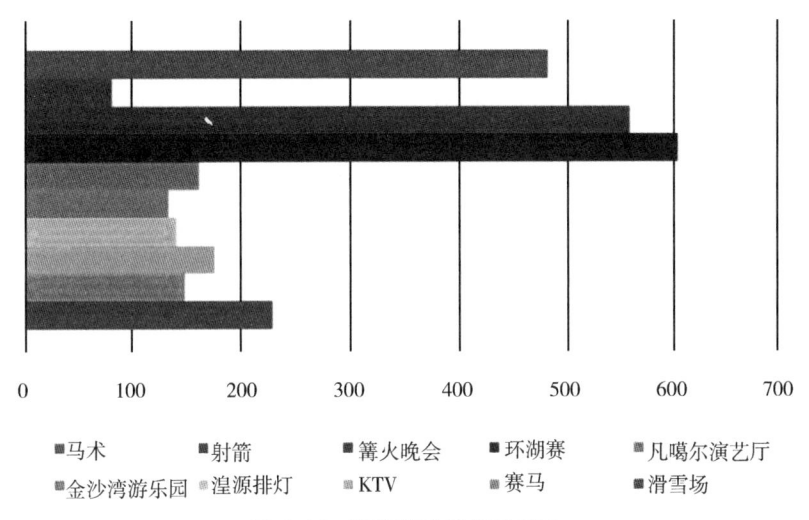

图 4-13 游客喜欢的娱乐活动

四川、河南、陕西、青海。在甘南州内部市场发展不平衡，夏河县、合作市、临潭县市场规模较大。

游客消费行为特征表现为：消费产品单一，季节性明显，依托自然资源形成的旅游消费占主导地位，民族文化风俗及相关产品缺乏显著优势。

（四）河南县旅游市场目标与定位

市场定位是旅游目的地为了适应消费者心目中某一特定的看法，通过为产品、服务创立鲜明的特色或个性，而塑造出的独特的市场形象的行为过程。河南县旅游的市场定位就是要确立本县在市场上的位置，其实质是把旅游目的地的形象植入旅游者的心中，使河南旅游业在市场上确立强有力的竞争地位。

根据河南县的地理位置、交通便利性、文化联系和周边旅游业发展，其区域定位是青海、甘肃、四川为主力市场。在这些区域要特别关注四川大九寨景区、甘南碌曲、夏河游客。

川北、甘南、青南都是大山大河大草原，具有同质性，文化上均属安多藏区，但河南县不仅是蒙古族自治县，而且是全国蒙古族人口占比最高的县，文化有独特性，可差异化开发，打响"藏地蒙族"文化品牌。

（五）旅游市场营销建议

在激烈的市场竞争中，如何转变旅游发展观念，创新旅游市场营销思路，以较低投入获得较大产出，已成为河南县相关部门和旅游企业积极探索的课题。

(1) 实行点对点的宣传营销策略。针对河南县客源市场的定位，积极与四川九寨、省内西宁、甘肃甘南等地进行合作，在四川九寨沟景区、西宁火车（汽车）站、夏河县拉卜楞寺、甘南合作市设立旅游营销点。特别是在甘南九色香巴拉旅游节期间，积极参与赴合作市开展宣传促销活动，通过召开新闻推介会、蒙古族民族歌舞演出、宣传资料发放以及现场咨询介绍等形式的宣传，进一步加深旅甘南游客、居民对河南蒙旗的了解与认识，拓展客源市场。

(2) 积极参加省、州、周边县市举办的各种旅游交易会展活动，做好旅游形象宣传工作。建议在青洽会上开展河南县旅游新产品说明会，强势推出特色旅游新产品。

(3) 加强与媒体合作。积极与新闻媒体进行沟通交流，开设河南旅游文化宣传专栏；积极邀请和配合各大媒体到河南进行采访和拍摄；在《风光杂志》《西海都市报》《兰州晚报》等报纸和杂志上进行河南县旅游宣传。利用QQ空间、微信、微博等多种网络信息工具，低成本地向目标客户直接传递相关信息。

(4) 充分利用假日和节庆经济效应，举办各种赛事活动，加强宣传促销。

精心举办好夏季那达慕，同时论证举办冬季那达慕的可行性，建议冬、夏那达慕隔年举办。丰富那达慕的内容，可以在那达慕期间推出美食节等。

三　打造优干宁特色旅游城镇

(一) 旅游城镇的内涵

旅游城镇的概念是在城镇的概念基础之上提出的，是众多城镇类型中的一种类型。旅游城镇是一个社会实体，拥有较为丰富的自然与人文景观，能提供相应的旅游服务，旅游产业占有一定比例的城镇，是在旅游产业集群化发展与城镇化进程双重因素推动下产生的。旅游产业的"消费搬运"和"产业集聚"是旅游城镇形成的前提；"特色化"是旅游城镇建设的要点；"泛旅游产业整合"是旅游城镇发展的核心。

(二) 政策依据

(1) 国家发展改革委《关于加快美丽特色小（城）镇建设的指导意

见》(发改规划〔2016〕2125号)。

(2) 住房城乡建设部国家发展改革委财政部《关于开展特色小镇培育工作通知》(建村〔2016〕147号)。

(3) 国家发展改革委、国家开发银行《关于开发性金融支持特色小(城)镇建设促进脱贫攻坚的意见》(发改规划〔2017〕102号)。

(4) 国家发展改革委、国土资源部、环境保护部、住房城乡建设部《关于规范推进特色小镇和特色小城镇建设的若干意见》，2017年12月4日。

(5) 住房城乡建设部《关于保持和彰显特色小镇特色若干问题的通知》(建村〔2017〕144号)。

(三) 重点工作

打造特色旅游镇要围绕"主题选择""功能定位""空间组织""实施计划"四个主要内容开展。

结合河南县实际，近三年应重点打造优干宁镇，对标国家级特色小镇标准（特色鲜明的产业形态、和谐宜居的美丽环境、彰显特色的传统文化、便捷完善的设施服务、充满活力的体制机制），建设特色旅游城镇。优干宁镇特色旅游城镇的发展要做到产业上"特而强"、机制上"新而活"、功能上"聚而合"、形态上"精而美"，成为创新创业高地、产业投资洼地、休闲度假福地、观光旅游胜地，打造县域经济发展增长极。

1. 突出蒙古族元素景观文化

建议在省道203线县大门附近选址建设敖包、宝瓶等蒙古族景观建筑群。由摄影师参与选址，建在最佳拍照位置。景观群建筑要精心设计，体现出强烈的设计感和视觉冲击力，使过往旅客不由自主在此拍照留念、上网分享，进而达到宣传河南县的目的。

蒙古族有崇九之俗，认为九是吉祥数字，并把它应用到生产生活的各个领域。藏族人把三与各种美好的事物结合，三三得九，九就是数之极，代表"一切"。汉族也认为九代表长久、永久，天长地久。所以建议敖包群由九个单体组成，每个个体要有独特的叙事，使其成为全世界独一无二的敖包（宝瓶）景观。

2. 建设提升接待设施

在优干宁镇新建、提升原有接待设施，突出蒙藏文化特色。

3. 建设蒙藏文化特色街

主要内容是特色餐饮、特色购物、旅游纪念品等，同时尽量地与创新创业、电商等结合。

4. 打造冰雪运动基地

依托白螺湖水面，则曲河湿地发展冬季冰雪运动。

蜿蜒的泽曲流经县城，宽阔平缓，冬季可临时性用橡皮坝拦水成冰湖，发展冰雪娱乐项目，吸引游客。

5. 建设河曲马文化体验基地

蒙古族是"马背上的民族"，他们从小在马背上长大，饲马、驯马、赛马，马成为他们生活中最重要的伙伴，都以自己有一匹善跑的快马感到自豪，在漫长的历史长河中，马与草原人民有着源远流长的情感。

马文化是蒙古族在长期生产生活中逐渐形成、演化、发展而来的，是蒙古族文化中始终鲜活的重要组成部分。草原盛会，赛马更是必不可少的内容。

河南蒙古族自治县作为全国三大名马河曲马的主产地之一，赛马是牧民群众最为钟爱的活动，养马、骑马、赛马是蒙古族人民世代相传的习俗，除在全县的"那达慕"期间举办盛大赛马会外，每遇喜庆日子，蒙古族聚居区都会自发地组织赛马活动，参与人数众多，场面气势壮观，每年民间自发组织开展近百次赛马会。

河曲马是一个古老的马种，历史上曾称为吐谷浑马。河曲马原产于青藏高原东部地区，先祖为青藏高原高寒山地草原马。河南蒙古族自治县所在地区，是青海省高草区，历来都是养马的最佳地区，养马业历来都很发达。国家体育总局、中国马术协会命名河南蒙古族自治县为"中国赛马之乡"。

依托现有的那达慕赛马会、腾格尔赛马场，发展休闲性质的、大众化的马文化。

四 住宿接待能力提升方案

（一）提升县城的接待档次

建议论证建设"河南蒙旗会议中心"（名称需广泛讨论），邻近泽曲河滨水而建，成为县城地标性建筑。功能与设施按高星级标准设计，但需走特色建设、营销之路，体现民族特色，使其本身成为河南县乃至周边地区一个独一无二的景点。建筑要"绿色化"，尽量使用太阳能、风能、地热（深井热水）等新能源。建筑材料使用轻质保温材料，比如高强度节能膜材料等。

对现有的各类住宿机构和设施进行提升改造，使其达到旅游接待的要求和水准。对规模小的商务宾馆、社会旅馆、招待所进行引导，向青年旅社、客栈方向发展，突出特色，依靠特色吸引游客。

(二) 大力发展民族特色民宿

1. 民宿的概念与特点

民宿，源自日本、中国台湾的旅游住宿机构，是指利用自用住宅空闲房间，或者闲置的房屋，结合当地人文、自然景观、生态、环境资源及农林渔牧生产活动，以家庭副业方式经营，提供旅客乡野生活之住宿处所。此定义完全诠释了民宿有别于旅馆或饭店的特质，民宿不同于传统的饭店、旅馆，也许没有高级奢华的设施，但它能让人体验当地风情、感受民宿主人的热情与服务并体验有别于以往的生活。

除了一般常见的饭店以及旅社之外，其他可以提供旅客住宿的地方，例如民宅、休闲中心、农庄、农舍、牧场等，都可以归纳成民宿类。民宿这个名字，在世界各国会因环境与文化生活不同而略有差异，欧洲多是采用农庄式民宿经营，让一般住宿者能够舒适地享受农庄式田园生活环境，体验农庄生活；加拿大则是采用假日农庄的模式，一般民宿假日可以享受农庄生活；美国多见居家式民宿或青年旅舍，不刻意布置的居家住宿，价格相对饭店便宜的住宿选择。

民宿的类型按位置分城市民宿和乡村民宿两大类。乡村民宿是以乡村文化为内涵，多依托景区或者地域特色资源而发展，乡土气息浓厚。

按功能分纯粹住宿型和特色服务型两大类。纯粹住宿型一般邻近景区，依托周边景区的人气而发展，具有干净清爽、价格低廉等特点。特色服务型自身也是旅游吸引物，通常结合周边资源，打造温泉养生、乡村运动等各类特色主题，提供农业体验、生态观光多项服务。

按产权分传统民宿和社会型民宿两大类。传统民宿利用自用住宅空闲房间，以家庭副业方式经营，社会型民宿外来投资者租赁房屋，以家庭主业方式经营。

2. 我国民宿客栈发展迅速

据中商情报网，截至2017年年底，我国大陆客栈民宿总数达42658家。其中云南以6466家客栈民宿的数量位居全国第一名。其次是浙江，拥有5669家客栈民宿。我国各省客栈民宿数量前十名分别为：云南

(6466家)、浙江（5669家）、北京（3587家）、四川（3361家）、山东（2829家）、福建（2767家）、河北（2298家）、广东（2009家）、广西（1778家）、湖南（1615家）。

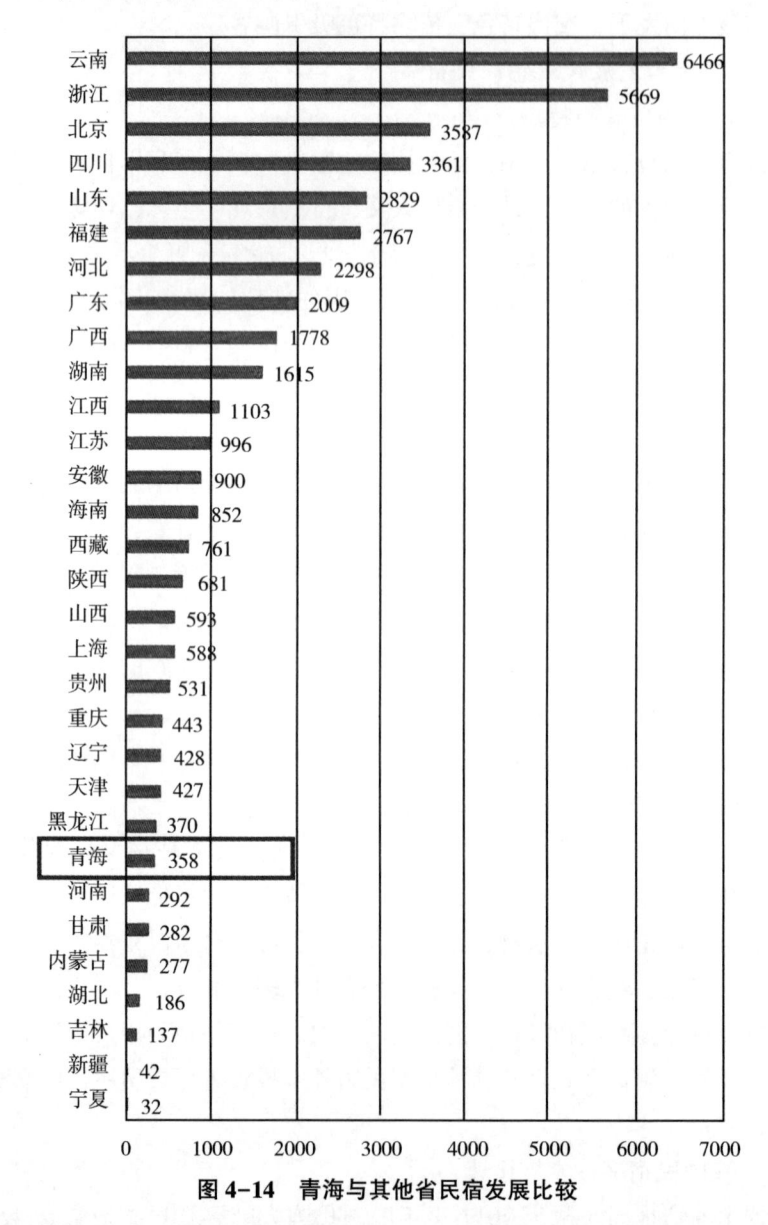

省份	数量
云南	6466
浙江	5669
北京	3587
四川	3361
山东	2829
福建	2767
河北	2298
广东	2009
广西	1778
湖南	1615
江西	1103
江苏	996
安徽	900
海南	852
西藏	761
陕西	681
山西	593
上海	588
贵州	531
重庆	443
辽宁	428
天津	427
黑龙江	370
青海	358
河南	292
甘肃	282
内蒙古	277
湖北	186
吉林	137
新疆	42
宁夏	32

图4-14 青海与其他省民宿发展比较

我国大陆客栈民宿分布特征是东部、南部以及西南地区偏多，以北京为代表的大型旅游城市周边分布较多，以丽江为代表的古城古镇旅游区分

第四章 生态资源可持续开发

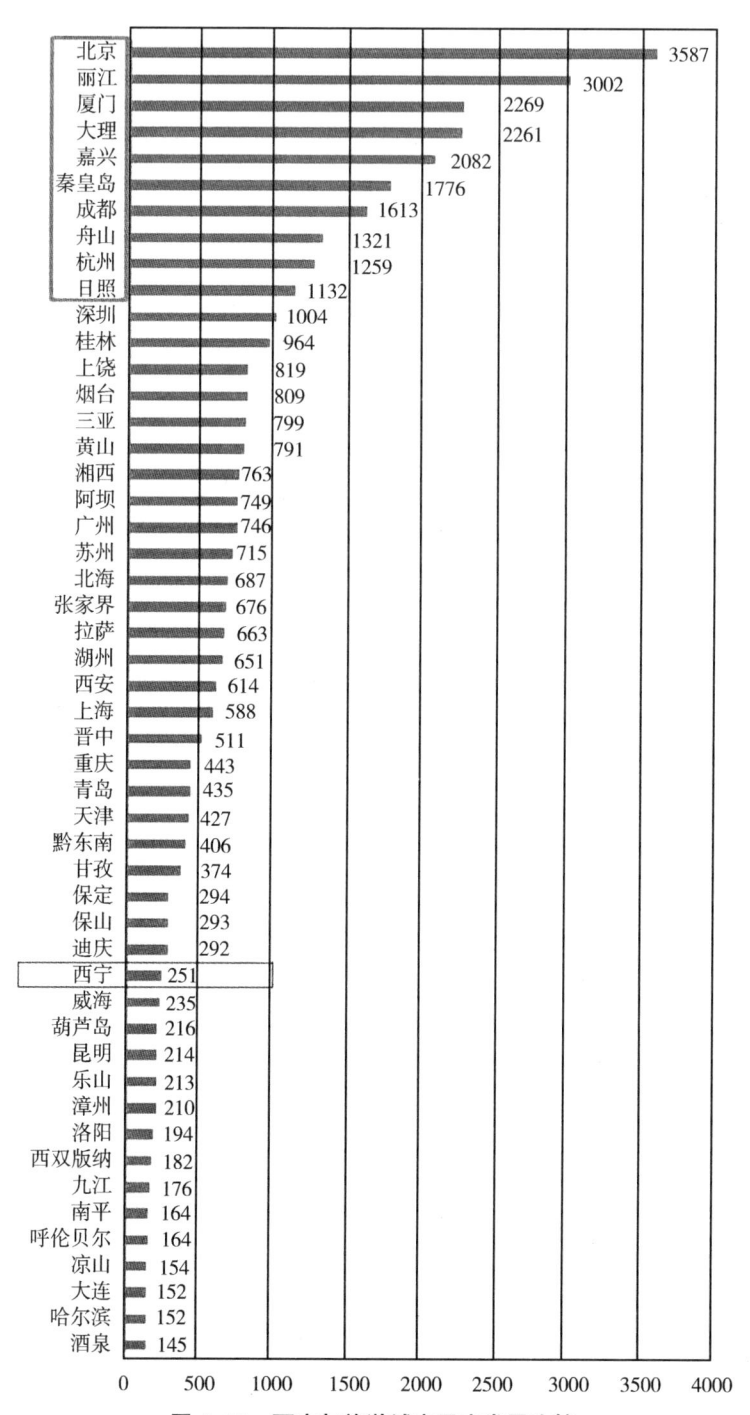

城市	数量
北京	3587
丽江	3002
厦门	2269
大理	2261
嘉兴	2082
秦皇岛	1776
成都	1613
舟山	1321
杭州	1259
日照	1132
深圳	1004
桂林	964
上饶	819
烟台	809
三亚	799
黄山	791
湘西	763
阿坝	749
广州	746
苏州	715
北海	687
张家界	676
拉萨	663
湖州	651
西安	614
上海	588
晋中	511
重庆	443
青岛	435
天津	427
黔东南	406
甘孜	374
保定	294
保山	293
迪庆	292
西宁	251
威海	235
葫芦岛	216
昆明	214
乐山	213
漳州	210
洛阳	194
西双版纳	182
九江	176
南平	164
呼伦贝尔	164
凉山	154
大连	152
哈尔滨	152
酒泉	145

图 4-15　西宁与旅游城市民宿发展比较

布较多，以秦皇岛、黄山等为代表的知名景区附近分布较多，乡村旅游发达地区逐渐增多。

随着我国各级政府对乡村旅游发展的高度重视，以及追求乡村原真生活状态的旅游市场需求的迅速膨胀，乡村旅游已经成为我国旅游产业最具潜力的新增长极，民宿本身就代表了一种情怀，一种具有原真性的生活状态，一种追求自由洒脱、纯粹自在、心灵回归的生活方式。因此，乡村地区也将随着乡村旅游的发展成为我国未来民宿发展的重点区域。青海省在西北地区属于基础比较好的省份，为以后发展可提供借鉴。

（三）河南县民宿发展思路

（1）与牧民定居结合，利用牧区闲置房屋改造。随着牧民定居，三江源保护工程推进，一部分牧民房舍基本闲置，还有一部分季节性闲置，像夏季牛羊和牧人都转场至夏季高山草场，滩地冬季草场和房舍闲置。这些房屋可以由旅游公司统一承租经营，有实力的村社可组建合作社进行统一管理经营。

（2）与高原美丽乡村结合。

（3）发挥特色文化，大力发展帐房民宿。

（4）要有精品意识，高标准体现时代性。

（5）要发展绿色建筑，建筑顶部可安装太阳能板，提供能源供应。

在靠近城镇的地方，游客数量比较多的地方，比如优干宁镇周边，建设固定建筑。

在草原牧区、山区，应该以临时性的帐房为主，解决旅游旺季的食宿接待。

河南县四周是藏族，其社会习俗受藏族影响很大，同时也有部分藏族居民，所以藏式黑帐篷也能够看到，可以改造为接待用。

五　打造河南县蒙藏特色饮食文化

旅游六要素，食、住、行、游、购、娱，食为先，足见其重要程度。现代旅游，游客不仅要吃饱吃好，更要吃出特色，吃出健康，吃出文化体验。河南县是全国最大的生态畜牧业县，生态天然无污染，牛羊品种优良，蒙藏和谐文化独特，具有发展特色健康美食旅游的潜力。

（一）优势条件

1. 纯净最美草原

河南县是三江源生态自然保护区的腹地和青海生态保护最好的草原。

这里的草原远离工业污染源，空气、水、土壤都未受任何污染，是发展有机畜牧业的最理想之地。长期以来，河南县各牧户主要以天然放牧为主，提供优质、安全、无污染的食材。

2. 生态饮用水资源

河南县境内有多处天然泉水，由于地处被联合国教科文组织认定的超净区，泉水及流淌而出汇集成的溪水、河水水质清澈甘甜，可直接饮用。现已打造出的高端市场品牌"瀞度天然冰川活水"，矿泉水中含锶、锂、偏硅酸、游离二氧化碳等十几种微量元素，可与获得国家金奖的江河源矿泉水相媲美。

3. 珍稀食材资源

（1）牦牛与牦牛肉。牦牛属地球之巅的高寒、无任何污染环境（青藏高原是世界上罕见的洁净未受任何污染、空气清洁的自然环境）、独特的半野生半原始珍稀动物，为"世界三大高寒动物"之一。

牦牛终身无劳役，逐水草而居的半野生放牧方式、原始自然的生长过程，一生中摄入大量的虫草、贝母等名贵中草药，使牦牛肉质细嫩，味道鲜美。牦牛肉富含蛋白质和氨基酸，以及胡萝卜素、钙、磷等微量元素，脂肪含量特别低，热量特别高，对增强人体抗病力、细胞活力和器官功能均有显著作用。牦牛肉极高的营养价值是其他牛肉所无法比拟的，《吕氏春秋》载"肉之美者，牦象之肉"，在当今港澳和西欧市场上，牦牛肉被誉为"肉牛之冠"。牦牛肉以富含蛋白质和低脂肪而名列肉类前茅，是国际市场上稀少的高级肉类，它以名、优、稀、特征服了世界各地的消费者。目前，全世界存栏的牦牛约为1400万头，其中95%集中在中国。

（2）藏羊与藏羊肉。藏羊又称藏系羊，是我国三大原始绵羊品种之一。主要分布在青藏高原，青海是其主要产区。分布广，家畜中比重最大。

藏羊肉既能御风寒，又可补身体，对一般风寒咳嗽、慢性气管炎、虚寒哮喘、肾亏阳痿、腹部冷痛、体虚怕冷、腰膝酸软、面黄肌瘦、气血两亏、病后或产后身体虚亏等虚状均有治疗和补益效果，最适宜于冬季食用，故被称为冬令补品，深受人们欢迎。藏羊肉的主要吃法是烤肉、手抓羊肉。初次吃手抓羊肉，会有近乎原始之感，经多次品味，则越吃越馋，使人经久难忘。

（3）黄蘑菇。学名黄绿蜜环菌，因这种蘑菇的颜色多数是黄色的，所以本地叫黄蘑菇。世界稀有珍品，营养丰富、味道鲜美，含丰富的皇菇多糖、蛋白质、矿物质、氨基酸和多种维生素。特别是"硒"的含量很高，是癌症的克星。2017年市场价每千克干品已上升到1000多元，出口价更加昂贵。

黄绿蜜环菌鲜味独特，口感极佳，颇受世人欢迎。黄蘑菇因其水分少、肉质厚而细嫩，口感鲜嫩，味香色美，被誉为"草原仙菇"。食用野生黄菇不但能增加营养，而且还可以疗病除疾延年益寿，是极佳的高原珍品之一。性味甘平，益肠胃，经常食用可以促进新陈代谢及神经传导、降低胆固醇、增强抗癌功能，增强免疫力，是食疗保健的珍品。

黄绿蜜环菌是一种重要的高原生物资源，主要分布于青海、西藏、四川、甘肃，其海拔分布范围为3000—4300米，集中分布于海拔3200—3800米的草甸上，青海境内主产于海北（祁连、海晏、刚察），黄南（泽库、河南），海南（共和、贵德、兴海），果洛（玛沁、甘德、久治），玉树；其中以青南高原纯天然无污染地区的黄蘑菇最为质优。河南高原的夏季，每年当雨季过后，草原上就会冒出很肥美的野生黄绿蜜环菌。雍正时期，年羹尧率清军平定青藏叛乱，青海当地土王臣服，向朝廷进供的贡品当中就有黄蘑菇，因此又称"皇菇"。

中国人，不管哪个民族都认可药食同源，很多动植物既是药材，也是食材。河南县境内有药用价值植物133种，名贵中药材有党参、大黄、冬虫夏草、雪莲、贝母、姜活、秦艽、黄芪、柴胡等。野生动物有162种，药用的有73种。

（二）"蒙餐"系列

"蒙餐"作为极具地方特色的餐饮，是北方餐饮的浓缩之一，吸纳了地域特点、气候特点、文化特点。蒙古饮食不仅造就了其强悍刚健的体魄，而且是其粗犷豪放的民族性格的体现，并形成了独特的蒙古族饮食文化，个中的奥妙让国内外的美食家大为叹服！"蒙餐"主要有肉食、奶食、粮食。蒙古族的肉类主要是牛、绵羊肉，其次为山羊肉、少量的马肉。羊肉常见的传统食用方法就有全羊宴、嫩皮整羊宴、煺毛整羊宴、烤羊、烤羊心、炒羊肚、羊脑烩菜等70多种，最具特色的是蒙古族烤全羊（剥皮烤）、炉烤带皮整羊或称阿拉善烤全羊，最常见的是手抓羊肉。

奶食品主要有六种：白油、黄油、奶皮子、奶豆腐、奶酪和奶果子。

奶茶是蒙古民族传统的热饮料。由砖茶水加鲜奶熬制而成。喝时通常要加少许盐,还可以加黄油泡炒米和奶制品食用。可终日饮用。有暖胃、解渴、充饥、助消化的功能。

此外,有些小众的,如牛鞭、鹿鞭、草原一品羊棒骨、干肉发菜(又名地毛菜)烷三件、烤羊宝、牛宝扒丝奶皮。

蒙古族的餐饮文化的博大精深,有待于我们去挖掘整理,并不断地去探索与研究。传统的"蒙餐"美食文化,我们还知之甚少,欧式化的"蒙餐"还有待于我们去学习与借鉴,知其内涵,才谈得上创新。

(三)"藏餐"系列

河南县与藏族融合,"藏餐"具有普遍性。

"藏餐"用料广泛,独具特色。"藏餐"的主要原料有牛羊肉、酥油、糌粑、青稞酒、茶叶和不同品种的奶制品。奶制品有酥油、达拉、曲拉、酸奶、奶茶等。蔬菜以土豆、萝卜等多见。主食以米、面、青稞为主。

牛羊肉是藏式肴馔中的重要原料。"藏餐"中的牛肉以高原牦牛肉为主,而羊肉大多是绵羊肉。

随着人民生活水平的不断提高,"藏餐"在保持其传统的制作方法的同时,不断进行改良,适应了不同人群的口味,同时兼具营养、口味、色泽和品位等文化元素。

"藏餐"在保持自身传统特色的同时,注重"绿色"和"保健"。"藏餐"的主要原料大都来自无污染的高原地区,是真正意义上的绿色食品;此外,"藏餐"原料中的人参果、虫草等具有保健作用,使"藏餐""锦上添花",凸显出独特的保健养生作用。

虫草系列。虫草羊排、虫草牛排、虫草牛肉丸、虫草蒸蛋、虫草八宝饭等。

酸奶系列。水果酸奶、酸奶加饭、奶油猫耳朵。

人参果系列。人参果米饭、蛋蒸人参果、奶油人参果等。

家常谱系。比较家常的草原特色菜有酥油黄菇、藏式烧蛋、牛奶蒸蛋、羊肉蛋卷、香炸羊排、羊脯炖萝卜、红花羊排、红烩羊排、萝卜炖牛肉、生牛肉酱、煮羊头、筋子肉、香辣牛头肉、香辣牛筋、麻辣牛肚、红油牛舌等。

(四)研发重点

(1)研发"蒙古河南亲王府家宴";

(2)草原野炊系列;

（3）蒙旗草原敖包会（帐房宴）。

六　洮河源生态旅游景区建设

（一）洮河源及洮河源生态旅游景区

1. 洮河源区

洮河是黄河上游来水量最大的支流，洮河源区河段，藏语称"碌曲"，相传在洮河的发源地有108眼清泉。泉水溢而漫流，流而成溪，溪汇成河，清澈碧绿的洮河在李恰如山山谷中汹涌奔腾，在穿过虎头峰、狮头峰、熊头峰三峰鼎立的峡谷时，有的地方水流仅有两三米宽，水流湍急，两岸山峰耸立，许多具有高原特色的生物物种在这里生长繁衍，随处可见。洮河水质优良，偏碱性，冬季不结冰，为河南县唯一的不冻河。

洮河河源区土地肥沃，水草丰茂，几千年来少数民族世居于此，以游牧为业，繁衍生息，为开发边疆做出了贡献，也是从西汉以来历代建城戍边之重地，为维护地方安定发挥了重要作用。

2. 洮河源生态旅游景区

拟建的洮河源生态旅游景区，范围包括青海洮河源国家湿地公园及其周边地区。主体旅游资源包括洮河河源区和西倾山山区。

（二）青海洮河源国家湿地公园

青海洮河源国家湿地公园（以下简称湿地公园）位于河南县赛尔龙乡中部。湿地公园是洮河源生态旅游景区的核心，公园内野生动植物资源丰富，其中有国家一级保护野生动物雪豹、黑颈鹤、金雕，有国家二级保护野生动物大天鹅、鸢、雀鹰等11种。

湿地公园距县城40千米，河（河南）碌（碌曲）公路从其经过。便利的交通有利于环境保护和生态旅游开发。

（三）洮河源区人文旅游资源

洮河源地区是藏文化三大区域之一的安多文化区重要组成部分，同时是青海省唯一的蒙古族自治县。园内厚重的人文历史景观是学习、体验西部人文历史文化变迁的理想场所，历史名山西倾山重要支脉李恰如山横亘全境；喇嘛黄教达参寺就坐落在公园东部。

（四）发展方向与建设内容

1. 洮河源科考（徒步）游

洮河源是一个融碧水、草甸、高山、冰川、森林、草原为一体，集雄、奇、幽、秀、旷诸美于一身的高山草甸湿地。山不是高不可攀，水也不是深不可渡，特别是既有不同于人口稠密区的神秘、清静，又有便捷的交通可达，发展科考旅游条件优越。

2. 野生动物观赏

河南县全景有大量野生动物活动，兽类主要有岩羊、盘羊、马鹿、马麝、梅花鹿、熊、狐、狼、猞猁、雪豹等；鸟类有100多种，主要以马鸡、雪鸡、石鸡、草原雕、雉鹑、高原山鹑为主。

吉岗山距县城48千米，位于圣湖南面不远处，在群众自发保护下，濒临绝种的石羊、白唇鹿、麝香等野生动物又在这里繁衍生息起来，群体日渐壮大，具有很好的观赏价值。

3. 洮河源湿地公园观鸟

洮河源湿地公园有野生动物191种，鸟类有125种、迁徙候鸟有黑颈鹤、红颈鹤等。国家一级保护野生动物11种，其中金雕、黑颈鹤等易见。国家二级保护野生动物有大天鹅、鸢、雀鹰等19种。省级重点保护野生动物有普通鵟鵟、灰雁等25种。

洮河源湿地公园最珍贵的候鸟为国家一级保护动物黑颈鹤和黑鹳。黑颈鹤，又名藏鹤，为鹤科大型涉禽，是世界上唯一生长、繁殖在高原的鹤。

黑鹳是一种体态优美，体色鲜明，活动敏捷，性情机警的大型涉禽。具有较高的观赏和展览价值，为国家一级重点保护动物。

4. 自然山水观光

（1）历史名山——西倾山。西倾山为我国西部历史名山，在历史文献中早有记载，《山海经》云：桓水（白龙江）、洮水皆出于此山。该山又叫合山或西倾山，山下有大河名川（洮水），藏语称"碌曲"。西倾山在我国历史文献中有多个名称，《汉书·地理志》作"西顷"，《北史·吐谷浑传》称"西疆"，《蒙古游牧记》称作"达尔济岭"，今河南县称"阿米莫尔藏"。

西倾山属甘青界山，洮河、大夏河发源于此，流向各异，辐射面广，东南西北，纳诸流而汇江河，水源充足。西倾山远眺，可见奇石参天，白雪皑皑，弥弥苍苍。时而白云翁郁面起，半壁皆素；时而云收雾散，全貌毕露，千变万化，神不可测。近观洮水清流碧，击石成珠，煞是可爱，翠山耐寒的苏噜和灌木丛，各具芬芳，自居风韵，娟美不凡。

世代生活在西倾山下的蒙藏族全民信佛，以佛喻山。蒙古、藏混合语意为"西面的大鹏山"。大鹏即雄鹰，中国北部游牧民族对鹰的崇拜无以复加，蒙古族将最剽悍的骑手称为"草原雄鹰"。

甘肃甘南对西倾山的宣传很多，中央电视台"远方的家"还做过一期专题节目。青海河南县以往做的工作不多，很多人误以为西倾山只在甘南，同样误以为洮河发源于甘南。

（2）洮河正源——李恰如山。李恰如山在县城东部约50千米处。很多人想当然地认为李恰如山是因历史名人而得名的，因为它太像一个汉语人名了。其实"李恰如"为蒙藏混合语，"李"为藏语，意为"龙""龙主""龙女""龙宫"。"恰如"为蒙语，意为"酥油桶"，该处指"石柱""白玉柱子"（柱子状如桶而引申），故该山可意译为"龙宫玉柱山"或"龙女玉宇峰"。

李恰如山是西倾山山脉的一大支脉，海拔4339米，黄河一级支流洮河便发源于此。这里山峰耸立，许多具有高原特色的生物物种在这里生长繁衍。李恰如山既是科考、野营、登山的重要场所，又是旅游观光、避暑度假的理想胜地。景区中的李恰如天池坐落在石山环绕之中，群众称为"鸥达哇"，传说是十二龙女沐浴嬉戏的金汤池。天池周围群峰环绕，有一壑可通。池面约1500平方米，池水清澈碧绿，山影倒悬，鲜花簇拥，珍禽戏水，情趣盎然，宛如仙境。每年有大量的白鹤、鹭鸶等珍禽来这里栖息。每年夏季，草原牧民常到这里露营野餐，给仙境增添了许多人间烟火，更显得生机勃勃。

5. 达参寺宗教文化体验

位于赛尔龙乡所在地牙当滩西南侧，由甘南拉卜楞寺第四世哲赫公巴仓活佛加羊旦巴尖措创建于1924年，现有二层经堂1座25间，囊欠1院15间，僧舍20院143间，有僧侣81名。寺院坐西朝东，背靠象鼻山，面临洮河，四周景色独特，风光优美。

七　优干宁草原蒙藏文化旅游度假区

（一）旅游度假区范围

拟建的"优干宁草原蒙藏文化旅游度假区"以县城优干宁镇所在的优干宁滩为中心，向四周延展。这里地势平坦，牧草丰茂，水源充足，草质优良，属于四季型优良牧场。夏季是山花的海洋，绿草的世界。蓝天、白云、草地勾画出一幅如诗如画的草原风光。这里河宁公路、河同公路、河赛公路、河柯公路会聚，交通便利。

(二) 度假区建设优势

1. 青海最美草原

河南蒙古族自治县草场，古有"香汤沐浴地"之美誉。河南蒙旗草原属典型的草甸型草场，其中山地草甸占比最大，灌丛、高寒、沮洳、疏林类皆有，有"亚洲最好，青海最美"之誉。

河南草原每到七月中旬，整个滩上遍开整齐而又平展的金莲花，策马滩上，马蹄下迸出一抹金灿灿花尘。到八月金莲花悄然隐退，代之以天蓝色的龙胆花，整个花滩一片蔚蓝，滩接天际，天地一色。再往后，周围高山之巅已是白雪皑皑，山间滩地却换之以斑斑点点的毛茛花。

有草原就必然有牧人，有羊群、牛群。浮云般的羊群，黑油油的牦牛，星星点点地徜徉在青草和野花丛中。不时有穿着蒙藏袍子的牧民骑着骏马悠然地在草原上缓缓而行。白云深处蒙古包莲花般散落……

6—9月是大草原最好的放牧季节。天高气爽，日出晨曦，帐篷点点，炊烟缭绕，牛羊漫野，牧歌悠悠，风情醉人。

很多人赞美夏天碧绿的草场，忽略了冬季草原的殷实金黄之美。风吹草低见牛羊、鸿雁南飞的意境只有在秋冬才能领略。

2. 独具特色的蒙旗草原文化

河南蒙古族自治县地处藏区包围之中，蒙古族先民进入河曲地区后，由于历史、地理、宗教、婚姻等因素，长期与当地藏族同胞和睦相处，友好往来，共同创造了独特的文化艺术和民族贸易，是蒙藏文化融合最典型的地区。蒙元文化与藏文化融合，使河南县形成了独特的民族风情，藏区环绕之中的河南县是领略青藏高原、美丽草原，感受蒙元文化、独特民族风情的胜地。

3. 河南县那达慕赛马会与中国赛马之乡

河南蒙古族自治县作为全国三大名马河曲马的主产地之一，赛马是牧民群众最为钟爱的活动，每年民间自发组织开展近百次赛马会，也有到省内玉树、果洛，甘肃甘南参加赛马的。赛马、观马已经是草原重要的旅游体验。

4. 依托草原美丽新城——优干宁镇

河南蒙古族自治县县府驻地优干宁镇是一座美丽的草原新城，人口集中，工商业、餐饮、住宿等服务业发达。

优干宁镇是河南县旅游中心，这里交通方便、住宿、购物等接待条件良好。除与县内各景点距离较近外，还可方便到达甘肃甘南各景区。不同于内地县城，优干宁镇是草原城市，辖智后茂、荷日恒、直龙、秀甲、阿木乎、南其、参美、吉仁、多特9个牧委会，草原风情、蒙藏民族文化特色突出。

（三）发展方向与建设内容

1. 建设"青藏高原蒙古城"

项目建设与优干宁旅游特色小镇建设相结合。

2. 举办"河南蒙旗冰雪那达慕"（暨河南蒙旗欢乐冰雪艺术节）

"那达慕"大会是蒙古族历史悠久的传统节日。"那达慕"在蒙语中是娱乐、游戏的意思，它源于摔跤、射箭、赛马三项竞技，现已成为草原上庆丰收、进行物资交流和举行民间体育活动的隆重集会。

冰雪那达慕要以鲜明的地域特色、浓郁的民族风格充分展示冰雪的无限魅力和蒙旗草原的无穷神韵。让游客们在冰雕雪砌的银色世界里尽情体验着青藏高原少数民族民俗与文化，享受冰雪带来的无尽欢乐。大会期间有传统那达慕大会的赛马、赛牦牛、射击、摔跤、民间弹唱、民歌对唱等活动。此外要创新活动形式，推出"青甘川冰雪坛城（雪地沙画、冰面沙画）大赛"等特色活动。

3. 建设河曲马文化体验基地

4. 建设蒙藏医药健康养生旅游中心

对照原国家旅游局和国家中医药管理局《关于促进中医药健康旅游发展的指导意见》和《关于开展"国家中医药健康旅游示范区"（基地、项目）创建工作的通知》的要求，发挥蒙藏医药优势，建设蒙藏医药健康养生旅游中心。

2017年9月，首批15个国家中医药健康旅游示范区公布，青海省空缺。

第二节　培育改良草原，生态增值

一　改良草原

为了使被破坏的草原植被和土壤加快恢复速度，应当加大投入，对草原实施培育改良措施。培育改良草原应按照因地制宜、标本兼治的原则进行。所谓治标的方法，是从草原原有的植被和土壤条件出发，在不改变原有植被成分的情况下，促进草原植被和土壤的恢复，提高牧草生产的数量和质量。这种方法不需对草原进行翻耕和播种，是简单的培育，主要有补播、除莠、施肥、灌溉、划破草皮和鼠虫防治等。所谓治本的方法就是翻耕草原播种优良牧草，建植高产的人工草地。据县草原站资料，在青藏高原高寒地区建植多年生禾草混播草地，两年内就可使草地植被盖度达95%以上，与封育天然草地相近；草群高度明显超过封育天然草地和未封育天然草地；可食牧草比例达99%，比天然草地提高23%；牧草产量为封育天然草地和未封育天然草地的2.3倍和3.1倍，初级生产力分别比两者提高 5.21×10^3 千克/公顷和 6.23×10^3 千克/公顷；粗蛋白质产量为两者的2.6倍和3.5倍，单位草地面积的粗蛋白质净增量分别为721.9千克/公顷和842千克/公顷。可见，多年生禾草混播草地可以明显改善高寒草地饲用植物的产量和质量，人工植被对退化草地的生态恢复有积极的促进作用。

二 发展草产业

河南县实现草畜平衡，除了对天然草原进行合理利用和培育外，大力发展人工草地和草加工业也是其重要举措。河南县草原综合专业队结合实际，在河南县四乡两（镇）的种草牧户和合作社中种植一年生牧草。目前处于试点试验阶段，规模每年约3万亩，全部为青海省财政补助资金。

（一）发展干草类草产品

青干草是指适时刈割的牧草、细茎饲草作物，经自然或者人工干燥调制而成的能够长期储存的青绿干草。青干草具有干物质含量高、气味芬芳、适口性好，含有较多蛋白质、维生素和矿物质的特点，而且青干草中的蛋白质具有较高的生物学价值。青干草是草食家畜冬春季的基础饲草，是反刍动物日粮中能量、蛋白质、维生素的主要来源。

1. 河南县发展干草类草产品条件分析

河南县发展干草类草产品必须具备两个基本条件：一是大量的优质鲜草，二是加工设备和技术。第二个条件具有普遍性，我国草加工机械、技术、人力都很成熟。河南县是否具备发展草加工的鲜草生产能力呢？答案是肯定的。河南县的草原是青藏高原草地中最为精华的部分，群落物种丰富，生产能力高。根据调查，自然状态下河曲地带的植被覆盖度较高，有的可达90%，草丛高度一般为30—60厘米，有些以禾草为主的植被草丛高度可达140厘米以上，具备机械刈割条件。草地在放牧条件下鲜草产量超过5000千克/公顷，高者可达9000千克/公顷，封育禁牧状态下可达15000千克/公顷，人工草地和半人工草地的产量会更高。河南县草场中的精华山地草甸类草场和灌丛草甸草场合计57万公顷，按6000千克/公顷计，年产鲜草34万千克以上。如能加大草原投入，进行人工干预，将为干草类草产品提供充足原材料。

2. 青干草产品

高产人工草地、半人工草地、高草地可以用来刈割牧草，寒冷的地区可以收获冻干草。冻干草经过打捆就可以安全储存和方便运输，茬地还可放牧。

青干草制品主要有干草捆、干草块、草粉、草颗粒等。

(二) 发展青贮饲料

青贮饲料可以缓解青饲、放牧与饲草生长季节的矛盾。青贮饲料技术已应用数十年，十分成熟。河南省临县甘南碌曲李恰如牧场从1974年开始应用，连续20年获得了良好的饲喂效果，后来因为种种原因没有坚持下来。青贮饲料成本低，新技术广泛，河南县可以发展推广。

三 生态价值增值服务

(一) 生态放牧

河南县的草原是国家级原生态自然环境保护区。三江源特殊的地理位置、区域性涵养水源的重要功能以及对整个流域生态环境的直接影响，造就了这片得天独厚的天然黄金大牧场。这里千年封闭，冬季冰天雪地，夏季雨水丰沛，草场繁茂，无论是崇山峻岭还是无垠草原，遍布名贵中草药，境内植物种类非常丰富，全县共有野生草种植物50科，将有300种之多，其中不乏冬虫夏草、贝母、独一味、红景天、雪莲、大黄、佛手参、蕨麻等稀珍的高原国宝。

纯净的蓝天和深邃的湖泊，千百年来一成未变，是目前地球上尚未受到任何工业污染的地区之一。开展生态放牧，顺应天时地利，尽量减少人工干预，生产稀缺的畜种及商品量（河南县地域封闭，当地优良的放牧品种自古以来，就只有在本地种群中繁衍生息，保证血统的纯净优良；定期恒量屠宰，减轻草原承载压力，控制数量与品质）。产出极为健康的畜产品，雪朵牦牛肉、苏呼欧拉羊肉低胆固醇、低脂肪，蛋白质、钙、锌、铁、氨基酸及恢复活力因子高，更拥有其他肉类无法摄取的色氨酸、脯氨酸，是极为健康的畜产品，高级肉食品。

（二）推行"大牧场"理念，创建"高原新西兰"模式

为综合发挥河南县草场资源、优良畜种、生态有机、产业园区、科技支撑等方面的成果与优势，突破产业发展"瓶颈"，河南县抢抓国家政策机遇，以"大牧场+大基地+大企业+大市场"的"高原大牧场"建设思路，引入"高原新西兰"模式理念，强化基础设施，抓生态文明重点，牢固树立和贯彻落实新发展理念，以建设现代化生态有机畜牧业强县为目标，全面改善牧区生产生活条件。

实施"大牧场"试点建设，引导合作社聚焦有机产业发展"短板"，充分发挥合作社积极主动性，率先突破，坚持因地制宜、精准施策、特色突出、错位竞争的有机产业发展之路。

★★★

‖资料4-1‖ 中共河南蒙古族自治县委 河南蒙古族自治县人民政府《关于印发河南县践行"一优两高"战略，建设"有机大牧场"实施意见的通知》河发〔2018〕10号

（节选）

为走出一条符合河南县实际的"有机大牧场"和有机产业发展之路，立足全面实现生态有机产业"兴县、富县、强县"目标，在多方调研论证和学习借鉴的基础上，河南县从产业发展"短板"处突破，引入先进的"生态牧场"发展理念，以引领"大牧场"、主导"大基地"、支持"大企业"、树立"大品牌"、培育"大市场"为重点，推动"有机大牧场"建设，促进生态生产生活良性循环。

一 充分认识建设"有机大牧场"的重要意义

（略）

二 总体要求

（一）指导思想

以习近平新时代中国特色社会主义思想为指引，认真贯彻落实党的十

九大和全国生态环境保护大会、省第十三次党代会、中央农村牧区工作会议精神，以"四个转变"治青新理念推动"四个扎扎实实"落地生根，以"一优两高"战略为目标，补产业发展"短板"，强化基础设施弱项，抓生态文明重点，坚持人与自然和谐共生基本方略，牢固树立和贯彻落实新发展理念，立足三江源生态保护核心区地位优势，尊重自然规律和发展规律，以建设现代化生态有机畜牧业强县为目标，全面改善牧区生产生活条件，整合优势资源，建立高技术养殖团队，实行高技术型经营、规模化经营、空间大尺度经营、流域单元经营。实施"大牧场+大基地+大企业+大品牌+大市场"的有机大牧场建设，推进现代化畜牧业产业体系建设，打造新时代青海"南大门"，为建设新时代富裕、文明、开放、和谐、美丽新河南夯实有机产业发展基础。

（二）基本原则

坚持先行先试原则。鼓励引导具有比较优势的生态（有机）牧民专业合作社及由家庭牧场联合组成的合作社，聚焦产业发展"短板"，充分发挥主动性和创造性，率先突破，坚持因地制宜、精准施策、特色突出、错位竞争的产业发展之路。

坚持循序渐进原则。结合产业发展现状，按照"边试点、边探索"的思路，在总结试点经验的基础上，稳步推进，确保产业发展新模式有章可循、方向明确。

坚持典型引路原则。通过扶持产业优势明显、产业带头人致富能力强的生态（有机）牧民专业合作社及由家庭牧场联合组成的合作社，优先进行试点。总结成功经验，组建成熟模式，按"试点—示范—推广"路径推动大牧场建设。

坚持可持续发展原则。牢固树立科学发展观理念，在产业发展的同时，以保护生态为前提，围绕改善牧民生产生活条件，统筹保护与发展的关系，确保生态安全，实现牧业增效、牧民增收。

（三）主要目标

突出有机、绿色、无污染资源优势，以引领"大牧场"、主导"大基地"、支持"大企业"、树立"大品牌"、培育"大市场"，加快有机养殖体系、加工体系、销售体系全产业链建设，真正把"有机大牧场"建设成为特色优势有机产业发展的领跑者、实现草原牧区生态保护的调节器、广大牧民脱贫致富的承载体。全力打造"雪多牦牛""欧拉羊"地方优势品牌。

以"三增三适"（增温、增草、增料，适度规模、适度补饲、适时出栏）为核心的全新生产技术模式，扶持有机产业发展的政策体系基本完善，现代畜牧业产业体系基本建成，真正使河南县成为全省乃至全国"雪多牦牛""欧拉羊"特色产业优势区，牛羊产品生产基地和精深加工基地。

三 重点任务

创建以政府引领"大牧场"、主导"大基地"、支持"大企业"、树立"大品牌"、培育"大市场"和建立完善体制机制的"有机大牧场"，从而达到大牧场连着大基地，大基地培育大企业，大企业创立大品牌，大品牌开拓大市场的五大发展理念，形成完整的有机畜牧业产业链。进行1年试点、2年见成效、3年总结推广，最终实现生态保护、产业提升、牧业增效、牧民增收的良性循环发展格局。并根据市场和消费者的需求，生产加工生态、优质、安全、健康的多元化有机产品。密切利益联结机制，建立各种利益互动、权力制衡、服务有效、健康有序、科学规范的关系网络体系。

（一）大牧场建设

（2018年6月—2019年6月，以赛尔龙乡兰龙村、宁木特镇作毛村作为建设试点）

1. 大牧场概念

以草原生态保护、优势资源整合、优良畜种培育与推广、草畜联动、牧场员工技能培训、养殖环节科学化质量监控的形式，坚持工业化发展理念，以大牧场与大企业建立畜产品供应链的股份制形式，鼓励家庭牧场及由家庭牧场联合组成的合作社组建形成规模化、集约化、高效化、标准化、专业化，基础设施完善的科学管理大牧场。

2. 方法及步骤

一是创新草原生态保护新机制。农牧部门积极制定大牧场生产要素整合制度及体系，做好草场、牲畜规范流转备案工作；建立天然草地产草量动态监测及草畜平衡指标定期公布制度，推进建立绩效和奖励相结合的以草定畜政策，推进草原禁牧、休牧、划区轮牧和草畜平衡。

同时，建立禁牧草场产草量监测及季节性利用新机制，严格放牧时限和放牧强度，实现保护和利用有机结合。建立严格的工商企业租赁牧户承包草原的准入和监管制度。扶持和培育饲草生产加工园区建设。

二是探索集约化草地生态畜牧业经营新机制。充分发挥合作组织优势，按标准化、规范化、专业化生产要求，开展有机大牧场建设试点。建设标准化生产基地，大力推广"三增三适"养殖新模式，强化各类养殖标准落地。择优扶强，试点建设舍饲、半舍饲标准化规模养殖场，标准化有机生产示范牧场。开展牧区养殖场粪污处理和资源化利用示范创建。开展大牧场饲草料物资库建设，建立有灾防灾、无灾补饲的快速反应机制。结合天然放牧，加快推进舍饲化和半舍饲化养殖，实现禁牧不禁养，全面提高牲畜出栏率和商品率。

三是建立草畜联动新机制。树立立草为业、草畜联动理念，坚持宜草则草，扩大优良草场刈割基地建设，积极鼓励支持饲草料加工企业、专业合作社开展饲草料配送中心建设，推进"种加供"一体化、专业化、社会化服务。启动草畜联动试点，利用农牧交错地区优势，落实县域外有机草牧业基地建设，加快规模养殖和污染物资源化综合利用设施建设，建立区域互补模式，实现草畜联动、循环发展。

四是建立多元化服务新机制。强化基层公益性畜牧业推广体系建设，健全畜牧业科技推广创新三级平台，加快产学研一体化进程。扩大雪多牦牛、欧拉羊高效养殖技术推广范围，切实加大欧拉羊"两年三胎"、雪多牦牛"一年一胎"技术集成与推广力度。建立优良畜种育种协会。加强地方本品种选育，加大牲畜良种补贴和能繁母畜补贴试点力度，提升畜种品质。新建牲畜性能测定中心。建设育繁推一体化良种繁育场、良种繁育基地。按照"三位一体"的培育制度体系和"三类协同"的培育模式，积极推进新型职业牧民培育工作。

五是健全产业化发展新机制。充分发挥和调动牧民群众参与建设大牧场的积极性，建立大牧场联大企业新机制，鼓励家庭牧场及由家庭牧场联合组成的合作社与大企业联合，建立股份制牧场，建立责权明确的利益联结体，推动产业化经营、品牌化发展。开展品牌高端企划工作。举办特色文化活动和高峰论坛，拍摄主题宣传片，建设博物馆，鼓励各地开展旅游结缘、认养结对等推介活动，提升有机产品认同度。鼓励打造自主品牌，参加各类展会，推进无公害产品、绿色食品、有机食品、地理标志认证和商标注册，鼓励在国内大中城市建设特色产品体验店，支持冷链配送，扶持培育牧区电商。探索建立家庭牧场及由家庭牧场联合组成的合作社与大企业利益联结相挂钩扶持机制，提高企业带动发展能力。

六是建立健全科技服务体系。技术、人才是产业发展的支撑力量，必须建立一个匹配的产业发展技术队伍，为产业发展提供有力的技术支撑，建立有机产业顶层智库，加快产业技术创新平台建设。建立产业发展院士工作站、博士服务站，设立有机产业科研专项资金，推进有机产业产学研一体化。建立产业发展数据监测预警平台，利用"互联网+"促进有机养殖数据可追溯和产业数据融合共享。加强动物防疫工作，规范投入品使用。通过学习和培训（采用"请进来，送出去"的方式）全面提高环境保护、草原建设、高效养殖、产品加工等相关人员的知识水平，培养一批产业发展的专业技术人才。

（二）大基地建设（2018年6月—2021年6月）

1. 大基地概念

以发挥有机科技园区基础优势，整合相关管理服务机构职能，以职能转变承接起"大牧场"与"大企业"之间科研、指导、监管、培训、质检、中介、服务功能，打造多位一体的生态有机畜牧业综合大基地。

2. 方法及步骤

一是加大政策支持力度。研究制定适合大基地发展特点的各项优惠政策，包括产业政策、价格政策、财税政策、投融资政策等，营造有利于全县有机产业发展的机制环境、市场环境，吸引企业、社会等各方面积极投身全县有机产业事业。

二是制定产业生产加工标准。组建"三增三适"养殖技术并形成标准模式，制定完善地方品种、饲养、防疫、粪污资源化利用等标准及技术规范。确立地方品种加工标准，制定全县统一的牛羊肉收购、加工、屠宰、分级、分割、包装、运输、标识等标准及规范，鼓励企业研发制定产品加工企业标准，协会制定加工行业标准。健全畜产品质量安全检测体系，加强各级畜产品质量安全检测站建设，配备仪器设备，完善检测标准体系。健全生产信息数据库，建立数据标准，完善数据追溯体系。制定出台养殖、加工、销售环节的一系列评价机制和标准规范。大力推进标准化建设，在全县形成认同标准、尊崇标准、使用标准的良好氛围。

三是转变职能。强化有机园区在大基地发展中的社会管理和公共服务职能，落实在政策制定、制度完善、机制创新、市场协调等方面的责任，完善社会管理制度，改进公共服务方式，建立行为规范、运转高效、公正透明的运行机制，更加有效地引导全县有机产业的全面协调、可持续发展。

四是建立科学的管理指导链条。赋予大基地更多的管理权、决策权、自主权，建立有效的对接服务机构，加快与省内外科研院校、团体的沟通协调，加快我县生态有机产业科研成果转化。依托院校合作平台，夯实生态有机产业发展基础，促进大牧场与大基地间的无缝对接。

五是实施智慧畜牧业工程。综合应用大数据、物联网、遥感、移动互联网等技术，整合涉牧部门数据资源，积极推动各类信息技术在畜牧业生产中应用推广，推进大牧场和大企业上下游的利益共享、风险共担机制。

（三）大企业建设（2018年6月—2019年6月）

1. 大企业概念

以现代企业管理规模，在行业和科研创新方面能力较强，对有机产业有引领作用，具有完善生产链条和营销链条，有一定市场开拓能力和品牌树立意识，以行业标准为准则的现代化管理诚信企业。

2. 方法及步骤

一是依托生态有机产业大牧场发展和大基地服务，推进现代化畜牧业发展由增产导向转向提质导向。

二是加快构建现代畜牧业产业体系、生产加工体系、营销体系，提高牧业创新力、竞争力和全要素生产率。

三是加快全产业链畜产品的开发力度和农畜产品冷链物流体系建设，延长产业链条，开发投产具有高附加值的有机产品，实现有机产业发展新进展、新突破。

四是建立利益联结新机制。大牧场既是大企业的供应商，又是大企业的股东；大企业既是生产加工者，也是大牧场的生产经营参与者。这从畜产品供应链源头上保障了生产原材料的供应及原材料质量安全监控；同时保障了企业生产标准的落地，实现了初级和终级利益的分成；也清晰了大牧场和大企业上下游的利益共享、风险共担机制。

（四）大品牌建设（2018年6月—2020年6月）

1. 大品牌概念

以产品品质为基础，从产品的地域特色、品控体系方面，结合第三方权威认证机构实施品牌背书，进而取得消费者的信任与支持，通过营销渠道的品牌推广建立消费者对品牌的忠诚度，具体包括：企业地标环境特色、企业产品独特性、企业品控体系建设、企业产品价值定位及营销渠道产品防伪认证等。

2. 方法及步骤

一是品牌定位。从河南县自身的产品出发，分析现有产品的功能属性以及在市场上所处的位置，然后再深入了解目标消费群，洞察他们的个性需求，并且针对竞争产品进行系统调研比较，为产品塑造与众不同的，给人印象鲜明的品牌形象，确立品牌定位，最后通过整合传播生动地展现给消费者。设法在自身的产品上找出比竞争者更具优势的特性，打造自己的产品特色。

二是品牌提升。政府扶持引导大企业树立大品牌，以大品牌带动有机产业可持续发展。同时，建立区域品牌标识准入制度，健全品牌商品质量标准体系，倾力叫响"雪多牦牛、欧拉羊"品牌。打造社会影响力，使品牌形象深入人心。

三是品牌宣传。制作宣传手册、网站、网页做到图文并茂，加载宣传视频、宣传短片，增强网站在视觉、听觉等方面的吸引力。同时，将蒙元文化融入品牌建设中，提高河南县有机畜产品和特色农畜产品的认知度。

（五）大市场建设（2018年6月—2020年6月）

1. 大市场概念

以采取有效措施规范有机产业的市场秩序，实施有机畜产品质量安全追溯制度，监督有机畜产品市场价格，维护公平竞争。壮大有机产业的技术服务队伍，培育专业化的技术咨询与服务公司，积极推广合同管理的技术服务模式，为全县有机产业工作提供快速、优质和规范的服务，形成政府、企业、社会各方协调配合，共同促进有机畜牧业发展的良好局面。

2. 方法及步骤

一是健全合作机制。通过寻找有实力信誉、有销售网络终端的经销商或代理企业，并与对方之间建立健全科学、合理、有效的合作机制。探索和推行"大牧场+大基地+大企业+大品牌+大市场"的抱团运行模式。合理利用大基地规划用地，建设产业孵化基地与科研基地，不断拓展产品生产渠道与合作渠道。

二是产品多元化模式。为了扩大河南县有机系列产品，丰富消费群体选择产品、方便携带与食用，各企业必须依照各地市场供求与消费者喜好等调查，实行产品商标、包装、生产、管理、监督等有效统一与品牌打造的稳步推进，生产灵活多样，丰富多元的系列产品，形成各产品之间的关联机制，与合作企业在促销活动中能够互相配合，协调统一，获取最佳的经济效益和社会效益。

三是强化宣传推介。打造经典草原生态科技园、牧游、亲子游基地，通过制作宣传专题片、广告宣传牌、印发宣传手册、举办主题推介会、实行网络微博与博客推销、社区营销等形式的宣传推介方式，使河南县生态文化游、有机饮食文化等深入人心，万众关注。

四是完善营销模式。整合闲置人力资源，培育形成"以开拓市场为导向，政府引导和支持为后盾，龙头企业为主体，特色资源为依托，技术体系为支撑，农牧民参与为基础"的产业化格局，建设多元化营销模式，拓展有机畜产品销售渠道，建立多元化的销售体系。如在省会及一线、中部地区大中城市的大型生活区或富商集聚区，创立具有青藏高原的有机及民族特色系列产品专卖店、实体体验店、直销店，利用社区人口密度以及中高端消费群体的消费观念等方面的高层次追求，强化宣传"有机产品系列"的专属性，加快提升广大消费者对我们"有机产品"的认知和认可度，有效提升天河之南、河南蒙旗的知名度以及来自全国最大的有机食品生产基地的知名度。

（三）合理的生态补偿

作为三江源区、洮河发源地，当前最重要的任务是保障国家生态安全。牧民为有效保护、永续利用草原资源，为恢复、维持、放大草原生态系统的生态效能做出了很大的贡献，但草原生态补偿制度虽然已建立，但牧民得到的补偿相应较低，经济利益损失大。比如，河南县禁牧100亩天然草原的补助最高为1800余元，但100亩天然草原上可以养殖20只羊，按每只羊售价1000元计（2018年秋季成年藏羊每只售价1500—2000元），可收入20000元，国家的补偿仅相当于10%左右。所以草原禁牧补助和草畜平衡奖励标准太低，也是造成草原管护员管护工作难度大的主要原因。我们的调查认为禁牧补助以每亩50元为标准，草畜平衡奖励按每人每年5000元进行，比较符合牧民群众减畜不减收和实施政策与生活水平提高不受影响的实际。

第五章　着力夯实稳定脱贫基础

由于长期投入不足、地方财力有限,河南县各乡镇交通、水利、电力、通信及基本公共服务设施建设薄弱、覆盖面偏低。农牧民出行难、吃水难、用电难、通信难、取暖难等问题突出。

为打赢脱贫攻坚战,河南县不断加大基础设施投入力度,集中力量解决贫困村群众行路难、用电难、吃水难问题,凝心聚力、聚焦发力、准确用力,以贫困村基础设施建设为突破口,坚持把基础设施建设作为改善群众生产生活条件的根本途径,着力打造群众满意的民心工程,提升河南县广大牧区群众的幸福指数。

在加大贫困村基础设施建设的同时,提前谋划巩固脱贫成果奔小康工程,实施了创建"四好农村公路示范县"、饮水安全巩固提升工程,加快城乡电网升级改造,提高通信、宽带网络覆盖水平。推进优干宁镇地下综合管廊、天然气入县、河玛公路和张汶高速过境段、通用机场等重点工程,经过3年努力将城乡基础设施提升到新的水平。推进"互联网+行动",统筹党建、教育、医疗、生态、产业、旅游、城市管理等社会服务和数据资源,建设大数据平台,实现优质资源共享,提升公共服务水平。

第一节　交通与信息化扶贫

一　交通设施建设

紧抓西成(西宁—成都)铁路建设机遇,大力发展对外交通网络建设,重点实施河南县通用机场、河南县至玛沁县、河南县至赛尔龙乡高速公路等重大工程,着力提升出境公路等级,打开对外大通道,实现互联互通提速。按照以优干宁为中心,以"三纵两横"为路网主骨架,乡村公路为支脉的公路网络体系,加快实施乡镇道路"畅通"工程。新(改)建公路4192千米,其中,高速公路153千米、旧油路改造290.861千米、路网连接线249千米、通村油路766.146千米、通（自然）村砂路2182千米、天葬台公路134千米、旅游公路82千米、新农村配套236千米、矿山公路100千米，汽车站1座、停靠点21个、农村物流配送站点7座、农村公路配套桥梁50座。加快城乡客运一体化建设，积极发展直达客运、普通班线客运、农村客运，最大限度地方便人民群众出行。规划到"十三五"末，全县所有出境公路均达到三级以上水平，实现畅通快捷化。乡—乡、乡—中心村道路实现100%黑色化。乡镇通客运班车率100%，建制村通客运班车率90%以上，乡镇道路畅通率达到80%以上。

★★★

‖专题调查5-1‖修通高原路，通向小康家

"晴天一身土、雨天一身泥、雪天不见路"，这曾是河南县各村社牧区交通的真实写照，由于牧区牧户居住分散、路途远，很多所谓的"路"，实际上也只是在草场上摩托、拖拉机碾过留下的两条印迹，进趟县城有时一次会把最近半个月或一个月所需的日用品买全。对于居住在草原深处的牧民来说，牲畜出栏率高，但运不出去，就失去了发展动力和信心。大深沟、搓板路，交通不便，河南县牧民群众吃尽了"行路难"的苦头。

然而这些都已逐渐成为过去式。随着全县脱贫攻坚战的推进，河南县紧紧围绕交通行业特点，加大交通帮扶济困力度，积极开展交通专项扶贫工作，在全县范围内帮助贫困村全面改善交通基础设施建设，力争在短时间内改善交通状况，全力加快贫困群众脱贫致富奔小康。走进优干宁镇德日隆村村道建设现场，施工人员铁锹飞舞，一幅公路建设的场面令人振奋，一条平坦的通村砂路在交通建设者的脚下向前延伸。德日隆村施工项目技术负责人秦英武告诉记者，"这条通村砂路是2017年的在建项目，全长16.6千米，目前已完成10千米，预计一个星期就能整修完工。我们有时候加班加点地干活就是想早点让这里的牧民能走上平整的路，而在建设过程中，或多或少地会占用牧民的土地，为了保证施工的正常推进，有的牧民群众把自己家的网围栏拆掉后也没有任何抱怨，这就是我们建设者最大的感动和欣慰。"

我们在采访的途中正巧遇到骑着摩托进城的牧民群众久西加。说起这条路，他用不太流利的汉语说"修得好，好！"他还高兴地说道："以前

从家里到县城骑摩托要五十分钟左右，下雨下雪就尽量不出门，除非有急事。那时候摩托车还经常坏，今年党和政府给我们修路，通到村里的路，虽然是砂路，但比以前的路好百倍、千倍，现在我去趟县城快的话也就15分钟，路修好了，走在路上心情也好，对现在的生活也越来越有信心了。作为河南县的一个牧民，我是从心里真的感谢，感谢共产党让我们的日子越来越好。"

道路连着人心。牧区地域广阔，牧户间居住分散，道路不通畅，政策信息的传递或多或少地会受到影响，党和国家的好声音送不下去，民生诉求传不上来，人心也会添堵，经济发展和民生改善更无从谈起。当前，正值全县上下学习贯彻习近平总书记系列讲话精神、省十三次党代会精神以及精准扶贫各项惠民政策的重要时刻，要确保党的惠民政策传到边到角，做到入户一对一宣讲，那么一条通畅的路则会为开展宣讲活动增添不少便力。

宁木特镇夏拉村精准扶贫第一书记孙虎在采访时说："我们村的这条路是从夏拉村小学到宁木特镇上的，全长21.5千米，是去年8月修好通行的，这条仅4.5米宽的水泥路对于牧区的老百姓来说来之不易，现在这条路修好了，我们到牧户家中宣讲政策更方便，联系群众也更便捷。路修好了，我们宣讲的触角延伸得更远更广了，牧民群众对政策的知晓率也有所提升。"

要致富，先修路，公路通，百业兴。这是一个亘古不变的真理。为从根本上改善河南县交通大环境，县委、县政府立足河南县经济社会长远发展，对通村公路进行科学合理规划，全力打造完善快捷的交通网络，补齐交通"短板"，帮助乡镇形成互通性好、带动性强、通达体系完善的交通格局。昔日出行观天色，今朝"玉带"穿村过。"交通扶贫"如一夜春风，彻底改变了河南县牧民群众"出行难，致富更难"的困境，也为河南县经济插上了腾飞的翅膀。

"这是我们乡正在修的滨河路，我们乡上最远的尕克村以前骑摩托要走四五个小时，现在也就两个多小时就能到，而且现在从我们乡到甘肃的碌曲县只要20分钟，这样我们河南县的牧区群众不仅能走出去看看，思想上也会有所改变，交通便利了，做好与甘肃、四川这边的对接工作，必然会带动我们县的旅游业发展。"在赛尔龙乡正在建设的滨河路上，乡党委副书记、乡长尼玛才让兴致勃勃地跟我们介绍起了赛尔龙乡的道路规划，话语中能深深感受到他的那份憧憬和责任。

在优干宁镇参美村，记者看到33岁的牧民拉玛扎西正在家中晾晒着曲拉，在他家院子里记者看到了一辆崭新的大众轿车，他告诉记者："感谢共产党，政策好，给我们修好了路，以前只要一下雨，摩托车就骑不成，车胎会陷到泥里，有时候会耽误我到县城卖奶子、曲拉，我家门口的这条路是去年修好的，看见路修好了，我就买了一辆新车，我相信日子也会越来越好，我很有信心。"

"小康不小康，关键看老乡；老乡奔小康，道路要通畅。"加快牧区公路发展、改善牧区交通状况是扶贫攻坚和牧区发展的基础工程、民生工程，因此要真正把河南县牧区道路建成产业发展路、农民致富路、小康生活路。

"去年（2016年）一年我们在道路上总投资3.5个亿，其中为全县16个贫困村的道路实现了全覆盖的通畅工程，包括16个村800多千米的路网连接线，至此，我们全县39个行政村通畅问题百分百得到解决，从2015年到2016年，两年的时间，我们实施了2000多千米的道路，修建完善工程改善了河南县道路不通畅等问题。今年在巩固扶贫成果的路上，我们有两项计划，一个是预计投入1.2亿元资金来整改全县8个小康示范村200多千米的道路'黑色化'（沥青混凝土道路）提升；另一个是预计投资2000万元，修建完善赛尔龙乡至甘肃国道214连接线，也就是打通赛尔龙乡尕克村的道路以及连接九寨沟的道路。在'十三五'期间，我们将逐步实现39个行政村的道路'黑色化'提升，积极争取各方资金，哪怕大部分资金需要县上贷款，目的就是确保完善老百姓通行等基础设施方面的需求。"说起交通扶贫，县政府副县长付伟卫仿佛在心中早已绘制出了一幅以生态保护为底色、以条条道路为线条、以民生改善和经济发展为背景的美丽画卷。

随着全县交通扶贫以更精准的实践深耕于河南蒙旗大草原上，一条条"扶贫路"在草原上延伸，一朵朵致富的希望之花将开满蒙旗草原，小康梦结出的果实将压满枝头。

（河南县委宣传部记者：孙丽丽，2017年6月20日）

随着对外、跨省交通的改善，河南县进一步谋划创新区域合作，打造开放新河南。加快青甘川交界地区经济发展进一步释放发展动力，就是发挥青海南大门和三省交会处的区位优势，加快青海西南大通道建设，将河南县建设成青甘川"连通之门"。加强与青甘川三省交界地区市县交流合作，打造融合开放发展示范县。积极融入西宁—大九寨旅游圈，实施旅游基础设施提升3年专项行动。全力打造"那达慕大会""天堂草原、纯净河南"等"河曲文化"知名品牌。将河南县建设成为展示新时代青海牧区发展亮丽形象的"南大门"。

★ ★ ★

‖ 专题调查 5-2 ‖ 河南县：打造"三省交界区域联合发展共同体"

2018年7月31日，青甘川三省相关县（市）"协同共治 协同发展 互利共赢"区域联动协作会议在河南县隆重召开，来自青甘川三省交界地区17个相关县（市）主要负责人共同签订了《青海甘肃四川三省相关县（市）区域联动协作框架协议（补充协议）》，进一步深化各领域的合作交流，加强互联、互动、互促、互进，着力构建青甘川相关县（市）开放创新、包容互惠、兼收并蓄的文明交流和发展新格局。大家认为，在青甘川各族人民长期的交往交流交融中，河南县始终以开放包容的姿态，与各兄弟县（市）互帮互助、友好交往、休戚与共，区域发展潜力逐步释放，发展前景美好。今后将顺应新时代号召，以习近平总书记系列重要讲话精神和治国理政新理念新思想新战略为指引，加强交流合作，推动经济发展、促进社会全面进步，努力形成百舸争流、携手共进的良好局面。

一 推动民族大团结打开共享共荣之路

党的十八大以来，以习近平同志为核心的党中央牢牢把握"五个并存"[①]的民族工作的阶段性特征，先后召开民族、统战、涉疆、涉藏等多个重要会议，推动民族工作创新发展，开启了各民族交往交流交融不断深入、中华民族共同体意识不断铸牢的新时代。新时代，是民族地区谋发展促发展要牢牢把握的大背景、大前提，而"铸牢中华民族共同体意识"是全党全国各族人民实现中国梦新征程上的共同意志和根本遵循。召开青

---

① 2014年，习近平总书记在中央民族工作会议上的讲话提出：我们的民族工作面临"五个并存"的阶段性特征，即改革开放和社会主义市场经济带来的机遇和挑战并存，民族地区经济加快发展势头和发展低水平并存，国家对民族地区支持力度持续加大和民族地区基本公共服务能力建设仍然薄弱并存，各民族交往交流交融趋势增强和涉及民族因素的矛盾纠纷上升并存，反对民族分裂、宗教极端、暴力恐怖斗争成效显著和局部地区暴力恐怖活动活跃多发并存。

甘川三省相关县（市）区域联动协作会议，将深入贯彻落实习近平总书记关于民族工作的新理念新思想新战略，以推动青甘川三省民族团结、维护社会和谐稳定打开各民族共享共荣之路，引导区域各县（市）广大党员干部以新时代新担当新作为，统一思想、凝聚共识、谋划工作，全面贯彻落实中央第六次西藏工作会议和《中共中央关于进一步推进四川云南甘肃青海藏区经济社会发展和长治久安的意见》精神，引导青甘川三省各族干部群众牢固树立"三个离不开思想"[1]，增强"四个认同"[2]意识，推动民族团结进步创建形成"一盘棋"，让各民族像石榴籽一样紧紧地抱在一起。同时，推动区域内各民族相互欣赏、相互学习、交流互鉴，打造多元文化和谐共生的示范窗口，不断增强中华民族的自豪感、自信心和凝聚力。

二 落实新发展理念包容开放阔步向前

自古以来，青甘川交界地区商贸流通活跃、人文交流频繁、民间往来密切，构筑了睦邻友好的合作关系，缔结了坚持稳妥的兄弟情义，促进了经济发展、民族交流和文化融合。特别是近年来在党的藏区政策光辉照耀下，各县（市）经济发展提速增效、社会事业全面进步、群众生活明显改善、社会大局和谐稳定。2017年8月，四川红原县召开首届川甘青三省相关县（市）区域联动协作工作会议以来，相关县（市）在产业发展、民生民计、社会治理、生态环境保护及基层组织建设等领域的合作更是取得了良好的开局。但是，区域内发展不平衡不充分、发展质量和效益不高、创新能力不强、生态环境保护力度不够、民生领域"短板"大等突出问题尚未解决。

进入新时代，我国社会主义主要矛盾发生历史性变化，对解决好发展不平衡不充分问题提出了新要求，为民族地区发展提供了新机遇。此次三省相关县（市）区域联动协作会议，将认真贯彻落实好习近平总书记"创新、协调、绿色、开放、共享"新发展理念，以及"全面实现小康，一个都不能少"的理念，进一步打开青甘川合作、开发、发展通道。在生态保护方面，建立以生态系统良性循环和环境风险有效防控为重点的"联查、互查、共治、共建"合作体系，共同开展区域河流、水源、废物

---

[1] "三个离不开"思想：汉族离不开少数民族，少数民族离不开汉族，各少数民族之间也互相离不开。

[2] 四个认同：对伟大祖国、对中华民族、对中华文化、对中国特色社会主义道路认同。

污染防治联合执法检查，维护区域生态安全；在产业发展方面，打造"生态、有机、绿色"品牌，构建区域经济产业联盟。拓展畜牧业多功能优势，实现产业融合发展。加强诚信建设，促进商品流动。全面推进区域旅游合作，打造区域旅游品牌。

河南县与各兄弟县（市）地处黄河第一弯，生态地位极为重要，是青海省第一个提出"禁塑令"、最早提出建设有机畜牧业生产基地的地区，是全国面积最大的有机畜牧业生产基地，也是青海省生态保护最好的草原，堪称"亚洲一流，青海最美"。2017年7月顺利通过国家级验收，成为青海省首批脱贫摘帽的贫困县之一和青南牧区唯一一个率先脱贫县。河南县拥有良好的生态基础和经济发展基础，对于筑牢国家生态安全屏障、推动区域协调联动发展、构建区域经济产业联盟和全域旅游大格局，努力实现青甘川区域的整体崛起和构建三省经济一体化发展的新格局具有重要促进作用。

三 打造共建共治共享的社会治理新格局

青甘川交界地区是涉藏维稳重点地区。河南县位于青甘川三省交界，是青海省唯一的蒙古族自治县，西倚青藏，东襟甘陇，北通宁海，南望川康，是青藏高原南大门、蒙藏文化融合点、藏区社会和谐稳定的关键地区，也是连接内地和西藏的桥梁纽带。打造共建共治共享社会治理格局是推进区域发展合作的前提和保障，也是实现长治久安的现实需要，更是夯实党在民族地区执政根基的重要举措。

在2017年8月红原县召开的首届川甘青三省相关县（市）区域联动协作工作会议上，红原县创新建立社会治安联防、矛盾纠纷联调、情报信息互通、突发事件联处、边界地区联巡六项机制，积极推动"川、甘、青"三省交界区域社会治理协调联动体系建设。此次青甘川三省相关县（市）区域联动协作会议将积极借鉴红原县社会治理经验，突出"探索新时代区域协作发展新思路、开创青甘川交界区域县（市）联动发展新格局"的主题，秉承"与邻为善、以邻为伴"友好合作精神，坚持"齐心联防、配合联调、携手联治"原则，进一步加强党组织建设，组建毗邻县（市）乡镇党委之间"联合党工委"，组建毗邻村党支部之间"联合党小组"，以党建引领推动各项工作，不断提高广大群众生产生活水平，筑牢维护边界地区战斗堡垒作用。聚焦基层组织建设、党员作用发挥、服务人民群众，增强党建引领的合力，形成多方领导、多方参与、整体推进的工作格局。逐步建立健全以"联防、联动、联手、联营、联谊"为主要内容的青甘川三省相关县（市）区域协作机制，有效地增强区域内统筹协作发展水平，推动实现区域协同共治、协同发展、互赢互利。

四 共破难题共谋发展共图和谐共建小康

"未之见而亲焉，可以往矣；久而不忘焉，可以来矣"。此次三省相关县（市）区域联动协作会议，17个县（市）负责人对河南县给予了高度评价。近年来，河南县始终将社会稳定作为创建民族团结进步先进区坚守的底线，充分发挥深厚的群众基础优势，加强组织领导，突出思想引导，创新方式方法，完善创建机制，抓牢抓实民族宗教工作，促进民族文化交流，形成了创建统领、联动联创的生动局面。在创建工作的引领下，河南县的发展路子越来越宽，发展势头越来越好。经济社会发展实现了稳中有进、进中向好。精准扶贫取得阶段性重大成效，率先在全省实现脱贫摘帽。2018年2月，在全国打赢扶贫攻坚战座谈会上，习总书记听取了县委书记韩华对河南县脱贫攻坚进展情况的汇报，全县上下积极响应，为扶贫成果的巩固打下了良好基础。生态文明建设不断开创新局面。出台河南蒙古族自治县生态环境保护条例，制定湿地保护条例。推进洮河源国家湿地公园建设，全面推行河长制，首创并拓展县级干部草原生态治理责任制，大力推进"责任田"工作，持续推进重大生态治理修复工程。学习新西兰大牧场管理模式，促进生态有机畜牧业转型升级，实现生态保护、产业提升、牧业增效、牧民增收。创新城市化管理，打造智慧生态样板县，加强综治中心建设推进网格化服务，推动基层社会治理能力和公共服务管理水平全面提升。有序推进乡村振兴战略，扎实推进生态文明小康村建设，增强脱贫攻坚巩固提升能力。

8月1日，河南县各乡镇积极行动、主动出击，邀请周边相邻乡镇党委、政府领导，与各相邻县域的乡镇签订了《友好乡镇协议书》，进一步加强了相邻县乡镇的友好往来、经济协作、民族团结、互促互利，通过真挚、友好协商，建立了长期、稳定、全面的合作关系。进一步体现了青甘川三省相关县（市）"协同共治 协同发展 互利共赢"区域联动协作会议召开后互联、互动、互促、互进、互惠、团结、包容的文明交流和发展新格局。

根据《四川甘肃青海结合部牧区县区域联动协作框架协议》，建立由当年召集县和下年召集县县委书记或县长共同担任执行主席的轮值主席制度，负责牵头与相关县（市）共同研究轮值期间的工作重点，收集意见和建议。2019年，将由甘肃省碌曲县召集主持三省区域联动会，确定年度联动协作事项，研究决定区域合作其他事宜，协调推进区域合作相关工作。（文、图/河南县委宣传部，2018年8月15日）

二 推进信息化建设

进一步加大移动、电信、联通等通信基础设施建设，加快电信网、广播电视网、互联网三网融合，提高移动、电信基站的覆盖率。重点实施县城电信光缆建设项目、移动公司通信设施、电信三网融合示范工程、电信C网基站工程、电信C网4G基站工程、电信ONU设备工程、新一代网络工程、乡镇网络通信系统建设工程等重点项目，计划到2020年，实现两镇四乡39个行政村光纤入户，通信网络覆盖率达到95%以上。积极推进教育、医疗信息化、电子政务内网完善工程、党政专用通信网络、治安监控、应急指挥、藏区"金保二期"建设、藏区社会救助"一门受理"公共服务信息化综合服务平台等信息网络建设。进一步完善县、乡、村三级综合信息网络建设，实现信息网络资源共享。

在软硬件设施改善后，县上积极争取互联网利用项目。2018年7月20日，河南县召开国家电子商务进农村综合示范县项目建设启动大会。河南县国家电子商务进农村综合示范县项目，是2017年经青海省商务厅批准、报国家商务部核准的国家级项目，项目通过建立河南县电子商务公共服务体系、搭建农畜产品电子商务供应链管理体系、培育农村电子商务物流服务体系、推进电商与产业融合发展、完善培训体系带动就业创业、拓展电商多领域多区域销售、大力发展农村生活化电商服务、实施电商扶贫巩固扶贫成果，形成集信息发布、供求交易、物流配送、质量追踪及售后服务等功能为一体的农村电子商务综合服务网络体系，推进特色产业的"互联网+"服务体系，促进牧业增效、牧民增收，巩固精准脱贫成果。

第二节 电力、水利扶贫

一 电力建设

加快电网建设、改造，重点拓展330千伏输变电线路，实施河南县城至赛尔龙乡110千伏线路、夏德日—优干宁110千伏（Ⅱ回）线路工程、优干宁110千伏变电站2号主变扩建工程，优化曲龙35千伏输变电工程等35千伏电网结构，提高配电网运行灵活性和可靠性；完善10千伏电网改造工程，全面推进县城电网改造、户用太阳能源设备工程、无电地区电力建设工程、乡镇驻地电网改造工程、寺院供电工程、农牧区无电村通电建设工程、优干宁镇输变电及电网入地工程、农网改造工程等重点项目实施，重点解决牧民用电难问题，建立35千伏变电站一座，解决了1040户的用电难问题。规划到"十三五"末，将电网覆盖到全部行政村，形成村村通电的发展格局，国家电网覆盖率达到80%以上。坚持水能、风能、太阳能等多能互补、集中与分散相结合的原则，加快宁木特电站、洮河代燃料水电站、泽曲河代燃料水电站、河南县光伏电站等新能源建设步伐，积极引进天然气到县城及重点乡镇。合理布局建设供热管道，实现乡镇和牧区集聚点全覆盖。

★★★

‖专题调查5-3‖架起电线杆，点亮幸福家

"等村里通上电了，我打算买个冰箱，再换个大电视。"家住河南县托叶玛乡宁赛村的牧民索科得知下个月就通电的消息后，眼神和话语中流露出的尽是对未来美好生活的憧憬和希望。他告诉记者"家中仅有的这些家电就靠屋外的一个太阳能板来带动，有时候太阳能板的蓄电池坏了，家里就没电了，不过现在天天看着拉电线的工人们竖起一个个电线杆，就像看到了希望，真的从心底高兴。"

相比索科，家住吉仁村的71岁牧民扎西就相对优裕很多，他家不仅有两台电视机，还有一台冰柜和电动缝纫机，在采访中，扎西老人兴致勃勃地打开电视说："有电干啥都方便，还能通过电视了解国家政策和国家大事，现在就希望村里的电网改造和动力电能尽快完成，让日子过得更好。"

"牧民要脱贫，经济要发展，电力当先行。"电力扶贫是河南县打赢"脱贫攻坚"这一硬仗的重要硬件保障。为解决全县11个村镇872户居民生活用电问题，河南县供电公司积极响应县委、县政府"精准脱贫"的号召，将电力精准扶贫作为彰显电力社会责任的重要工作，努力做到"同频共振，步调一致"，做好电力扶贫工作。

河南县汉次苏等3个村10千伏电网改造工程项目施工队负责人庞龙告诉记者,由于河南县气候原因,施工难度较大,而且工期短,有的施工地点车辆进不去,我们就用人力抬,虽然在高原上施工很辛苦,但一想到我们每天多干一点活,牧民群众就能早日用上电、用好电,再辛苦也值得。

据了解,投资7487.48万元的11个2016年农网扶贫工程在建项目正在紧锣密鼓地施工中,此外,投资1591.22万元的2016年中心村电网改造升级工程2项在建项目也正在积极组织施工。截至目前,各工程已完成主体工程建设工作,正在开户装表下户工作,已完成工程量的97%。此外,河南县城西易地搬迁安置点和优干宁镇易地搬迁安置点配套电力工程施工单位目前正在办理开工手续,计划7月初可开工建设。

一排排布局合理的电杆、一条条闪闪发光的银线,带着光明和动力,源源不断地将安全、可靠、充足、经济的电力输送到牧户家中。电力扶贫,释放出的信号不仅是为牧区输送电,更是输入有保障的电,输入着充满希冀的幸福生活。

(河南县委宣传部记者:孙丽丽,2017年6月12日)

二 水利扶贫

启动实施农牧区饮水安全巩固提升工程。加快牧区人畜安全饮水水源地建设,新建擦玛沟水库,保证水源供应和水质安全;在乡镇、中心村等人口聚集区,加快自来水管网建设,在宁木特镇、多松乡、柯生乡、赛尔龙乡等现有自来水管网的基础上,进一步提高用水质量,加快乡镇自来水厂建设步伐。在牧区加大水源开发力度,进一步提高机井建设能力,满足牧民人畜安全饮水需要。强化小流域综合治理,巩固防洪抗灾基础设施能力,提高全县水利设施整体水平,重点在泽曲河优干宁镇段打造一处人工景观河,美化县城环境,提升县城品位,打造宁木特黄河峡谷、洮河源头李恰如山水利风景区。"十三五"期间,重点实施牧区供水巩固提升、小流域综合治理、城乡供水保障、农牧区水利、水土保持、水利风景区建设、水利行业能力建设、人畜饮水工程旧管道维修等重点项目,解决全县41350人,18.98万头大小牲畜的饮水安全问题,乡镇自来水普及率达到了95%以上。

★★★

‖专题调查 5-4‖ 引来活水润万家

  崎岖的山路上，牧区妇女背着水桶，迎着朝雾或晚霞，步履艰难地前行，只为一捧清水，却不知要付出多少辛苦才能换来，日复一日，年复一年。即使是背水路上的滴滴汗水和种种无奈，也未必能换来干净卫生的水。对世代逐水草而居的牧区群众而言，能在家门口用上干净卫生的自来水是他们梦寐以求的事。而现在，自 2016 年水利扶贫项目实施后，河南县 4 乡 2 镇 16 村饮水巩固工程已全部完工，"背水姑娘"的身影正悄然退出人们的视线，现在只要拧开水龙头，哗哗的自来水就会喷涌而出，为牧区群众提供着干净卫生的生活用水，滋润着他们的心田。

  "快到家里来喝点水，现在可是干净的自来水了"，优干宁镇多特村的才华吉刚接了一桶水打算回家做饭，得知我们采访来意后，热情地邀请我们去她家。她告诉记者，"有自来水真是方便，以前要去 3 千米外的河里背水，一次背 100 斤，一天要背好几次才够用，到冬天河里几乎没水，就只能到邻居家接水，有时候水里会有很重的腥味，但是不用也没办法，去年 9 月底我们不用花一分钱就通上了干净的自来水，我们真的还是要感谢共产党的好政策，时时刻刻想的都是老百姓。"

  河南县宁赛村的 55 岁牧民闹白说起水，二话不说就竖起了大拇指，他高兴地跟我们说："去年水利局工人在我的夏季牧场上给我打了一口井，今年你看我的夏季牧场上就有 6 家人过来租，都是看中了我的牧场上有干净的水，一个家给我租金一万元，我就有六万元的收入，这个水特别干净，好，不光是我一个人，我们全家、我们全村的人都说好，都感谢共产党。"

  为扎实推进河南县水利扶贫工作，河南县水利局结合工作实际，按照县委、县政府关于精准脱贫的统一部署，及时成立河南县 2016 年牧区 4 乡 2 镇 16 村饮水巩固提升工程监督领导小组，以改善民生作为水利扶贫工作的根本出发点和落脚点，着力解决牧区群众最关心、最直接、最现实的饮水安全问题，积极争取国家水利建设项目资金 1955 万元，仅在 2016 年一年的时间就使 770 户 2939 人用上了干净卫生的安全水。

  来自山东临沂的打井工人李茂法带着 5 名工人正在宁赛村一名牧户家打井，当打到 70 多米深的时候，打井口冒出了泥浆，在场的工人都不由自主地欢呼了起来，仿佛久旱甘霖一样，他一脸成就感地告诉记者，"我们打过最深的井是120米深的，当时想着放弃，换个地方，但想到那个牧户因此喝不到水，我们就咬着牙坚持打，终于打出水了。我们虽然是出来打工挣钱的，而且跟这边的群众语言不通，但我们每打一口井就想打深一点，这样牧区到了旱季的时候也会有水喝，看着牧民高兴，我们也从心底里高兴。"

韩有忠是河南县机井施工队的负责人，他告诉记者："今年从山东引进了先进的打井机，一般一天能打一口井，速度比以前快多了。"当记者问到收入的时候，他连连摇头说道："几乎不挣钱，一个控压机40多万元，还有工人工资，其实来河南县干的这些工程都是为人民谋福的工程，我们真的都有一种使命在里面，别说挣钱了，遇到山大沟深的牧户，我自己掏钱雇车把我们的机械设备拉进去。在施工的时候，牧民群众还会主动给我们的工人拿过来酥油、奶茶、馍馍，这些都是让我们很感动的地方，我们只有一心把每一口井打好，解决他们的吃水问题，就是我们给他们的回报。"

截至目前，河南县2016年牧区4乡2镇16村饮水巩固提升工程已全部完工，集中供水工程及459眼小口机井全部移交受益户进行试运行。与此同时，在全面排查过程中，发现部分村社仍有饮水困难户320户，目前320眼机井也已基本完成。全县建档立卡1440户贫困户5400贫困人口全部实现安全饮水。

一座座水源工程润泽着河南大草原，一处处甘甜的水滋养着民心。喷涌而出的水，给牧区群众带来了希望，孕育了梦想。当前，河南县正处在全面脱贫攻坚的决胜之际，为投身于扶贫事业的水利干部们增添着决心和信心，真正看到了精准脱贫之水浇灌出的"希望之花"。

（河南县委宣传部记者：孙丽丽，2017年6月13日）

第六章　制度与软实力保障

第一节　制度保障精准脱贫的生态文明模式

做好顶层设计是打赢扶贫攻坚战役的关键。2016年年初青海省委对河南县提出在年内实现贫困县"摘帽"的指示。县委、县政府严格按照省州委精准扶贫精神和要求，坚持把脱贫攻坚作为最大的政治、最大的任务和最大的责任，下发了2016年一号文件《关于率先实现脱贫，引领小康社会的决定》，牢牢抓住省州委"八个一批"脱贫计划和"三个着力、六个健全"行动载体，坚持党建为抓手，夯实组织基础；坚持脱贫攻坚指挥部主导，增强社会合力；坚持以人为本，落实一系列惠民政策；坚持精准扶贫，提高扶贫成效；坚持保护生态，实现绿色发展；坚持群众主体，激发内生动力；坚持因地制宜，创新体制机制，继续弘扬"河南精神"、拓展"河南经验"、提高"河南速度"，出实招、务实功、求实效、赶超比，坚决打赢脱贫攻坚战，实现了县委精准扶贫"三步走"战略第一步，使河南县成为全省第一批、青南牧区第一个脱贫"摘帽"县。

《关于率先实现脱贫，引领小康社会的决定》明确了全县脱贫攻坚"三步走"战略目标，勾勒了一张宏伟蓝图，即2016年"摘帽"、2018年脱贫、2020年建成小康社会的宏伟蓝图。端出"一篮子"工程，即对一号文件中的58项扶贫措施分行业部门详细分解为105项细化措施全力推进。同时，组织工作组深入村社、牧户摸排实情，在分析研判县情的基础上，按照"八个一批""十项工程"和"1+8+10"脱贫计划，细化、实化、责任化各项重点任务、重大项目、重要举措，为定向施策、精准发力提供了指导和遵循。

河南县的精准扶贫必须立足河南县实际，突出河南县特色，即生态文明模式。河南县重视用制度保障生态保护、生态文明建设，已经形成环境保护与生态文明建设系列法规，主要有2004年修订的《河南蒙古族自治县自治条例（修正）》，2015年出台的《河南县环境卫生整治"八大行动"方案》，2016年出台的《河南蒙古族自治县生态环境保护条例》，2016年出台的《河南蒙古族自治县城镇市容和环境卫生管理条例》，2017年制定下发的《河南县全域内无垃圾示范县实施意见》《河南县生态文明小康示范村建设实施意见》等规章制度，形成了常态化良性运行机制，有效地促进了生态文明建设各项工作任务全面落实。

《河南蒙古族自治县自治条例（2004年修正）》（2004年4月29日河南蒙古族自治县第十二届人民代表大会第二次会议通过；2005年4月1日青海省第十届人民代表大会常务委员会第十五次会议批准）高度重视生态环境保护工作，其中的第十六条、第十八条、第十九条、第二十三条都属于环境、资源和生态保护的条款。

> 第十六条　自治县的自治机关坚持草原和水利建设为主，加强基础设施建设，实行以草定畜，划区轮牧，采取种草、灭鼠、灭虫等综合措施，加大草原生态治理，建立健全县、乡镇牧业综合服务体系，提高抗灾保畜能力。
>
> 第十八条　自治县的自治机关保护和改善生态、生活环境，严禁破坏植被、开垦草原。防治污染和其他公害，实现人口、资源和环境的协调发展。
>
> 第十九条　自治县的自治机关有计划地发展水电业、畜产品加工业和旅游业，合理开发利用蒙藏药资源。积极发展民族特需用品的生产和经营，并在资金、原材料供应、技术力量等方面给予扶持和照顾。
>
> 第二十三条　自治县的自治机关依照法律规定，管理和保护土地、草原、森林、矿藏、水域、湿地、珍稀野生动植物等自然资源。对可以由自治县开发利用的自然资源，优先合理开发利用，禁止任何组织和个人以非法手段侵占、买卖、破坏自然资源。

自治机关依照法律规定，确定草场和林地的所有权和使用权，依法保护草原和林地承包关系长期稳定。

《河南蒙古族自治县生态环境保护条例》（2016年3月25日河南蒙古族自治县第十四届人民代表大会第六次会议通过；2016年5月25日青海

省第十二届人民代表大会常务委员会第二十六次会议批准）第一章第一条指出："为了保护和改善河南蒙古族自治县（以下简称自治县）生态环境，合理开发利用自然资源，实现经济社会全面协调可持续发展，促进人与自然和谐共生，根据《中华人民共和国民族区域自治法》《中华人民共和国环境保护法》《青海省生态文明建设促进条例》《青海省湿地保护条例》《河南蒙古族自治县自治条例》等有关法律、法规，结合自治县实际，为全面落实生态文明先行区建设工作，特制定本条例。"

精准扶贫脱贫"摘帽"之后，县委、县政府决定，通过4年时间，积极创建生态文明小康示范村建设，让各村基础条件、牧民群众精神面貌、生产环境和生活条件以及产业发展上有质的突破。通过完善乡（镇）村规划方案、大力发展牧区生态经济、努力改善群众生产生活条件、全力提升公共服务能力、继续提升文明新风和继续加强基层组织建设六个方面的努力，力争到2020年，将全县39个行政村打造成为生态体验、休闲度假、民俗文化、特色产业的生态文明小康示范村。

有了明晰的法律法规依据，就要制订详尽、精准的扶贫规划，并且全面体现生态文明理念。

★★★

‖ 资料6-1 ‖ 《河南县"十三五"脱贫攻坚规划》[①]

序　言

消除贫困、改善民生、逐步实现共同富裕，是社会主义的本质要求，是我们党的重要使命。"十三五"时期是河南县在全省率先全面建成小康社会的决胜阶段，是实现一个率先、发展三大产业、打造五个示范县的攻坚期，也是率先实现贫困县摘帽的冲刺期。

为全面贯彻落实《中国农村扶贫开发纲要（2011—2020年）》《中共中央、国务院关于打赢脱贫攻坚战的决定》《中共青海省委、青海省人民政府关于打赢脱贫攻坚战提前实现整体脱贫的实施意见》《河南县国民经济和社会发展第十三个五年规划纲要》等相关政策文件精神，编制《河南县"十三五"脱贫攻坚规划》（以下简称《规划》）。

《规划》按照"十三五"总体要求，以"一年集中攻坚，四年巩固提

[①] 河南县扶贫开发局，2016年10月，资料引用章节序号与正文无关。

升"为目标，围绕"六个精准"，深入实施"八个一批脱贫攻坚行动计划"和"十个行业扶贫专项工程"，实现脱贫攻坚"三步走"战略目标，到2016年底，在全省率先实现贫困县"摘帽"；到2018年，解决区域性整体贫困；到2020年，为全面建成小康社会创造必备条件，使脱贫成效更加巩固，群众生活更加殷实。

《规划》期限为2016—2020年。规划基期为2015年。

第一章 发展基础
第一节 "十二五"扶贫开发工作成效

"十二五"以来，全县共落实扶贫资金10475万元，建设各类项目132个，主要实施了整村推进项目、连片特困地区扶贫项目、产业扶贫示范村建设、产业扶贫项目、产业化扶贫贷款贴息等，项目共扶持贫困群众达4232户22376人。人均收入由2011年的1293.8元增至2780元，增收114.9%。脱贫步伐明显加快，建起了扶贫产业园区、建材市场、汽车修理厂、牲畜繁育基地、风干肉加工厂、畜产品交易市场及主街道商铺等第二、第三产业链。产业化扶贫成效显著，摆脱了产业结构单一，缺乏后续产业发展，牧民群众缺少投资发展渠道，瓶颈制约严重现象的问题，本着两条腿走路的方针，实现了多元化、产业化扶贫。"十二五"期间共举办扶贫开发培训班二十余期，参加培训人数10200人（次），劳务输出75523人（次），创收4976.73万元，人均创收3438.12元。同时在此期间对个别乡镇的困难户送去了面粉、食用油、大米等物资，累计捐款捐物折人民币达40万元以上。各项扶贫工作都取得了显著成效，主要实施了：

一是实施扶贫搬迁工程，改善特困群众生产生活条件，切实加大移民搬迁力度。"十二五"期间共投入易地扶贫搬迁项目资金2377万元，项目覆盖13个村搬迁745户3401人。通过项目建设，彻底解决移民群众生活生产条件差、交通不便、居住分散，吃水困难等实际问题，提高了搬迁群众的综合发展能力。

二是实施产业扶贫加快发展，贫困群众稳定增收的基础增强。五年内共投入产业扶贫项目资金4050万元，其中获得2013年度绩效考核奖励资金40万元，2014年度绩效考核奖励资金400万元，金融奖励资金100万元，实施了29个村项目覆盖贫困户达1990户10014人。修建畜产品交易市场1栋、建材市场1栋及欧拉羊畜繁育基地、蔬菜温室3栋、饲草料加工厂等项目。同时为了效益发挥最大化，在2014年建立了扶贫资金与信贷资金有机结合的新型扶贫融资模式,将产业化扶贫资金300万元作为支农信贷担保体系内的担保资金,撬动扶贫贷款3080万元。还为七个村实施了金融扶贫示范村贴息资金120万元。

三是实施扶贫开发整村推进项目,贫困群众生产生活条件明显改善。五年内争取到扶贫开发整村推进项目资金1150万元,分别实施了粮油市场建设项目、优干宁镇泽雄村、赛尔龙乡尕克村实施购置商铺项目、多松乡夏日达哇村实施"仙女洞、仙女湖"景点旅游开发项目、拉让村实施购置生产母畜项目,受益贫困户1025户4489人。

四是实施扶贫贴息,让贫困户脱贫成效显著。2012年为优干宁镇阿木乎村专业合作社投入扶贫贴息资金5万元,2013年为优干宁镇阿木乎村阿托苏呼欧拉羊繁育牧业合作社投入扶贫贴息资金10万元,2014年落实产业化扶贫龙头企业扶贫贴息10万元,拨付给了河南县启龙牧场有限公司;为优干宁镇荷日恒牧业合作社投入扶贫贴息资金10万元。

五是实施"雨露计划"工程,拓宽了贫困群众的就业渠道。为进一步加大贫困地区劳动力培训转移工作力度,努力提高贫困劳动力素质,逐步扩大牧民就业、增加收入的目标,在全县范围内开展了以汽车驾驶、藏药加工、烹饪技术等劳动技能培训2000余人次,共争取扶贫资金80万元。

六是发展扶贫产业园建设,摆脱贫困走上致富路。"十二五"以来建设了扶贫产业园区,整个园区占地面积400亩,共投入资金4743.554万元,扶贫资金2635.15万元,扶贫贷款资金680万元、整合资金530万元,群众自筹714.234万元、企业自筹184.17万元,涉及了1乡2镇18个村,建设了摩托车修理厂、饲草料加工厂及汽修厂、建材市场、有机畜产品加工厂、奶业加工、河南县扶贫创业孵化园建设等项目。

同时,在这五年里还积极争取其他扶贫产业发展项目、村级发展互助项目、财政支农项目等共投入147.85万元,受益贫困村达25个村。

七是扶贫开发机制创新迈出重大步伐。按照《青海省扶贫对象建档立卡工作方案》要求,全县全面完成了贫困人口建档立卡工作,为开展精准脱贫奠定了基础。建立了干部驻村帮扶机制。干部驻村帮扶和第一书记覆盖所有贫困村,进一步加大了扶贫攻坚力度,增强贫困地区内生动力和发展活力。建立精准扶贫信息管理平台。实现扶贫对象电子信息档案集中管理,进一步增强了扶贫开发工作的针对性和有效性。

总之,"十二五"期间,是河南县贫困地区"政策形势最好、投入力度最大、攻坚举措最实、减贫进程最快、成效最为显著"的时期,持续有效的扶贫开发,为促进经济发展、政治稳定、民族团结、社会和谐发挥了重要作用。

第二节 主要做法

一 县委、县政府高度重视,扶贫投入大幅增加

"十二五"以来,县委、县政府把扶贫开发摆在"奋力打造'三区'、全面建设小康"的战略大局统筹谋划,进一步把扶贫开发工作摆在更加突出的位置,加大资金投入,实施重点工程,全县累计投入各类扶贫资金4402万元,实施易地扶贫搬迁、整村推进等项目,受益贫困户965户4827人。将产业扶贫资金300万元作为支农信贷担保资金,撬动金融扶贫贷款3420万元。安排地方财政专项扶贫资金224万元,同比增加138%。脱贫攻坚精准识别及"回头看"工作基本完成。研究出台"三步走"战略目标,制定58条有效措施,加快贫困人口精准脱贫。

二 健全精准扶贫工作机制

根据国家制定的扶贫对象识别办法,将2015年年底全县5400个扶贫对象落实到户到人。坚持农牧户申请、村民评议、逐级审核、张榜公示,以合法程序保证识别有效,做到识别准确、群众满意。做好户建卡、村造册、乡立簿、县归档工作,完善贫困农牧户信息系统。把专项扶贫措施与贫困识别结果衔接起来,坚持分类指导,针对致贫原因逐村逐户制定帮扶措施。涉农资金普惠到村到户,财政专项扶贫资金特惠到贫困户,做到"精确滴灌"。

三 强化干部驻村帮扶机制

确保驻村帮扶工作组成为"精确滴灌"的"管道"。坚持"规划到村、帮扶到户",共同努力实现增收和脱贫目标。加大驻村帮扶工作组指导和考核力度,充分发挥驻村干部作用,为贫困村、贫困户加快发展提供支持,使驻村帮扶成为培养锻炼干部的重要渠道。

四 完善财政专项扶贫资金管理使用机制

严格执行青海省扶贫开发局、青海省财政厅关于印发《青海省扶贫开发项目审批权限下放管理办法(试行)》的通知精神,一是实行项目申报贯彻精准扶贫的要求;二是实行项目方案组织县级相关业务部门、乡(镇)政府、村级组织和工程咨询机构编制项目实施方案;三是项目实行

州级合规性预审；四是县人民政府负责组织对项目实施方案进行评审、下达批复，并采取有效形式进行公告；六是严格执行《财政扶贫资金管理办法（试行）》和《扶贫开发工作考核办法（试行）》。

五　探索金融服务扶贫开发机制

深入推进"金融支持扶贫惠农工程"，强化金融支持贫困地区和贫困牧民加快发展的政策措施。贯彻落实《关于创新金融扶贫机制加大产业化扶贫工作力度的意见》，以财政扶贫资金投入为引导，在有效防范金融风险的前提下，撬动市场信贷资金支持扶贫产业发展，以信贷资金建设生产设施，引进龙头企业投资建设扶贫产业园区，带动扶贫对象脱贫致富。

六　完善"合作化"生产扶贫开发机制

积极推进"合作化、集约化"生产经营模式，推进连片产业扶贫开发，引导扶持贫困农牧民建立专业合作组织，逐步完善订单农牧业生产模式，推广现代农牧业生产技术与经营方式，建立市场信息平台。

七　创新社会参与扶贫开发机制

巩固提升定点扶贫和扶贫协作成果，引领全社会各方面积极参与扶贫开发。积极搭建公开媒体信息平台，畅通爱心企业和爱心人士参与帮扶特困户的渠道，开展"扶贫日"活动，"结对认亲、爱心帮扶"积极争取对口支援帮扶。探索创新社会扶贫工作机制，发挥政府对社会扶贫的规范引导、监督管理职能，培育扶贫向善、济困光荣的社会新风尚。

第三节　基本经验

回顾"十二五"扶贫开发工作，是河南县贫困地区经济社会发展速度最快、城乡面貌变化最大、群众得到实惠最多的五年，也是减贫成效最为明显的五年。县委、县政府制定了一系列力度大、针对性强的重大举措，各地各部门积极探索，不断创新工作机制和方式，形成了扶贫攻坚有效形式，获得的启示和经验弥足珍贵。

一　凝聚扶贫合力，构建"精准扶贫"工作新格局

结合河南县扶贫攻坚规划和县域经济发展思路，不断加大扶贫攻坚力度，转变思想、开拓创新、与时俱进，积极构建和发展专项扶贫、行业扶贫、社会扶贫和援青扶贫"四位一体"的大扶贫工作格局，在贫困牧民后续产业的发展带动及广大贫困牧民增收上做文章，集中扶贫资源、整合行业部门资金，实施扶贫开发项目，达到集中力量办大事的效果。落实农村贫困地区发展的政策措施，深入开展行业扶贫，建立扶贫到户机制。积

极拓宽扶贫渠道,努力争取优惠政策、扶贫资金、扶贫项目。充分发挥金融扶贫优势,进行示范村建设,扶持示范村群众增收。

二 整合专项资金,开辟整村扶贫新渠道

把分散式扶贫变为集中开发、把单项工作变为全面推进。按照分级负责、有序推进的原则,对贫困人口相对集中、经济基础薄弱、基础设施较差的扶贫重点贫困村启动了整村帮扶工程,通过多渠道策划、整合、捆绑各类帮扶项目,积极协调财政、交通、农业、水利、电力、国土、住建、教育等涉农涉牧项目资金,加快贫困村环境整治、地质灾害防治、水电路等项目建设,不断强化发展机体,改变贫困地区落后面貌。

三 引导产业发展,优化扶贫造血新功能

积极推进扶岗、扶业、扶技、扶志、扶贫"五扶"工作机制,不断调整优化贫困地区产业结构,在落实扶贫贴息扶持资金的基础上,采取多种形式重点扶持贫困村产业基地建设、龙头企业发展以及牧民专业合作组织发展,积极构建"一村一品""一乡一业"特色产业发展格局。结合雨露计划,紧紧围绕整村推进、易地扶贫搬迁、金融扶贫等项目,加大劳动力就业技能培训工作力度,使劳动力素质得到全面提升。

四 创新工作模式,打造易地扶贫搬迁项目新亮点

把易地扶贫搬迁工程与新型城镇化建设结合起来,在群众自愿的基础上,积极整合各类资金以"搬得出、稳得住、能致富",充分考虑易地扶贫搬迁地区群众上学、就医、就业等综合因素,采取与城中村建设、进城定居、就地集中安置相结合的模式,不断完善安置点公共服务配套设施,并通过转移就业、提高技能、鼓励创业增加搬迁群众收入。

五 强化制度建设,建立资金监管新机制

严把扶贫项目申报、实施关,由县扶贫、审计、财政、监察等部门组成的工作组对项目进行检查验收,项目建设情况全部实行阳光操作,全程公开,接受群众监督。严把扶贫资金的审核、拨付、报账关,建立科学的考核机制,坚持"资金跟着项目走"的原则,严格实行县级财政报账制,明确各乡(镇)、村的职责和报账程序,使报账工作实现规范化、程序化、制度化。

第二章 贫困状况与发展环境

"十三五"时期,河南县将脱贫攻坚摆在更加突出的位置。既面临坚决限时打赢脱贫攻坚战的历史机遇,又面临着发展环境复杂多变的严峻

挑战。

第一节　贫困现状

河南县属于典型的青藏高原内陆欠发达地区，由于受自然、环境等诸多因素影响，经济社会发展与青海省相对发达地区还有较大差距，广大牧区基础设施薄弱。2015年年底，我县有建档立卡贫困人口1440户、5400人（含低保人口，以下统称贫困人口）。我县贫困问题具有"区域性、民族性、特殊性、综合性"的特征，"小集聚、大分散、程度深、返贫高"特点依然突出。总体来看，贫困地区经济发展相对滞后，自我发展能力不足，贫困落后仍然是河南县的基本县情，贫困地区社会发展还存在一系列深层次的矛盾和突出的问题：牧业化发展水平不高，有机畜牧业推进缓慢；生态移民后续产业发展缓慢，城乡就业、社会保障压力大；各项基础设施薄弱，公路交通落后，城乡供水条件差等问题较为突出；城镇化发展缓慢，贫困人口多。

第二节　发展机遇和有利条件

"十三五"时期，国家和省、州高度重视藏区的发展和稳定，随着新一轮西部大开发、"一带一路"、供给侧结构性改革等战略的实施，第六次西藏工作座谈会召开，提出"依法治藏、富民兴藏、长期建藏、凝聚人心、夯实基础"的二十字重要原则，把改善民生、增进各族群众福祉作为藏区经济社会工作的出发点和落脚点。各种政策红利叠加释放，必将给我县经济社会发展带来新的发展机遇。

国家把生态文明建设提到了新高度。十八届三中全会对深化生态文明体制改革、健全生态文明制度体系做出总体部署。我省被列入国家首批推进生态文明建设先行示范区，开展中国三江源国家公园体制试点。加强生态立法，先后颁布《青海省生态文明建设促进条例》等法律条例。我县地处三江源自然保护区核心区，生态地位更加凸显。

加大对民族地区、西部地区的支持力度。实施新一轮西部大开发，落实中央第六次西藏座谈会精神，全面实施精准扶贫，打赢脱贫攻坚战，积极推进西成铁路、河南县通用机场、过境高速公路等重大工程，将有利于我县补短板、惠民生、实现基本公共服务均等化，促进各项民生事业加快发展。

全面深化改革激发活力。随着供给侧结构性改革、行政体制改革等经济、政治、社会、文化领域改革的纵深推进，发展的体制机制将得到全面优化，发展活力将得到有效释放。

区域重大工程项目实施带来的机遇。《青海省与川甘交界地区实施振兴发展规划》《青海三江源国家生态保护综合试验区二期规划》《藏羌彝文化产业走廊总体规划》《河南县有机畜牧业发展规划》等区域重大工程项目实施，必将给我县经济社会发展创造新的空间。

独特的区位和资源优势。位于青甘川三省交界地区，随着西成铁路、西宁至成都高速、西宁至果洛高速、泽库机场建成，区位优势明显。拥有河曲马、欧拉羊、牦牛等优良畜种和河曲草原优良牧场，水电资源独特，蒙藏药专家名医效应优势突出，蒙藏文化融合典型。

国家继续大力开展对口支援政策机遇。农业部、天津市等援建单位注重资金帮扶与产业帮扶并举，"输血"与"造血"并重，着力帮助河南县增强发展后劲，对口支援各项工作取得显著成效。

经过多年的改革和发展，河南县基础设施、产业体系、技术等要素支撑能力进一步增强，民族团结进步、社会和谐稳定局面进一步巩固。特别是近几年，河南县扶贫开发工作在实施"精准扶贫工程、片区扶贫攻坚、优势特色产业发展"的基础上，为积极探索藏区扶贫攻坚奠定了坚实的基础。

第三节 面临的挑战与困难

在扶贫开发取得显著成效的同时，制约河南县在全省率先实现整体脱贫的深层次矛盾依然存在，"十三五"时期，加快限时打赢脱贫攻坚战面临一系列重点难点问题，脱贫攻坚面临重大挑战。

基础设施薄弱。由于长期投入不足、地方财力有限，各乡镇交通、水利、电力、通信及基本公共服务设施建设薄弱、覆盖面偏低。农牧民出行难、吃水难、用电难、通信难、取暖难等问题突出。

生态环境承载力大。气候条件较为恶劣，局部生态环境恶化趋势尚未得到根本扭转。冰川、雪山、湖泊、湿地面积逐年缩小，水土流失严重、荒漠化严重加剧，自然灾害频繁，草原有害生物等问题日益突出，人口分布稀疏，生态移民、后续产业发展和草地封围管护任重道远。

产业发展基础薄弱。特色产业层次较低，生产经营效益和产品附加值不高，中高端产品及品牌建设滞后，优质不优价的问题突出，与周边区县竞争激烈。文化旅游产业基础薄弱，气候条件差、公路等级低、"断头路"多，很多原生态景点道路通畅性差。

城镇化进程缓慢。城镇吸纳劳动力的空间十分有限，自我发展力和综合承载力较弱，制约第二、第三产业的发展。贫困牧民收入水平低，进城定居的积极性不高，导致城镇化发展进程缓慢，乡镇基础设施落后，城乡一体化难度增大。

民生保障能力不足。上学难、看病难、安居难的问题更加突出。科教人才短缺，县乡村卫生机构设施简陋，技术人员缺少，就业压力逐年加大，提高基本公共服务水平和实现均等化压力大。部分村社贫困程度深、贫困面达，脱贫攻坚任务艰巨。

思想观念落后，能力素质低。贫困群众是扶贫攻坚的对象，更是脱贫致富的主体。由于受地理环境、自然因素、历史条件及风俗习惯等因素制约，人均受教育程度低，文化水平低、思想观念落后，接受新生事物的能力差，物资交流和商品输出更加困难。经济来源主要靠传统的畜牧养殖业和部分外出务工收入，"等、靠、要"思想严重。特别是贫困地区教育卫生事业的相对落后所导致的人力资本积累水平低下是河南县提前整体脱贫面临的最大障碍。

第三章 总体要求
第一节 指导思想

一 指导思想

全面贯彻落实党的十八大和十八届三中、四中、五中、六中全会以及省委扶贫开发工作会议精神，深入贯彻习近平总书记系列重要讲话精神，紧紧围绕"十三五"总体要求，按照"一年集中攻坚、四年巩固提升"的总体部署，贯彻落实创新、协调、绿色、开放、共享的发展理念，把精准扶贫、精准脱贫作为主攻方向，坚持城乡一体化与精准扶贫相融合、集中连片特困地区与到村到户扶持相结合、脱贫攻坚与社会保障有机衔接、脱贫攻坚与生态保护并重，采取超常规举措和过硬办法，扎实推进"八个一批"脱贫攻坚行动计划、"十个专项行业扶贫方案"，举全县之力，以"不破楼兰终不还"的坚定决心和坚强意志，坚决打赢扶贫开发攻坚战，确保与全省一道全面建成小康社会。

二 基本原则

坚持党政主导，分级负责。按照"中央统筹、省负总责、州县抓落实"的工作体制，全面落实各级党委和政府规划实施的主体责任，严格执行脱贫攻坚"一把手"负责制，县镇村三级书记一起抓，坚持问题导向和目标导向，倒排工期、挂图作战、扎实推进。切实加强贫困地区农村基层党组织建设，使其成为带领群众脱贫致富的坚强战斗堡垒。

坚持精准扶贫，精准脱贫。坚持以"六个精准"统领贫困地区脱贫攻坚工作，坚持城乡一体化与精准扶贫相融合，因地制宜，改革创新，推动扶贫政策向特困地区聚集、扶贫资金向贫困村贫困户聚焦，帮扶力量向贫困对象聚合，做到识真贫、扶真贫、脱真贫，让贫困群众真正得到实惠，加快脱贫致富奔小康的步伐。

坚持立足发展，社保兜底。把脱贫攻坚的立足点放在推动发展上，推动"输血"扶贫向"造血"扶贫转变，增强贫困地区内生发展动力。把符合政策的完全或部分丧失劳动能力的贫困人口全部纳入农村低保覆盖范围，实行社保政策兜底脱贫。同步帮扶集中在贫困村内和分散在贫困村外的贫困人口，做到全员受益、全员脱贫，不落一人。

坚持创新机制，协调推进。以改革创新推动脱贫攻坚，健全完善与限时打赢脱贫攻坚战相适应的工作机制，协调推进率先实现整体脱贫与新型工业化、信息化、城镇化和畜牧业现代化、生态保护建设相统筹，着力促进贫困人口就业增收，逐步解决区域性整体贫困问题。加强改革创新，形成有利于发挥各方面优势、全社会协同推进的大扶贫格局。

坚持保护生态，绿色发展。牢固树立"绿水青山就是金山银山"的理念，把贫困地区生态环境保护摆在更加重要优先位置，探索生态脱贫有效途径。脱贫攻坚不能以牺牲生态为代价，推动扶贫开发与资源环境相协调，脱贫致富与可持续发展相促进，让贫困人口在生态建设与修复中得到更多实惠。

坚持群众主体，自力更生。突出贫困群众主体地位，保障贫困群众平等参与、平等发展权利，充分调动贫困地区干部群众的积极性、主动性、创造性，引导他们正确处理国家、社会帮扶和自身努力的关系，树立战胜贫穷的信心和决心，依靠自己实现脱贫致富。注重扶贫先扶智，增强贫困人口自我发展能力。

第二节　总体思路

按照"一年集中攻坚、四年巩固提升"的总体部署，《规划》总体思路是：按照"三步走"战略、完成"二个确保"、实施"八个一批"、推进"十个专项"（以下简称"32810"）。具体就是，按照在全省率先整体脱贫的要求，精准发力、集中攻坚，确保到2016年贫困人口全部脱贫、贫困村全部退出、贫困县全部摘帽；扎实实施八个一批脱贫攻坚行动计划（发展产业脱贫、转移就业脱贫、易地搬迁脱贫、生态保护脱贫、资产收益脱贫、教育支持脱贫、医疗救助脱贫、低保兜底脱贫），加快贫困人口精准脱贫；强力推进十个行业扶贫专项方案（交通扶贫、水利扶贫、电力扶贫、医疗扶贫、通信扶贫、文化惠民、金融扶贫、科技扶贫、电子商务和市场体系、农牧民危旧房改造），加快补齐贫困地区发展"短板"。

在巩固阶段，加强脱贫后续政策扶持，在一定时期内保持原有政策不变、支持力度不减、帮扶力量不减，确保贫困群众不返贫。持续深化智力扶贫、产业扶贫，加大精神扶贫力度，加快推进扶贫产业园建设，持续增强脱贫群众自身"造血"功能，实现被动脱贫向主动致富转变、社会救助向自我发展转变、政策扶持向产业支撑转变、基本脱贫向小康生活转变，实现更高质量、更高水平的脱贫，确保贫困群众与各族群众一道迈入全面小康社会。

第三节 发展目标

一 总体目标

到2016年，确保5400农村牧区贫困人口全部脱贫，16个贫困村全部退出。稳定实现农村牧区贫困人口"不愁吃、不愁穿，义务教育、基本医疗和住房安全有保障"目标。实现贫困牧区居民人均可支配收入增长幅度高于全省平均水平，基本公共服务主要领域指标达到西部地区平均水平。2017年解决区域性整体贫困；到2020年为全面建成小康社会创造必备条件，使脱贫成效更加巩固，群众生活更加殷实，增强持续发展能力，使全县贫困地区生产生活条件显著提升，基本公共服务水平显著提升，贫困牧民自我发展能力显著增强，高原特色产业体系基本建立，生态系统步入良性循环，全面消除绝对贫困现象，与全国同步全面建成小康社会。

河南县"十三五"时期脱贫进程

内　容	2016年	2017年	2018年	2019年	2020年
贫困人口脱贫（人）	5400	解决区域性整体贫困	巩固成果	巩固成果	巩固成果
贫困村退出（个）	16	解决区域性整体贫困	巩固成果	巩固成果	巩固成果

二 具体目标

基础设施目标。到 2017 年,所有乡镇、行政村通客运班车率达到 100%;解决 100% 贫困农牧户住房安全问题;贫困村自来水普及率达到 85%、贫困村集中供水率达到 95%;到 2017 年年底,贫困村除保障全体农户生活用电外,用于生产的三相动力电具备供电条件。牧业区贫困村全体农牧户基本解决生活用电问题;到 2020 年,贫困地区群众的居住条件得到显著改善;自来水普及率明显提高;全面提高农村公路服务水平;继续加大农村牧区电网升级改造力度。

基本公共服务目标。到 2017 年,贫困地区儿童学前三年毛入园率达到 85%,九年义务教育巩固率达到 93.70%,小学辍学率控制在 0.5% 以下,初中辍学率控制在 1.2% 以下,高中阶段毛入学率达到 85.50%;贫困村实现有标准卫生室、有标准文化活动室、有综合服务中心;到 2017 年,贫困户实现广播电视"户户通"达到 100%,贫困村基本实现信息宽带网络全覆盖;贫困户新农村合作医疗参与率达到 100%,农村牧区最低生活保障实现应保尽保;社会救助体系进一步健全完善。到 2020 年,贫困地区群众获得的基本公共服务更加均等。

产业发展目标。贫困地区畜牧业经营主体建设新机制全面建立;旅游扶贫、电商扶贫、光伏扶贫等新型扶贫产业基本建立。到 2017 年,使每个有劳动生产能力的贫困牧户有 1 项稳定增收项目,每个贫困家庭掌握 1 门劳动技能,实现贫困户长期稳定增收,贫困牧民内生发展动力进一步增强。到 2020 年,着眼于加快畜牧业现代化步伐,按照"生产标准化、经营产业化、产品品牌化"的要求,基本建成高原特色产业体系,提高第一、第二、第三产业融合发展,走产出高效、产品安全、资源节约、环境友好的发展路子。

生态改善目标。到 2017 年,贫困地区生态文明建设得到进一步加强,生态建设补偿机制全面落实,贫困地区减灾防灾能力得到显著提高,因灾返贫现象基本得到解决,适当增加生态公益管护岗位。到 2020 年,贫困地区资源、环境、生态问题总体显著改善。

主要发展指标

发展目标	类别	指标	单位	2016年	2017年	2018年	属性
具体发展目标	减贫目标	贫困人口	现行扶贫标准下贫困人口	万人	0.54			约束性
		贫困村	建档立卡贫困村	个	16			约束性
		贫困县	国家、省级扶贫开发工作重点县和片区县数量	个	1			约束性
		收入	贫困农牧民人均可支配收入	元	3316			预期性
		贫困发生率	现行扶贫标准下贫困人口贫困发生率	%	13.06			约束性
	基础设施	交通	贫困村道路通畅率	%	100			约束性
			贫困村通班车比率	%	37.5			预期性
		饮水	贫困村自来水普及率	%	90			预期性
			贫困村集中供水率	%	90			预期性
	基本公共服务	教育	贫困地区义务教育巩固率	%	96			约束性
			15岁以上平均受教育年限	年	3			预期性
		文化	贫困户通广播电视率	%	100			预期性
		信息化	贫困自然村通宽带（含有线和无线）比率	%	25.00			预期性
	社会保障	养老	贫困户参加新型农村社会养老保险比率	%	100			预期性
		医疗	贫困户新农村合作医疗参与率	%	100			预期性
	安居	住房	建档立卡贫困户危房改造率	%	100			约束性
		易地搬迁	易地搬迁贫困人口数量	万人	0.3616			约束性
			有劳动能力贫困户参与增收项目比率	%	100			预期性
			每个贫困家庭掌握技能	门	1			预期性

第四章 重点建设工程

"十三五"时期，在河南县贫困地区扎扎实实推进"八个一批"脱贫攻坚行动计划，加快实施"十个专项"扶贫方案，积极开展社会帮扶脱贫。

第一节 "八个一批"脱贫攻坚行动计划

一 发展产业脱贫一批

因地制宜制定贫困地区特色产业发展规划，实施"一户一法""一村一策"。继续发展有机产业,采取"龙头企业+专业合作社+贫困户"等模式,使贫困群众分享农产品加工经营收益。从2016年起,县财政每年安排产业发展资金300万元,鼓励开展旅游扶贫、金融扶贫、电商扶贫,试点光伏扶贫,让贫困户获得稳定的增收致富项目。

对有劳动能力和生产发展愿望的贫困人口,重点扶持以有机畜牧业为龙头,以畜种改良、饲草种植、牛羊繁育等多种特色养殖业为补充的生态产业;进一步丰富和发展以赛马、"博克"为主要内容的"那达慕"大会,扩大影响,提高知名度。全力打响"青海最美草原"和"民间赛马之乡"品牌,逐步打造西宁至河南至九寨沟旅游精品线路,大力发展乡村旅游,解决脱贫问题。要充分尊重群众自主选择产业项目的权利,适宜发展什么就扶持什么,宜牧则牧,宜林则林,宜商则商,宜游则游。对有劳动能力,但自身没有经营能力的贫困人口,通过扶持发展牧区集体经济和龙头企业,发展特色养殖、民族手工、乡村旅游、特色文化等优势产业,强化与贫困户的利益联结机制,通过扶贫发展生产,实现就地脱贫。大力发展县域经济,加大对贫困地区畜产品加工、销售及品牌推介营销支持力度,加快第一、第二、第三产业融合发展,让贫困户更多分享畜牧业产业链和价值链增值收益。积极建立扶贫产业园,扶持建设一批贫困人口参与度高的特色畜牧业生产基地,辐射带动贫困地区和贫困户延伸产业链条,提高附加值。积极探索贫困地区兴办扶贫产业。鼓励和引导各类社会资本参与扶贫产业园、乡村旅游扶贫、畜产品生产和基地等精准扶贫产业发展项目的建设和运营,增强自我发展能力。到2020年每个贫困户至少掌握1—2项实用畜牧业技术,至少参加1项增收计划。确立3—5个主导产业,初步建成特色支柱产业体系。

特色产业脱贫重点建设项目

产业发展:重点扶持16个贫困村特色产业。通过发展特色产业,使每个有劳动能力的贫困牧户有一项稳定增收的特色产业,牧民内生发展动力进一步增强,贫困人口人均可支配收入高于国家扶贫标准。

扶贫产业园:(1)乌力吉图集贸市场;(2)苏勒德草原文化推广有限公司;(3)综合市场;(4)商贸楼;(5)汽车修理中心;(6)牛奶加工厂;(7)风干肉加工厂;(8)蔬菜种植基地;(9)扶贫宾馆;(10)欧拉羊高效养殖基地;(11)牦牛繁育基地;(12)综合服务楼;(13)土尔扈特有机品牌特色产业风干肉加工厂;(14)旭日宾馆;

> （15）龙达城乡客运服务队；（16）雪洁大桶纯净水厂；（17）供销社3处；（18）民族传统食品加工有限公司；（19）畜产品综合市场。
> **乡村旅游扶贫**：（1）优干宁镇多特村民俗文化旅游体验驿站项目，村道路1000米，步行道800米，停车场300平方米，厕所2个80平方米。（2）河南县宁木特镇梧桐村黄河大峡谷原始森林旅游景区扶贫开发项目，景区服务楼、大门，景区走廊，景区步行道800米，停车场350平方米，厕所2个80平方米。（3）河南县宁赛村"苏勒德"生态园建设项目，新建蒙古包20座及相关配套设施。
> **扶贫贷款贴息**：重点为贫困户发展产业提供基准利率、免抵押、免担保的小额信贷支持。扩大扶贫贷款规模，按照基准利率贴息补助，用以支持各类经营主体通过项目和行业产业扶贫项目发展特色产业。
> **互助资金**：实施互助资金项目，实现贫困村全覆盖。

二 转移就业脱贫一批

实施职业技能提升和贫困户教育培训工程，开展牧民实用技术和就业技能培训，引导有能力的贫困家庭劳动力外出务工。大力开展贫困村致富带头人培训，增强带领贫困牧民脱贫致富的示范引领能力。

统筹整合畜牧业、人社、扶贫等各类培训资源，围绕就业搞培训，开展订单、订岗、定向培训，推进培训、鉴定、传输一体化，积极建立县级综合培训基地。技能培训要坚持以市场为导向，合理设置培训专业。大力开展针对贫困劳动力的"雨露计划"培训、新型牧民培训和职业学历教育资助工程，确保有意愿的贫困劳动力都能掌握1门致富技能，实现靠技能脱贫致富。将贫困户纳入创业促进就业扶持政策和创业贷款担保基金支持范围。落实好降低创业门槛、定向减税、将普遍性降费，财政支持、金融服务、提供创业园萨台等方面的优惠政策。大力开展贫困村致富带头人培训，增强带领贫困牧民脱贫致富的示范引领能力，以创业带动就业，推动矢众创业、万众创新。大力发展劳务经济，通过举办外地企业招聘会，赴劳务输出大省进行对接洽谈，鼓励劳务经纪人和能人带动贫困劳动力务工就业等形式，扩大劳务输出规模。加强贫困大学生岗前就业培训力度，大力挖掘新增就业岗位，设立保洁员、协管员、三江源生态管护员、公路养护员等公益性岗位，吸纳和安置符合条件的贫困人口优先安排就业岗位，实现稳定就业。支持家政服务、物流配送、养老服务等产业发展，拓展贫困劳动力就业务工渠道。加强驻外劳务服务站和基地建设，完善职业培训、就业服务、劳动维权"三位一体"的工作机制。对在城镇工作生活一年以上的贫困人口，输入地政府要采取相应的帮扶措施，并优先提供基本公共服务，促进有能力的在城镇稳定就业和生活的贫困人口有序实现市民化。

转移就业脱贫重点建设项目

> **河南县"雨露计划"扶贫工程**：开展藏区贫困劳动力短期技能培训；针对贫困家庭子女且在校接受普通高等院校的全日制在校本（专）科学生、少数民族预科生和中、高等职业技术学校学生发放补助。

三 易地搬迁脱贫一批

对生态脆弱地区贫困户实施易地扶贫搬迁，和新型城镇化、城镇保障性住房建设有效结合，加大进城安置力度，完成1230户搬迁扶贫，促进易地扶贫尽快就业。

对"一方水土养活不起一方人"的贫困人口，坚持"政府主导、群众自愿、积极稳妥、分类实施"的原则，采取行政村内就近集中安置、建设移民新村安置、依托小城镇、工业园区和乡村旅游区安置、插花安置和投靠亲友等其他方式安置。发挥扶贫与生态两个功能，对没有搬迁意愿的少数贫困户，探索以生态补偿方式让有劳动能力的就地转化为生态保护工人。根据不同类型，采取差别化政策，加大政策性贷款跟进支持力度，减轻贫困户自筹负担。运用货币化移民模式，对自愿自主进城定居的贫困家庭，给予一次性货币补贴。移民集中安置区要结合"高原美丽乡村""美丽城镇"建设、农村危房改造结合起来，与园区建设、集镇商贸、旅游发展、特色产业培育统筹起来，积极落实搬迁户在医疗、社保、养老、子女就学、土地、产业、就业、户籍和社会保障等方面的政策，方便群众生活。加强搬迁群众创业培训，引导转移安置就业，确保贫困群众搬得出、留得住、能就业、有保障、稳定脱贫。建立三江源地区易地搬迁群众后续产业发展扶持基金，加大对生活困难易地搬迁群众产业发展扶持力度。建立易地扶贫搬迁用地手续办理审批绿色通道。探索贫困牧民进城落户和易地搬迁后自愿有偿退出的农村空置宅基地复垦利用方式，以及有偿转让土地草场承包经营权机制。全面完成易地搬迁新村水、电、路、通信、绿化、亮化、环卫等相关配套基础设施建设。

四　生态保护脱贫一批

结合三江源国家公园试点,以草原植被保护和恢复为重点,加大保护区退耕还林还草补偿力度,增加公益性管护岗位,鼓励贫困区发展还林还草替代产业,力争贫困牧户每户有1人从事生态公益性管护工作。

坚持生态保护优先,建设生态文明先行区,积极探索生态保护脱贫的新路子。围绕生态保护、环境综合治理和提升防灾减灾能力,加快实施三江源生态保护和建设二期工程,新一轮退耕还林(草)等各项生态保护工程,提高贫困人口的参与度和受益水平,确保在三江源重点生态功能区内具备条件的贫困农牧户,每户有1人从事生态公益性管护工作。对牧业乡村草场面积较大地区的贫困户,适当增加生态管护岗位。力争有生态保护任务的地区每个贫困户有1名生态管护员,新增草原生态保护岗位144个。以保生态增就业,实现稳定脱贫。新一轮退耕还林还草工程项目要向贫困村、贫困户倾斜。在稳定现有生态补偿政策的基础上,健全完善湿地、草原、公益林等生态补偿机制,加大重点生态功能区转移支付力度。进一步完善草原生态保护补助奖励政策。因地制宜构建多种形式的特色生态经济系统,实现增加收入与生态保护协调发展,良性循环。

五　资产收益脱贫一批

探索土地、草场入股保底分红模式,支持农牧民合作社和其他经营主体通过土地、草场等托管、牲畜托养和吸收农牧民土地、草场经营权入股等方式,带动贫困户增收。在不改变用途下,财政专项扶贫资金和其他涉农资金投入形成的资产,具备条件的可折股量化给贫困村和贫困户,尤其是丧失劳动能力的贫困户。

结合发展特色扶贫产业,在不改变用途的情况下,财政专项扶贫资金和其他涉农资金整合投入设施畜牧业、特色养殖、乡村旅游、光伏建设等项目形成的资产,具备条件的可折股量化给贫困村和贫困户,尤其是发展产业选择难和无经营能力的贫困户。运用政府购买扶贫社会服务方式,将财政专项扶贫资金委托给有社会责任、讲诚信、有实力的实体经济,开发把贫困户纳入旅游业、光伏业等业态的扶贫新模式,拓宽贫困群众增收渠道。结合城镇化和园区建设,通过产业扶贫项目,在市场需求旺盛的县域和中心城镇异地建设、购买商铺宾馆等,以房租等方式增加贫困户的资产性收益。建立完善对折股量化投入扶贫资金的监督管理机制,明确资产运营方对财政资金形成资产的保值增值责任,建立健全收益分配机制,确保资产收益及时回馈持股贫困村和贫困户。支持各类经营主体通过土地、草场等托管、牲畜托养和吸收贫困牧民土地、草场经营权入股等方式带动贫困户增收，建立长期受益的利益连接机制。贫困地区水电、矿产等资源开发，赋予土地、草场被占用的村集体股权，让贫困人口分享资源开发收益。

资产收益脱贫重点建设项目

> **资产收益扶贫**：通过各类产业项目资产收益扶贫，到2016年年底使每个自身没有经营能力和发展产业选择难的建档立卡贫困人口人均可支配收入达到4000元，实现长期增收、稳定脱贫。

六 教育支持脱贫一批

实施完善贫困家庭学生助学工程，全面落实学前教育、高中教育、中等职业教育免学杂费政策。认真落实"三江源"异地上学补助政策、雨露计划等培训项目，大力发展职业教育，提升民族地区双语教育质量，阻断贫困代际传递。

加快实施教育扶贫工程，让贫困家庭子女都能接受公平有质量的教育，阻断贫困代际传递。全面普及15年免费教育，大力发展职业教育。扩大学前教育资源覆盖面，支持农牧区贫困家庭幼儿接受学前教育，积极发展民族地区学前"双语"教育；改善中小学基本办学条件，加快标准化和寄宿制学校建设步伐，强化贫困地区"控辍保学"工作，提高九年义务教育巩固率；加大普及高中阶段教育，加强有专业特色并适应市场需求的高一级职业技术学校建设，让未升入普通高中的初中毕业生都能接受中等职业教育；高校招生政策向贫困地区倾斜，实行精准到县的贫困地区专项招生计划。加大与省内外职业学校合作办班力度，提高职业教育水平；努力办好贫困地区特殊教育和远程教育。实施乡村教师支持计划，加强贫困地区教师队伍建设。加大对贫困地区基础教育投入力度，建立城乡统一的义务教育经费保障机制。从2016年春季开学开始，对所有贫困家庭学生实施15年免费教育，对学前3年免除保教费；对高中阶段3年（普通高中、中职）免除学杂费和教科书费继续提供助学金；对就读高等院校的贫困家庭大学生加大资助和助学金力度。继续实施农牧区义务教育阶段学生营养改善计划。加大投入，为贫困家庭子女在州外初、高中学校异地上学创造条件。利用天津对口帮扶的有利契机，扩大异地办学规模。

教育支持脱贫重点建设项目

学前教育：新建 17 所，购置车辆、配备幼儿教玩具、图书，播音机等设备。
中学教育：扩建教学用房、生活用房 35000 平方米，建设操场及附属设施。

七 医疗救助脱贫一批

实施健康扶贫工程，完善医疗保险和医疗救助制度体系建设，贫困人口医保参合率达到 100%。加强医疗卫生机构建设，重视残疾人、重病患者等重点救助对象，坚决遏制因病致贫、因病返贫。

统筹整合卫计、民政、扶贫等部门资源推进贫困地区基本公共卫生服务均等化，构筑基本医疗保险、大病保险、医疗救助"三重医疗保障"。维护贫困人口健康权益，提高贫困人口健康素质，有效遏制和阻止因病致贫、因病返贫。实施健康扶贫工程，对贫困人口实行基本医疗和大病保险全覆盖。对贫困人口参加城乡居民基本医疗保险、养老保险个人缴费部分，由各级财政按比例承担，给予全额资助。完善重大疾病救助制度，将贫困人口全部纳入重特大疾病救助范围，加大医疗救助、临时救助、慈善救助等帮扶力度，确保所有建档立卡贫困户享受医疗报销政策。降低贫困人口医疗救助起付线，最大限度地减轻贫困人口的医疗负担。加强贫困地区残疾人康复服务。建立贫困人口健康卡，对贫困人口实行特殊医疗保障和救助政策。加快贫困地区乡镇中心卫生院建设，健全完善贫困地区县、乡、村三级卫生计生服务网络。加大贫困地区全科医生培养力度，提高公共医疗服务水平。

医疗救助脱贫重点建设项目

河南县合作医疗报账中心：各乡、镇 7 所，土建设备 1100 平方米。
河南县乡（镇）卫生院急救室：业务用房 420 平方米及配套设施、设配等。

八 低保兜底脱贫一批

对丧失劳动能力、无法通过产业扶持和就业帮助实现脱贫的，全部纳入最低生活保障范围，实行扶贫和低保标准"两线合一"，提高农村牧区特困人员供养水平，加大"五保"供养等社会救助力度。积极稳妥推进城乡最低生活保障试点工作。

按照"两线合一"有关制度，建立民政与扶贫部门年度核查工作机制，对符合条件的贫困家庭及时纳入最低生活保障范围，做到应保尽保。对无劳动能力并且无法依靠产业扶持和就业帮助脱贫的特殊贫困人口和重度残疾人，由民政部门负责实行政策性保障兜底。认真落实低保家庭经济状况核对机制和低保对象动态管理机制，坚决防止申请低保过程中出现"骗保、搭车保、人情保"等问题。对具有劳动能力能够通过发展产业等帮扶措施脱贫的贫困家庭，由扶贫部门纳入脱贫攻坚政策扶持范围，经帮扶达到脱贫标准的农村低保户应及时退出低保。对因灾、因病等原因造成的临时致贫或返贫群众，加大医疗救助、临时救助等专项救助力度，减少因灾，因病返贫现象发生。加快完善城乡居民基本养老保险制度，适时提高基础养老金标准，提高保障水平，积极探索新型养老服务机制，着力解决好牧区"五保"对象、空巢老人、困境儿童、留守儿童、残疾人等特殊困难群体的日间照料、养老和护理问题。

低保兜底脱贫重点建设项目

> **低保政策兜底**：将5400名扶贫对象中符合低保条件的、通过其他扶贫政策无法脱贫的贫困对象进行低保兜底扶贫。

第二节 "十个专项"行业扶贫方案

一 交通扶贫

优先支持贫困地区重大交通项目，加快以县域主干道和扶贫公路为重点的公路交通网络建设，分类提高贫困地区农村公路建设补助标准。加快推进贫困地区通乡油路、通村道路硬化、县乡道路改善等工程建设，使所有具备条件的建制村全部实现沥青（水泥、砂石路）路，切实解决贫困地区的道路交通问题。计划完成剩余16个贫困村道路通畅工程，跟进做好易地扶贫搬迁村配套道路建设。

二 水利扶贫

着力搞好贫困地区人畜饮水工程、水土保持工程、湿地保护、防洪工程和抗旱减灾工程等重点水利工程，探索各类型的水利设施经营管理方式提高用水率。对牧业区采取管道饮水、打机井等措施，基本解决人畜饮水困难的问题。实施饮水安全巩固提升工程，强化水源保护，发展适度规模集中供水，大力提高集中供水率、自来水普及率、供水保障率、水质合格率，构建精准到户的饮水安全保障体系。通过实施饮水安全巩固提升工程。实现贫困地区集中供水率达到95%，自来水普及率达到85%，水质达标率提高15个百分点。

水利扶贫重点建设项目

河南县水源地净水设施建设工程：对河南县擦玛河新建水源地建设净水设施过滤泥沙等。 **河南县游牧民定居社区供水提质增效工程**：县城、宁木特镇、赛尔龙乡引水口3座，干支管及配水官网82千米。 **河南县乡镇草原节水灌溉工程**：新建引水廊道13座，输水干支管334.7千米；各类阀门井146座、给水栓等673座及其他节水灌溉设施及储草站。

三 电力扶贫

加快实施牧区电网建设和改造，扩大覆盖面，重点解决贫困村供电设施落后、供电能力不足的问题，全面提升配网供电能力和供电质量。继续实施牧区电网改造升级工程和易地扶贫搬迁村通电工程，进一步提升贫困村电网供电能力，为贫困村群众脱贫致富提供安全、可靠、充足、经济的电力供应，满足贫困牧民生活、畜牧业生产用电需要。到2017年年底，牧业区贫困村全体农牧户基本解决生活用电问题。

四 医疗卫生扶贫

按照精准扶贫要求，推动实施以"一免七减""四优先""十覆盖"为抓手的医疗扶贫。强化贫困地区基础设施、基本装备建设。加大人才培养力度，全面强化医疗精准扶贫和健康促进，满足贫困地区、贫困家庭、贫困人口就医需求，保障贫困人口不得病、少生病、早治疗，有效缓解因病致贫、因病返贫问题，提高贫困地区家庭健康和幸福指数。一是全县各医疗卫生机构全面实施贫困病人、"五保户"、特困家庭、低保户、计划生育特殊困难家庭"一免七减"，即免普通挂号费，住院病人药费、诊查费、检查费、检验费、麻醉费、手术费、住院床位费减免10%。二是加快贫困村标准化卫生室建设，改善贫困村就医环境。加强服务体系建设，改造升级贫困村卫生室，满足当地群众看病需求，有序推进贫困村卫生室标准化建设，实现标准化卫生室全覆盖。根据"十三五"易地扶贫搬迁规划，做好易地扶贫搬迁后行政村卫生室建设。三是优先做好贫困乡镇卫生院人才资源培养和配置，实施县级医院临床骨干医师专项对口"一对一"培训，实施全科医生转岗培训和住院医师规范化培训，年度订单定向免费培养医学生向贫困地区倾斜分配，努力提高贫困地区医技专业技术人员理论知识和实践技能。四是深化城乡医疗对口支援。继续实行县级医院对口支援乡镇卫生院全覆盖帮扶工作，提升医院医疗救治水平。五是优先提供优质的公共卫生服务，加大贫困地区、贫困人口重点疾病防控力度，加大鼠疫、包虫病、碘缺乏疾病、结核病、职业病等防治服务体系建设力度，推进慢性病综合防治示范区建设，精神卫生体系建设，全面落实重大公共卫生和基本公共卫生服务项目。六是继续做好卫生计生精准扶贫项目。完成贫困人口免费白内障复明手术、贫困家庭先天性心脏病患儿手术、贫困地区孕产妇住院分娩补助发放、贫困地区育龄妇女补服叶酸、贫困地区新生儿疾病筛查和儿童营养改善项目、贫困地区免费孕前优生健康检查项目、贫困地区计划生育免费技术服务项目、贫困地区60岁老年人健康体检全覆盖等精准扶贫任务。

医疗卫生扶贫重点建设项目

村卫生室新建项目："十三五"期间在贫困地区新建村卫生室16所，每所新建业务用房40平方米，总建设面积640平方米，总投资15万余元。

五　通信扶贫

建设以先进数字化、网络化技术为基础的宽带高速互联网设施，加快实施覆盖4G网络、"宽带乡村""光纤到户"FDD-LTE无线新网新建工程，实现乡镇宽带覆盖。积极推进农畜产品电子商务的发展，实现部分畜产品的网上交易。建立较完善的市话、移动电话交叉覆盖的通信网络。加强贫困牧区邮政网络建设，提高通邮率，力争实现乡到贫困村通邮。

通信扶贫重点建设项目

河南县村级邮政网点建设项目：建设39个邮政网点，1560平方米。
河南县乡镇无线通信网：G5M基站6个、建设具有民族地区特色的科技网站，使最新的科技成果迅速为农牧民群众所掌握，共享信息、资源、解决信息闭塞等困难。
河南县新农村新牧区科技信息网络平台建设：建设具有民族地区特色的科技网站，使最新的科技成果迅速为农牧民群众所掌握，共享信息、资源、解决信息闭塞等困难。

六　文化惠民扶贫

统筹建设集文化、科技、教育、健身等多动能于一体的基层综合性文化中心。继续推进广播电视户户通和地面数字广播电视覆盖工程。深入推进省级文明村镇、"五星级文明户"创建，不断丰富和活跃群众精神文化生活，保障基层群众基本公共文化权益，提升群众精神文明素养。到2020年年末，贫困地区广布电视人口综合覆盖率达到90%以上，州县地方节目覆盖率达到85%以上。

文化惠民扶贫重点建设项目

> **河南县藏区广播电视台新媒体系统建设**：网络台移动信息采集车、4G传输系统、扩容现有技术编辑、存储系统等，青海广电互联网电视集成播控平台；
>
> **河南县农村公益电影固定放映点建设**：乡镇（村）建设固定数字电影放映点建设。

七　金融扶贫

全力推进绿色金融、普惠金融、移动金融发展，深化金融改革，发挥金融在扶贫惠农工作的杠杆作用，保障扶贫重点领域、薄弱环节的金融支持力度。大力推进金融服务便利化，充分发挥互联网和移动通信的优势，按照金融机构网点、惠农金融服务点、非现金支付工具、电子支付工具相结合的总体架构，建立覆盖城乡的现代化支付体系，形成完善的金融服务便利化网络。开展"精准扶贫信贷"和"生态信贷"等，不断拓宽金融服务领域、创新金融产品。实现"十三五"期间向精准扶贫对象投放6000万元信贷资金，全县建档立卡贫困户与全县人民同步建立小康社会的工作目标。

金融扶贫重点建设项目

> **贷款及其他融资**：计划"十三五"期间对河南县贫困户1440户、5400人进行扶贫贷款支持，并对州内带动扶贫的能人大户、优势企业、合作社进行扶贫信贷支持。

八　科技扶贫

大力开发技术推广和技术培训，全面提高牧民群众的科技文化素质，加快科技推广速度。加强有机畜牧业、牛羊品种改良，优良牧草品种的引进推广、畜疫防治技术以及新型防寒材料技术、饲草料调制加工技术的应用研究和开发推广。加强科学技术的普及工作，开展科技培训，推广牧区实用技术。继续加大对有机畜牧业科技示范园的扶持力度，培育畜牧业合作经济组织提质增效。

科技扶贫重点建设项目

河南县牦牛、藏羊本品种选育及有效生产配套技术开发：为提高牦牛、藏羊的品质和生产性能，加大对其本品种的选育以及生产配套技术的研究开发。

河南县乡镇科普中心：创建6个乡（镇）级科技活动中心；建设科普画廊、6个村级图书室，使科普进村率达到100%，牧民科普教育时间增加4小时。

信息化技术在农牧业科研和技术推广中的应用：解决牧区环境资源管理监测、畜牧业灾害的预测预报、畜牧业资源合理开发利用、畜牧业环境保护与再生资源利用等重大畜牧业科技问题，优化配置畜牧业资源与生产要素，促进牧区经济结构的优化调整。

九 电子商务和市场体系扶贫

加大"互联网+"扶贫力度，依托贫困地区特色产业推进电商扶贫，拓展畜牧业产品网上销售渠道，加快贫困地区电子商务服务体系、物流配送体系和公益性交易市场建设，支持商务、邮政、供销社等系统在贫困地区建立服务网点。大力推进"互联网+有机畜牧业""互联网+赛马产业""互联网+草原文化旅游"等多种形式的创新。全面提升民族特色加工业、现代农牧业、蒙藏医药等产业网络化、数字化、智能化水平。加强牧区电商人才培训，对贫困家庭开设网店给予网络资费补助、小额信贷等支持，扩大信息进村入户的覆盖面。大力发展体验经济、社会经济等以互联网为载体、线上线下互动的新兴消费服务。推广产业组织、商业模式、供应链、物流创新，支持基于互联网的各类创新。

电子商务和市场体系扶贫重点建设项目

"互联网+"应用示范工程：利用互联网和信息技术改造传统农牧业、培育农牧业龙头企业，建设现代农业生产体系，产业监控体系，产品追溯体系，建立品牌农产品营销网络体系；启动现代物流中心建设，建立多功能物流配送服务体系，发展电子商务和网店。商务应用水平不断提升；通过在格尔木市、德令哈市、乌兰县等城镇新建或改造农贸市场2个，在格尔木市或德令哈市市区新建或改造商品交易市场1个。

十 农牧民危旧房改造扶贫

完善贫困村住房建设规划，将住房困难的贫困户纳入住房建设规划中，解决他们的住房问题，确保住有所居、住得安全。基本完成全县牧区危房改造，实施危房改造1266户，住房抗震减灾能力显著增强。

第三节 社会帮扶脱贫工程

创新援助形式，丰富援助内容，优化援助结构，提升援助效益，推动对口援青向全方位、多层次、宽领域纵深发展。深入实施东西扶贫协作规划，协调做好定点帮扶、企业帮扶、军队帮扶以及社会组织等社会帮扶工作。

一 东西扶贫协作

建立健全东西部扶贫协作精准对接机制，确保帮扶资源主要用于贫困村、贫困户。注重发挥市场机制作用。结合供给侧结构性改革和贫困地区特色优势资源，鼓励和引导支援省市企业及援青企业对接合作项目。加快形成东西协作发展新常态的体制机制和发展方式，积极探索新时期东西扶贫协作的有效途径，努力构建社会帮扶、企业合作、人才交流、产业联动、经贸互动、技术拉动、就业带动的新机制，促进东西扶贫协作工作再上新台阶。

二 定点帮扶

深化定点扶贫工作，加强组织领导，发挥自身优势，创新帮扶形式，科学制订发展规划，帮助调整畜牧业结构，加强劳动力技能培训，扩大转移就业，多渠道引进项目资金，加快基础设施建设，着力解决民生等社会事业。定期组织开展"送温暖、献爱心"活动。各县要按照"摸清底数、衔接规划，细化措施、求实求效，拓展思路、创新方式"的工作思路，主动加强汇报衔接，健全完善州直机关和县直机关、企事业单位定点扶贫沟通机制、定期会商机制，河南县扶贫开发局负责定点扶贫的综合协调，制定定点帮扶工作考核评价办法。各帮扶单位要落实责任人，加强工作协调，督促指导联系单位做好定点扶贫工作，协助开展考核评价工作，促进定点扶贫取得实效。

强化干部驻村联户工作。充分发挥驻村工作队作用，配合地方政府采取"一帮一、一帮多、多帮一"等形式，精准对接，认真履职。派驻单位要加强组织领导，落实干部驻村工作领导责任，主要领导是第一责任人，分管领导具体负责驻村干部帮扶工作。

三 企业帮扶

充分发挥工商联的桥梁纽带作用，鼓励引导民营企业参与扶贫开发。大力倡导企业社会责任，鼓励企业采取多种方式，推进集体经济发展和农民增收。加大实施"百企帮百村、百企联百户"精准扶贫行动,形成大企帮村、小企帮户,一村多企、一企多户的帮扶格局。进一步动员国有和非公有制企业深入开展形式多样、内容丰富的"村企共建"活动。充分发挥民营企业资金、技术、市场、管理等优势,鼓励民营资本与贫困地区产业扶贫、专项扶贫资金相结合,通过资源开发、产业培育、市场开拓、村企共建等形式到贫困地区投资兴业、培训技能、吸纳就业、捐资助贫,发挥辐射和带动作用。同时,设立企业扶贫光荣榜,定期组织评选对脱贫攻坚做出突出贡献的优秀民营企业和先进个人,并向社会公告。

四 军队帮扶

根据中央军委政治工作部、国务院扶贫办《关于打赢脱贫攻坚战的意见》要求,驻青部队按照省委、省政府脱贫攻坚总体部署,结合自身实际,落实精准扶贫、精准脱贫的基本方略,充分发挥驻地军队优势和作用,以更大的决心、更实的举措,按照"就地就近、有所作为、量力而行"的原则,重点推进扶持发展特色优势产业、实用技能培训、协助教育扶贫、搞好医疗扶持、帮建基层政权组织、帮助改善生产生活、参与生态保护、支持乡风文明建设、搞好宣传教育等工作任务,部队生活物资采购注重向贫困地区倾斜,助推打赢脱贫攻坚战提前实现整体脱贫。

五 社会组织帮扶

广泛动员社会各界参与扶贫。积极倡导"我为人人、人人为我"的全民公益理念,发挥工会、共青团、妇联、残联、工商联、社会团体、基金会、协会等组织的优势,广泛动员社会各阶层和各领域人士,通过爱心捐赠、结对帮扶和公益消费等多种形式参与扶贫,开展丰富多样的体验走访实践活动,畅通社会各阶层交流交融、互帮互助的渠道。大力支持社会工作专业人才和扶贫志愿者发挥作用。鼓励发达地区社会工作专业人才和社会工作服务机构到贫困地区组建专业服务团队、兴办社会工作服务机构,为贫困地区培养和选派社会工作专业人才。鼓励支持青年学生、专业技术人员、退休人员和社会各界人士参与扶贫志愿者行动。各级政府和有关部门要对社会组织开展扶贫活动制定出台相应政策、提供信息服务、业务指导,鼓励其参与社会扶贫资源动员、配置和使用等环节,构建充满活力的社会组织参与扶贫机制。办好"10·17"扶贫日系列活动。在每年的10月17日全国扶贫日期间举办专题活动,反映精准扶贫精准脱贫新部署新要求,动员全社会力量参与脱贫攻坚。

第五章 投资估算和资金来源

第一节 投资估算

《规划》估算总投资15.19亿元,其中,"八个一批"脱贫攻坚行动计划投入资金9.44亿元,占总投资的52.76%;"十个专项"行业扶贫方案投资5.76亿元,占总投资47.24%(见下表)。

总投资估算　　　　　　　　　　单位:万元

序号	项目名称	合计	投资比重(%)
	总计	151916.73	100.00
1	"八个一批"专项行动计划	94316.73	52.76
1.1	发展产业脱贫一批	39658.53	22.19
1.2	转移就业脱贫一批	15000.00	8.39
1.3	易地搬迁脱贫一批	15000.00	8.39
1.4	生态保护脱贫一批	3216.00	1.80
1.5	资产收益脱贫一批	547.20	0.31
1.6	教育支持脱贫一批	16000.00	8.95
1.7	医疗救助脱贫一批	1220.00	0.68
1.8	低保兜底脱贫一批	10000.00	5.59
2	行业专项扶贫工程	57600.00	47.24
2.1	交通扶贫专项工程	20000.00	11.19
2.2	水利扶贫专项工程	7700.00	4.31
2.3	电力扶贫专项工程	5760.00	3.22
2.4	医疗卫生扶贫专项工程	6815.00	3.81
2.5	通信扶贫专项工程	7655.00	4.28
2.6	文化惠民扶贫专项工程	3500.00	1.96
2.7	金融扶贫专项工程	2160.00	1.21
2.8	科技扶贫专项工程	695.00	19.86
2.9	电子商务和市场体系	150.00	0.08
2.10	危旧房改造扶贫专项工程	3165.00	16.78

第二节 资金来源

《规划》估算总投资15.19亿元。其中,财政扶贫资金7.7亿元;行业配套资金1.48亿元;中央预算内资金5.19亿元;其他资金(含自筹和援青资金)0.815亿元(见下表)。

总资金来源

单位：万元

序号	项目名称	投资估算与资金来源			
		合计	财政扶贫资金	中央预算内投资	行业配套资金	其他资金（含群众自筹和援青资金）
	总计	151916.73	77024.22	51978.30	14763.21	8152.00
1	"八个一批"专项行动计划	39658.53	46164.22	25045.20	7855.31	8152.00
1.1	发展产业脱贫一批	39658.53	27448.22		4058.31	8152.00
1.2	转移就业脱贫一批	1500.00	1400		100.00	
1.3	易地搬迁脱贫一批	15000	14700.00		300.00	
1.4	生态保护脱贫一批	3216.00	2616		600	
1.5	资产收益脱贫一批	547.20		547.20		
1.6	教育支持脱贫一批	16000.00		14400.00	1600.00	
1.7	医疗救助脱贫一批	1220		1098	122	
1.8	低保兜底脱贫一批	10000		9000	1000	
2	行业专项扶贫工程	15674.31		52857.00	7819.00	
2.1	交通扶贫专项工程	20000.00		52857.00	2000.00	
2.2	水利扶贫专项工程	7700.00		6930.00	770.00	
2.3	电力扶贫专项工程	5760.00	5760.00			
2.4	医疗卫生扶贫专项工程	6815.00		6135.00	680.00	
2.5	通信扶贫专项工程	7655.00		6897.00	758.00	
2.6	文化惠民扶贫专项工程	3500.00		3150.00	350.00	
2.7	金融扶贫专项工程	2160.00		1945.00	216.00	
2.8	科技扶贫专项工程	695.0000		650.0000	45.0000	
2.9	电子商务和市场体系	150.00		150.00	0.00	
2.10	危旧房改造扶贫专项工程	3165.00		1076.10	2088.90	
	投资比重（%）	100.00	43.09	43.58	8.77	4.56

第六章 保障措施

各级党委、政府要抓住难得的历史机遇，切实将脱贫攻坚工作摆到更加重要、更为突出的位置，加强对《规划》实施的组织领导，以改革创新为动力，着力消除体制机制障碍，建立健全《规划》实施机制，集中力量解决突出问题，科学有力有序有效地推进《规划》的实施，确保《规划》目标的实现。

第一节　强化组织实施

一　从严落实组织领导责任

把脱贫攻坚作为河南县"十三五"的头等大事和第一民生工程，形成县乡村三级书记一起抓的工作格局。县委和县政府对全县脱贫工作负总责，抓好目标确定、工作规划、组织动员、资金投放、检查指导等工作。县级党委和政府承担主体责任，书记和县长是第一责任人，做好进度安排、项目落地、资金使用、人力调配、推进实施等工作。乡镇党委和政府承担具体责任，要认真落实各项扶贫措施，确保扶贫政策、项目、资金落地见效。要逐级签订脱贫攻坚责任书，建立脱贫攻坚年度报告制度，传导压力、压实责任。各级行业部门要按照部门职责落实脱贫攻坚责任，每年向本级扶贫开发领导小组报告行业扶贫任务落实和脱贫攻坚工作进展情况。

二　着力夯实基层基础

深入推进"三基"建设，增强基层党组织带领群众脱贫攻坚的能力和水平。抓好以村党组织为核心的村级组织配套建设，集中整顿软弱涣散村党组织，提高贫困村党组织的创造力、凝聚力、战斗力。选好配强村级领导班子，突出抓好村党组织带头人队伍建设。继续做好选聘高校毕业生到贫困村服务工作，发挥好大学生村干部在脱贫攻坚中的作用。

三　强化驻村工作队的作用

加大对第一书记和扶贫（驻村）工作队跟踪管理，确保第一书记和工作队下得去、待得住、干得好，全方位、多功能发挥作用。加大驻村干部考核检查力度，不稳定脱贫不撤队伍、不换干部，不合格的召回，并由组织部门记录在案。对在基层一线干出成绩、群众欢迎的驻村干部，要重点培养使用。

四　充分调动贫困群众积极性

充分发挥贫困群众主动性和创造性，增强贫困群众"造血功能"和自我发展能力。要引导贫困群众通过自力更生努力改变贫困面貌，彻底转变等靠要思想观念，激发贫困群众主动脱贫的积极性。坚持从实际出发，正确引导群众预期，充分尊重群众意愿，认真落实"一事一议""村民自建""以工代赈""以奖代补"等政策，让贫困群众参与脱贫计划和实施方案的制定，参与扶贫项目建设、管理和监督全过程，充分尊重他们的民主权利，发挥他们的主体作用。

五 严肃脱贫攻坚督察问责

建立脱贫攻坚工作责任清单，实行以目标倒逼任务、时间倒逼进度、责任倒逼落实工作机制。县委、县政府成立督察机构，将脱贫攻坚工作列入年度重点督察任务，对重点工作实行挂牌督办、办结销号和问责，对督察发现的问题及时向有关镇、单位反馈，提出整改措施和时限要求，并跟踪问效。

六 依法推进脱贫攻坚

认真贯彻落实《青海省农村牧区扶贫开发条例》，依法落实脱贫攻坚措施，管理扶贫项目和资金，开展监督检查。在规划编制、项目安排、资金使用、监督管理等方面，提高规范化、制度化、法治化水平。健全贫困地区公共法律服务制度，切实保障贫困人口合法权益。强化执法监督和责任追究，推动整体脱贫攻坚依法有序开展。

七 营造脱贫攻坚良好舆论氛围

把握正确舆论导向，全面宣传党和政府扶贫开发的决策部署、政策举措，宣传我县扶贫开发取得的巨大成就，宣传各地区、各部门精准扶贫、精准脱贫的好做法、好经验。各级新闻媒体要深入脱贫攻坚主战场，充分报道脱贫攻坚、脱贫致富的生动实践和先进典型，发挥好典型示范作用，形成精准扶贫、精准脱贫的良好氛围。

第二节 创新体制机制

一 健全财政扶贫投入保障机制

积极调整县级财政支出结构，随财力增长不断加大扶贫资金的投入力度。健全完善资金整合机制和多元投入机制，扩大资金整合范围和规模，集中使用，增加对贫困地区基础设施建设和提高基本公共服务水平的投入。各行业部门管理的涉农资金，各项惠民政策、项目和工程，优先保证贫困村、贫困户需求。以县为单位建立专项扶贫资金、相关涉农资金和社会帮扶资金捆绑集中使用机制。支持贫困村发展资金互助合作组织，每个贫困村注入50万元资本金滚动使用。建立扶贫资金年审制，对每年使用的扶贫项目资金，省财政安排专项资金，委托第三方进行年审，保证扶贫资金使用效果。建立扶贫资金违规使用责任追究制度。健全完善省对下扶贫资金绩效考评办法和指标体系，强化县级政府对扶贫资金的监管，确保扶贫开发项目资金"接得住、管得好、有效益"。健全完善扶贫项目资金公示公告制度，强化社会监督，构建扶贫资金综合监管格局。

二 健全金融扶贫机制

鼓励涉农融资担保机构向扶贫对象和扶贫项目提供融资支持和信贷担保。全面落实金融支持精准扶贫青海行动方案及主办银行制度，着力扩大扶贫领域信贷投放，以支持产业园区、产业化龙头企业、专业合作组织、能人大户发展扶贫产业。重点为贫困户提供基准利率、免抵押、免担保的小额信贷支持，省级财政按基准利率全额贴息。争取和使用好扶贫再贷款。支持贫困地区产业化龙头企业在股权交易中心挂牌融资。县政府可参照省信贷风险补偿政策，制定本地信贷风险补偿政策。按照贫困户信用评级办法，在全县贫困地区全面推进贫困户信用评级工作。积极开展牧区产权抵押融资试点。开展牧民专业合作社信用合作试点。积极发展扶贫小额贷款保证保险业务，扩大贫困地区农牧业保险覆盖面，提高对贫困户保险保费的补贴标准。加大创业担保贷款、助学贷款、妇女小额贷款、康复扶贫贷款实施力度。加强贫困地区金融服务基础设施建设，扩大乡村服务网点，不断拓展服务品种和领域，提升金融服务水平。

三 健全精准扶贫脱贫机制

完善精准识别、建档立卡基础性工作，做到一户一本台账、一个脱贫计划、一套帮扶措施，倒排工期、不落一人。贫困户识别由户籍所在地政府负责。建立完善贫困人口动态管理机制，推行扶贫对象网络实名公示制度。建立贫困户脱贫认定机制，实行脱贫逐户销号，做到脱贫到人。对已经脱贫的牧户，在一定时期内让其继续享受扶贫相关政策。加强对扶贫开发工作绩效的社会监督，开展贫困地区群众扶贫满意度调查，建立对扶贫政策落实情况和扶贫成效的第三方评估机制，严禁弄虚作假搞"数字脱贫"。加快推进扶贫开发信息化建设，加强农村牧区贫困统计监测体系建设，建立扶贫信息系统数据与财政、民政、人社、卫计、残联、统计、黄南州调查队、住建、税务、金融等部门数据的有效对接和共享机制，运用大扶贫数据库信息，精准掌握扶贫项目实施、扶贫资金管理、脱贫实效考核等情况。

四 建立贫困退出机制

建立脱贫退出机制，出台贫困户退出管理办法，明确退出标准，制定脱贫攻坚验收办法，明确贫困户脱贫、贫困村和贫困县退出标准及时序，建立由户到村到乡到县的脱贫成效评价制度。对提前摘帽的贫困县，在脱贫攻坚期内原有支持政策不变、扶持力度不减，并实行奖励。委托科研机构、社会组织、新闻媒体等对脱贫攻坚政策落实、精准脱贫情况和相关工作进行第三方评估,增强公信力和可信度,对脱贫退出做到"三认账"(贫困户认账、当地干部群众认账、第三方评估认账)。

五 健全考核激励机制

建立考评结果与脱贫绩效挂钩机制,把脱贫攻坚实绩作为选拔任用干部的重要依据。对脱贫攻坚成效显著、提前退出的贫困县党政主要负责人,符合干部选拔任用条例的优先提拔使用;对脱贫攻坚工作重视不够、成效不明显,未按期完成脱贫任务的贫困县党政主要领导实行诫勉问责,采取组织调整措施给予降职免职。建立对各行业部门扶贫责任落实情况的考核评价制度,对行业部门承担的扶贫责任建立目标清单,对其中具有牵动性、可考核性的目标任务逐步纳入领导班子目标责任(绩效)考核指标体系。建立脱贫攻坚专项审计制度,确保精准脱贫效果。

六 健全部门合力攻坚机制

河南县各行业部门要制订行业扶贫规划和年度实施方案,全面落实脱贫攻坚中承担的目标、任务和责任,对承担的脱贫攻坚任务进行倒排工期,加强年度工作计划的组织落实,做到扶贫项目优先安排,用地计划单列下达,扶贫资金优先保障,扶贫工作优先对接,扶贫措施优先落实。州级行业部门要加大对县级行业部门指导,将责任、权利、资金、任务落实到县。充分发挥人大、政协的监督职能,调动社会各界关注扶贫开发。

七 健全社会力量参与机制

健全完善党政军机关定点帮扶贫困村、城乡党员干部结对帮扶贫困户工作机制。根据省上相关要求,建立州级领导联系重点乡镇,县级领导联系重点贫困村工作机制,发挥示范带动作用。发挥各民主党派、工商联、群众团体、科研院所、解放军和武警部队等在整体脱贫攻坚中的重要作用,精准开展帮扶活动。动员和引导爱国宗教人士参与脱贫攻坚。鼓励各类企业通过投资兴业、开发资源、吸纳就业等形式,到贫困地区建立生产基地、物流基地,打通贫困牧户生产经营与市场的渠道,提升扶贫产业辐射带动效益。通过购买服务等方式,鼓励各类社会组织开展到村到户精准扶贫。完善扶贫龙头企业认定制度,实行动态管理,建立与贫困户利益紧密联结机制,增强企业辐射带动贫困户增收的能力。吸纳贫困人口就业的企业,按规定享受税收优惠、职业培训补贴等就业支持政策。加强与社会公益基金组织的协调合作,吸纳社会公益基金参与脱贫攻坚,加大与国际基金组织的合作力度，积极争取国际援建项目。

第三节　巩固脱贫成果

一　巩固脱贫成果"两回头"

进一步巩固脱贫成果。一是贫困户脱贫成果"回头看"。由各乡镇政府，第一书记及扶贫（驻村）工作队认真开展脱贫成果的跟踪调查，严防"等、靠、要"的思想，跟进因病、因残脱贫贫困户，将慢性病纳入大病统筹基金管理，探索和推进"健康扶贫"新模式，建立保险帮困长效机制，确保因病因残贫困户不再返贫，切实防范化解生活风险和健康风险，巩固脱贫成果；二是扶贫项目成果"回头看"。对发展周期长、收益见效慢的扶贫产业项目，要长期督察、跟踪问效，根据每年不同的发展情况及时改变经营策略，保障贫困户稳定增收。

二　强化脱贫根本"两不减"

强化脱贫根本"两不减"。一是社会资源投入不减。严格按照联村帮户工作的要求，进一步完善"双帮""互帮"等工作机制，各乡镇、各单位结合各自工作实际，继续开展本单位、本系统扶贫济困长效化活动，从资金支持、就业帮扶、技能培训、产业扶持、基础设施建设等多方面加大投入力度，助力贫困村、贫困户持续发展，做到在今后一段时期内帮扶力度不变。二是扶贫资金投入不减。按照《中共青海省委、省政府关于打赢脱贫攻坚战提前实现整体脱贫的实施意见》（青发〔2015〕19号）要求，各级财政扶贫专项资金每年增长20%以上并随财力增长，不断加大扶贫资金的投入力度，完善资金整合机制和多元投入机制，既要积极争取专项资金，也要有效整合行业扶贫资金，建立健全资金统筹整合使用与脱贫任务挂钩机制，确保整合精准、使用精准。积极争取旅游扶贫、扶贫产业园等省级项目资金，同时加大金融扶贫力度，加强与金融机构的沟通协调，开创企业与贫困人口"共赢"格局，创新精准扶贫新形势下的金融支撑模式，有效解决产业扶贫资金不足问题，支持发展县、乡扶贫产业，以发展主导型特色产业为突破口，以稳定增收为目的，把扶贫开发与农业产业化经营融为一体，为贫困户稳定脱贫清零，提供了可持续增收途径。

三　提升脱贫成效"三保障"

不断完善提升"三保障"政策。一是医疗救助政策保障。按照"一免七减十覆盖"的政策，相应减少、减免医疗费用，着力从机制上解决因病致贫问题。同时，健全完善贫困残疾人口生活和护理保障制度，减少因灾、因病、因残返贫现象发生。二是低保兜底政策保障。针对无劳动能力的"低保"类贫困群众,按照"两线合一"的要求,予以"兜底"扶贫。做好"兜底"保基本,做到应兜尽兜、兜住兜牢,保障贫困群众的基本生活。三是养老服务政策保障。充分发挥政府主导作用,利用现有养老机构,合理部署、统筹安排,为带动全面启动精准扶贫特困老年人集中托养工作。

四 筑牢脱贫基础"四加大"

筑牢脱贫基础。一是加大组织建设保障能力。选优配强村级党组织,充分发挥第一书记及扶贫(驻村)工作队"领头雁"的作用。二是加大摸排工作力度;按照"精准扶贫,不落一人"的总体要求,进一步摸排核实我州脱贫人口和返贫人口,做到脱贫的及时销号,返贫的及时挂号。三是加大宣传力度。着力构建协调互动、上下联动、正面引导、突出重点的宣传工作新局面,做到"电视有画面、广播有声音、报刊有文章、网络有信息",努力做到扶贫政策家喻户晓,真正做到脱贫成果"贫困户认账""当地群众认账""第三方评估认账"。四是加大智力扶贫力度。进一步大力开展就业培训和科技培训,结合贫困村实际,因地制宜、因人制宜制订培训计划,加大农业科技培训和贫困人口智力扶贫投入力度。继续实施"雨露计划"短期技能培训工作,以技能培训和转移就业为重点,为贫困村劳动力提供学习机会、就业保障,创新"输血"变"造血"立体式扶贫新思路。做好雨露百事通APP推广应用,提高贫困村劳动力对科技致富的必要性、重要性认识。

通过实施各项精准扶贫、精准脱贫举措,以"两回头、两不减、三保障、四加大"为抓手,进一步巩固脱贫成果,保证到年底实现贫困人口全部清零,贫困村全部退出,贫困县摘帽,贫困人口人均可支配收入达到4000元的目标。为全省打赢脱贫攻坚战树立典范。

第四节 强化规划实施

一 分类实施

按照州委十一届十五次全会提出脱贫攻坚的总体要求,坚持因地施策、因贫施策、分类指导、统筹兼顾。县级党委、政府要根据《规划》的发展定位,创新规划实施机制,建立责任明确、分类实施的规划实施机制,积极探索具有河南县特点的科学扶贫模式,奋力创出一条特殊贫困地区实践科学扶贫的成功之路。对口支援和非定向社会捐赠资金、捐建项目，要统一纳入扶贫开发年度计划和实施规划。各级扶贫部门高度重视扶贫项目资产管理工作，项目建成后，为发挥扶贫项目的长期效益，确保项目资产永续利用，对固定资产实施分类管理。

二 项目管理

为进一步加强扶贫项目管理，确保项目最大化地发挥作用和效益。"十三五"期间，县扶贫部门要全面落实已出台的三个管理办法、抓好七项关键工作，全力谱写扶贫项目工作新篇章。一是要严格执行《青海省农村牧区扶贫开发条例》《青海省扶贫开发项目审批权限下发管理办法（试行）》《青海省扶贫项目和资金管理办法》《青海省产业扶贫专项资金管理办法》，青海省财政厅、青海省扶贫开发局《关于加强财政扶贫专项资金使用和项目管理的指导意见》等，加大扶贫开发项目管理的力度，提高扶贫项目的效益。二是项目跟着规划走、资金跟着项目走、管理跟着创新走，真正形成"大扶贫"的新格局。三是严格实行各类扶贫项目科学选择、论证、实施、验收、考评、后续服务全过程管理。四是继续实行项目公示制度。项目审批后，从省到贫困村都必须以不同的形式，对项目建设地点、项目内容、项目资金、项目扶持贫困村和贫困户等进行公示，要规范公示的内容和形式，接受全社会广泛监督。五是层层签订项目实施目标责任书，确保项目顺利实施。六是要严格执行扶贫资金专户、专账、专人管理和报账制、审计制、责任追究制。七是实行项目中期监督检查制、项目竣工分级验收制、项目后续管理责任制和项目效益评估制，保证脱贫攻坚项目建成一个，成功一个，巩固提高一个，确保扶贫项目成为民心工程、富民工程和廉政工程。

三 资金管理

一要严格资金管理、加快项目实施。根据《青海省人民政府办公厅关于支持贫困县开展统筹整合使用财政涉农资金试点工作的实施意见》（青政办〔2016〕123号），按照"项目跟着规划走、资金跟着项目走、监管跟着资金走"的要求，利用好国家扶贫政策机遇，相应制定和完善实施细则，不断加强扶贫资金管理。二要强化各类扶贫资金的捆绑使用。继续坚持"渠道不乱、用途不变、统筹安排、各负其责、各记其功"的原则，从思想认识上捆，依据规划捆，通过项目捆，以确保各类扶贫资金真正用于扶贫对象。三要确保财政扶贫专项资金精准用于扶贫对象，落实资金使用管理权责匹配。由县级政府根据项目资金使用用途和精准施策要求,自主确定实施项目,实现项目、资金、效益"三到户"。四要创新扶贫资金到户扶持机制,采取多种方式,使全省扶贫对象得到有效扶持。五要使用扶贫资金的基础设施项目,要确保贫困牧户优先受益,产业扶贫项目要建立健全带动贫困户脱贫增收的利益联结机制。六要进一步完善扶贫资金和项目管理办法,全面推行扶贫资金公示制,认真开展绩效考评工作。七要强化审计监督,拓宽监管渠道,坚决查处挤占挪用、截留和贪污扶贫资金的行为。

四 监督检查

一是强化监督检查。加强对扶贫项目、资金、物资等使用各环节的监督检查,确保项目资金和物资合理使用。及时公布扶贫项目的进展情况,自觉接受社会广泛监督。同时加强对扶贫资金、物资使用以及重点项目全过程的跟踪审计,定期公布审计结果。二是建立档案制度。各级扶贫部门对各类扶贫项目、资金和物资的筹集、分配、拨付、使用情况要登记造册,建立健全档案,在建设工程竣工验收后,要及时向项目主管部门或者其他有关部门移交档案。三是严格项目管理。各类扶贫项目必须严格履行审批程序,由县级人民政府做好相关审批工作。扶贫项目实行项目法人责任制,认真执行招投标制、合同管理制、工程监理制和竣工验收制。四是加强对扶贫项目质量和安全监管,组织开展对重点建设项目的监察。严格执行工程竣工验收规定,未经竣工验收不得投入使用。五是完善扶贫资金的监督机制。必须把对财政扶贫资金的监督检查纳入财政监督体系中,由财政监督检查部门和审计部门直接实施监督。同时,主动接受社会监督,积极引入社会中介机构参与监督检查。

五 监测评价

监测与评价是规划实施的重要内容,是规划实施过程中管理部门决策的主要依据,是规划按照"十三五"确定目标顺利实施的重要保证。各级扶贫部门要结合《中国扶贫开发统计监测方案》,完善扶贫开发监测评价体系,建立精准扶贫大数据管理平台,将数据支撑、项目管理、资金管理、任务进度、绩效评估等纳入大数据功能平台,实现差异化精准帮扶和动态化科学管理,社会扶贫资源精准化配置。对扶贫资金使用、各项具体扶贫政策、措施落实情况和具体成效以及对规划实施过程连续、系统地记录和综合分析,及时地为规划实施管理机构提供有关投入、产出、质量、进度等方面的信息;通过对监测数据的分析研究,发现可能出现的偏差、问题、困难和风险，使规划实施管理机构及时掌握规划执行动态，评价脱贫攻坚工作的整体效益，并采取相应措施，为脱贫攻坚规划总体目标的实现，提供政策、措施建议。科学制订切实可行的监测方案，全面、系统、准确、动态地反映贫困人口的收入水平和生活质量的变化，为科学决策提供依据。

六 绩效考核

扶贫部门要高度重视脱贫攻坚绩效考核工作，充分认识扶贫绩效考核评价工作的重要性。脱贫攻坚绩效考核工作要严格按照《青海省贫困县脱贫攻坚绩效考核办法（试行）》执行。按照省上综合评价的方法和程序，县级脱贫攻坚绩效考核与全州领导班子和领导干部年度目标责任（绩效）考核同步进行，专项考核。贫困县每年末对照年度目标任务、考核内容和评价标准，对年度脱贫攻坚目标任务完成情况进行自评，形成书面自评报告，经县党委、政府审核后，报州考核办。由州考核办从各有关部门、单位抽调人员组成综合考核组，考核组依据考核指标和评价标准，采取听取汇报、抽查核实、实地查看和查阅资料等方式，对年度脱贫攻坚绩效进行综合考核评估，形成考核报告报省考核办、省扶贫开发工作领导小组办公室。对被纪检、审计部门发现并查处扶贫开发领域重大违规违纪行为的，或被媒体曝光、造成恶劣影响的，视情节轻重扣减考核得分。通过绩效考核，督促各级扶贫部门不断提高服务质量和服务水平，把考核结果作为各级扶贫部门领导班子调整和领导干部选拔任用、奖励惩戒的重要依据。

河南县贫困人口统计

	村	总人口数	贫困户数	贫困人数
优干宁镇	阿木乎村	1114	42	138
	参美村	1009	33	118
	德日龙村	963	43	165
	多特村	1077	51	207
	荷日恒村	1164	61	221
	吉仁村	639	34	97
	南旗村	1235	36	135
	秀甲村	663	26	86
	智后茂村	946	45	177
	泽雄村	453	29	98
	合计	9263	400	1442

续表

	村	总人口数	贫困户数	贫困人数
宁木特镇	德日旦村	1119	58	226
	尕群村	309	5	16
	浪琴村	266	8	22
	宁木特村	862	36	156
	赛尔永村	1372	95	374
	苏青村	1017	76	282
	卫拉村	1197	87	345
	梧桐村	1265	46	171
	夏拉村	1032	65	255
	周龙村	631	31	136
	作毛村	1016	31	116
	合计	10086	538	2099

	村	总人口数	贫困户数	贫困人数
托叶玛乡	宁赛村	674	36	150
	曲海村	682	44	150
	曲龙村	773	30	114
	托叶玛村	589	35	143
	文群	860	31	122
	夏吾特村	1084	27	114
	合计	4662	203	793

	村	总人口数	贫困户数	贫困人数
多松乡	多松村	889	30	104
	拉让村	812	17	68
	夏日达哇村	956	35	141
	合计	2657	82	313

	村	总人口数	贫困户数	贫困人数
柯生乡	次汉苏村	1170	34	129
	尖克村	444	15	51
	柯生村	804	19	78
	毛曲村	709	34	120
	合计	3127	102	378

续表

	村	总人口数	贫困户数	贫困人数
赛尔龙乡	尕克村	790	22	68
	尕庆村	383	26	89
	尖克村	853	19	57
	兰龙村	466	19	63
	赛尔龙村	886	29	98
	合计	3378	115	375
合计	39	33173	1440	5400

主要发展指标

发展目标		类别	指标	单位	2016年	2017年	2018年	属性
具体发展目标	减贫目标	贫困人口	现行扶贫标准下贫困人口	万人	0.54			约束性
		贫困村	建档立卡贫困村	个	16			约束性
		贫困县	国家、省级扶贫开发工作重点县和片区县数量	个	1			约束性
		收入	贫困农牧民人均可支配收入	元	4000			预期性
		贫困发生率	现行扶贫标准下贫困人口贫困发生率	%	≤3			约束性
	基础设施	交通	贫困村道路通畅率	%	100	100	100	约束性
			贫困村通班车比率	%	65	75	100	预期性
		饮水	贫困村自来水普及率	%	85	85	85	预期性
			贫困村集中供水率	%	95	95	95	预期性
	基本公共服务	教育	贫困地区义务教育巩固率	%	93.5	94.3	94.5	约束性
			15岁以上平均受教育年限	年	10.01	10.06	10.12	预期性
		文化	贫困户通广播电视率	%	98	98.2	98.4	预期性
		信息化	贫困自然村通宽带（含有线和无线）比率	%	85.40	89.50	92	预期性
	社会保障	养老	贫困户参加新型农村社会养老保险比率	%	99	99	99	预期性
		医疗	贫困户新农村合作医疗参与率	%	100	100	100	预期性
	安居	住房	建档立卡贫困户危房改造率	%	30	30	40	约束性
		易地搬迁	易地搬迁贫困人口数量	万人				约束性
			有劳动能力贫困户参与增收项目比率	%	100			预期性
			每个贫困家庭掌握技能	门	1			预期性

第二节 党建引领是打赢扶贫攻坚战役的保证

坚持党的领导、政府主导是实现贫困县率先脱贫"摘帽"的根本保证。河南县立足县情，发挥政治优势和群众基础，对精准脱贫工作层层进行动员部署，层层签订"军令状"，层层压实责任。要求各级领导干部结合"两学一做"活动，把严的要求、实的作风贯穿于脱贫攻坚始终。紧紧围绕攻坚任务，统筹整合对口帮扶、机关事业单位以及企业等帮扶力量，发挥各自优势，形成帮扶工作合力，做到脱贫项目优先安排，脱贫资金优先保障，脱贫工作优先对接，脱贫措施优先落实。

一 组织领导保障

成立县扶贫开发工作领导小组和精准扶贫工作督察组；建立以县委书记为总指挥、县长为第一总指挥的精准脱贫攻坚指挥部，指挥部下设基础设施建设组、产业发展组、易地扶贫搬迁组等14个工作组，各组组长均由县级干部担任，对各组工作职责、成员组成等均做了细化安排；在抓大抓总的同时，更加注重细节和实效，各乡镇均成立了精准扶贫工作领导小组、建立了精准脱贫工作站、各村成立扶贫工作室，增强乡镇扶贫开发工作活力，切实保障各项扶贫政策落到实处、扶到根上，共同努力服务精准脱贫，集中力量打赢贫困县脱贫"摘帽"攻坚战。

二 工作队伍保障

县委着眼于固本强基，将狠抓队伍建设是打赢扶贫攻坚战役的保证来抓，充分发挥基层党组织在脱贫攻坚中的战斗堡垒作用，制定印发了《关于从严落实党组织结对共建帮村党员干部结对认亲帮户"双帮"工作机制的方案》，全县88个各级党组织结对共建帮村39个，切实发挥39名"第一书记"作用，深化结对帮扶和对口帮扶工作，开展党员干部常态化培训，提升基层党员的基本能力，以党建成果促进脱贫攻坚，以扶贫成效检验党建成果；1049名党员干部突出党员示范带头作用，佩戴党徽亮出身份联系1440户5400名贫困人口，抽调22名干部充实到县扶贫攻坚办，全面协调脱贫攻坚工作，68名待业大学生志愿者深入到村实行驻村帮扶，进一步配齐配强村级扶贫工作力量。

三 党员带头，发展集体经济

河南县脱贫退出后，村容村貌大变样，一批实体产业应时而生。全县16个贫困村评审确定22项重点扶持产业发展项目，23个非贫困村以各村主导产业为主，坚持以市场为导向，优先支持带动能力强的专业合作社发展特色产业。村集体有了自己的产业，牧民群众有了年度分红，家庭生活得到了基本保障。

但在河南县村集体经济发展伊始，大多村干部思想上有压力和阻力，怕搞砸了受埋怨。牧民群众对发展村级集体经济积极性不高，怕搞垮了受连累。牧民党员在这个关键时期站出来，带头出资入股，带头学习现代化畜牧业养殖技术，带头改变粗放型的畜牧发展模式。

扶贫工作队党员干部也组织村民召开村民大会、入户了解思想状况，再给他们宣讲政策，近距离给群众讲解已经享受和应该享受的政策，帮助解决政策执行中遇到的问题，帮助群众树立信心，增强内生动力，带领群众投身到发展集体经济实体产业中。引导牧民群众从"等靠要"到"我要致富"的思想转变，最终得到了牧民群众的理解与支持。

"村集体经济的发展壮大不是一件容易的事情，靠的就是我们村里的党员敢为人先的干劲。"这是优干宁镇荷日恒村党支部书记斗格杰在被别人问起"村集体经济发展有什么好经验"时经常提起的一句话。5年前，摆在荷日恒村面前最大的难题就是"究竟要如何搞实体产业"。通过5年的发展，扶贫驻村工作队根据村情实际积极发展壮大村集体经济、牧民党员带头入股，"梅朵赛青"民族服饰加工厂、小汽车修理厂等集体经济企业从无到有，由小到大，2017年集体收入突破百万元大关，助力贫困户整体脱贫，带动牧民人均年纯收入从2533元到7258元，实现干群关系、发展环境、社会和谐进一步稳定的目标，现在的荷日恒村全体牧民深刻地感受到："发展壮大村集体经济是脱贫致富的好路子。"

四 "党建+服务"，群众办事一步到位

宁木特镇卫拉村才华尖措家的9个温室大棚遭遇冰雹暴雨天气受灾，他立刻电话联系了村里的包村干部尼旦扎西。尼旦扎西来到才华尖措家了解受灾情况后，随即为他申请了1000元的民政救灾补助，帮助才华尖措及时挽回了损失。

才华尖措的故事不是个例，在河南县各乡镇都设有一个便民服务中心，牧民群众都可以像才华尖措一样，随时联系到村里的包村干部，在这里享受到精准的"一站式"服务。

在宁木特镇便民服务中心的大厅里，镇下属的 11 个村都有专门的服务窗口，每个窗口里都有本村的包村干部。赛尔永村牧民曲多的女儿在省城西宁做了手术，回家报销住院费用的他却搞不清程序，情急之下，曲多来到服务窗口找到了包村干部马乃吉。马乃吉在仔细询问了事情缘由后，带着曲多一次性报销了费用，这令曲多感到十分高兴。"原来办事的时候，要跑好几次才能办成，现在好了，一次就办成，再也不麻烦了。"

由于河南县地域广阔，很多牧民来服务中心办事都要花费很长时间，为了让牧民们"再也不麻烦"，包村干部在村里建立了微信群，让牧民们随时能掌握自己的动向。有了微信群以后，牧民可以提前联系包村干部，来办事不会"扑个空"，也能事先备齐材料，不会"反复跑"。如果牧民有需要，也可以让包村干部代办，免除了牧民长途跋涉之苦。

在优干宁镇，镇上的四个社区也都被划成若干"网格"，每个"网格"都配有"网格员"。延巴社区党支部书记王林说："如今我们工作人员的服务意识不断增强，牧民们过去要跑好几次才能办成的事，如今只要和'网格员'一个电话就能办成。过去社区宣讲都是开大会，如今是'网格员'上门进行讲解。"同时，河南县各机关、事业单位党支部也在开展"立足岗位做贡献"活动，为广大牧民群众提供了优质、高效、便捷的服务。牧民都说："以前办事还要找熟人，现在来办事就像回到了自己家一样。"

五 "两个"能力，提升干部素质上台阶

不断提升党员干部理解力、执行力这两个能力的提升，是河南县干部培训工作重中之重。聚焦"五四战略[①]"突出主业主课，把准党建"脉

[①] 2018 年《青海省政府工作报告》中提出的"五四"战略是政府系统贯彻党的十九大精神的重大实践，是落实青海省第十三次党代会要求的重大举措，也是新青海建设的重大任务。"五四战略"以"四个扎扎实实""四个转变""四化同步""四个更加""四种本领"为主抓手。"四个扎扎实实"是做好青海工作的根本遵循，"四个转变"是推动落实"四个扎扎实实"重大要求的方法路径，"四化同步"是实现"四个扎扎实实"和"四个转变"的有力支撑，"四个更加"是建设富强民主文明和谐美丽的社会主义现代化强国愿景在青海的具体体现，"四种本领"是完成各项目标和任务的基本保证。

络",积极推进工作创新,切实发挥党校培训干部的主渠道和锤炼干部党性的大熔炉作用,打造干部培训的亮丽名片。

针对牧区基层党员干部素质能力不高的实际情况,河南县创新村(社区)干部在职学历提升教育学制,在2年共4个学期、每年集中55个课时的培训中,通过举办"两个"能力提升教育培训班,增强村(社区)党政干部的理解能力和执行能力,提高干部的政治素养和先锋模范作用。

延巴社区党支部书记王林参加过第一期的培训班:"过去的培训都是'上讲下听',大家不容易理解。现在培训形式变成了分组讨论、学员也可以上台讲课,在真正参与到培训后,我才更深刻地理解了培训的内容。这也是我第一次参加这样课程丰富、针对性强的综合培训。"

培训班科学设置理论教育、党性教育、管理教育等教学模块。突出履行职责所需要的经济、法律、科技、文化、国际等方面的知识学习。课程设置还按照"干什么学什么、缺什么补什么"的基本要求,根据学员的不同工作属性、不同学历层次、不同知识结构等,对症下药,因需因材施教。在村党支部书记学历提升培训班次上,就让民政、教育、卫生、畜牧等与村级工作息息相关的县直部门负责人专题授课,提高培训的针对性和时效性。培训期间,县委组织部确定专人全程跟班管理,严格执行请销假制度和考勤制度,严肃课堂纪律,对无故违反纪律的学员,进行约谈提醒或通报批评,真正使参训学员静下心来学习,潜下心来思考,做到"身在、心在、脑在",保证了培训效果,促进了村委会班子成员学业务、懂业务、强业务,深入推进基层组织建设,为有序开展基层各项工作打下良好基础。在党政机关工作人员综合素质能力提升培训班次上,则邀请省级相关专家讲授公文写作、办文办会、综合协调等知识,提高业务能力。

"我当了22年的村支书,省内省外的培训班也参加过不少,尤其是每次外出培训,语言不通成了我们这些基层干部最大的障碍,培训内容只能听懂20%左右。"斗格杰在参与了"两个"能力提升教育培训班后有了不同的感受:"我们基层村干部在经过这样系统的培训后,不仅长知识了,能力也得到了提升,比如在村级财务管理、组织党员活动、从严治党等方面的思想意识都得到了提升,回到村里也能将这些收获分享给班子其他成员,进而提升我们村党支部的综合能力。"

第三节　开启脱贫致富内生动力

当前，我国的扶贫工作，特别是少数民族地区，主要以党委政府主导、扶贫干部帮扶为主，一些贫困户最关心的问题是"政府能给我多少钱"，而不是"我该怎么做才能脱贫"，贫困群众内生动力明显不足。究其根本，主要是贫困户思想封闭落后，摆脱贫困状况、想过美好生活的动力严重不足，习惯小农思想，自身条件较差；同时，脱贫推进机制不够灵活，贫困群众自己要脱贫的自身动力匮乏，缺乏扶贫光荣、脱贫光荣的社会氛围。精准扶贫，光有扶贫干部的一腔热情和身体力行，是远远不够的。贫困人口是脱贫攻坚的对象，更是脱贫致富的主体，贫困人口个体或者群体发自内心的脱贫致富强烈愿望和自发动力直接决定脱贫攻坚的最终成效。党的十九大报告明确提出扶贫同扶志相结合的要求，将提升贫困人口脱贫攻坚的主动性、积极性、创造性摆在了更加突出的位置。因此，要着力激发贫困村民的内生动力，要让贫困村民自己有迫切致富的志向，然后因势利导，把他们发动起来寻找致富奔小康的正确道路。针对一些贫困个体和群体根深蒂固的落后思想，如因循守旧、甘于现状、不思进取等进行针对性教育，改变思想。要结合树立脱贫致富典型等工作，通过组织开展贫困村民喜闻乐见的文体活动、传统节庆等，形成良好的社会氛围，把贫困文化及相对应的认知观念、行为习惯揭露出来，让村民在集体活动中认识并反思贫困文化，进而逐步形成否定和摆脱贫困文化的意识和行为。

★★★

‖专题调查6-1‖有信心、有能力才能巩固脱贫成果

一　"菜单式"培训开启牧民致富锁

河南县在精准扶贫实践中始终把扶贫和扶志、扶智结合起来，创造更多农村青年向上流动的机会，激发脱贫致富的内在动力。为了使河南县牧区群众以勤劳谋生，为优势产业造就千千万万有知识、高技能的劳动者。河南县针对牧区群众发展生产后劲不足、就业门路窄的问题，坚持授之以"渔"的原则，紧紧抓住"两讲三促四送五推进"百日活动的有利时机，强化措施，创新方式，因地制宜，采取集中辅导、现场操作、分类培训等形式，将职业教育的课堂搬到村子里，将技术送到家门口，让群众按需求

"点菜",以"精准培训"为发力点,造就大批乡土人才,为河南县巩固脱贫成果提供了有力支撑,也为实施乡村振兴筑牢了根基。

在吉仁小区的挖掘机教学现场,两台挖掘机正在运作,学员们则井井有条的排队等候,嘴里还不时问老师什么时候能轮到自己上手操作。在学员里记者看到了几位妇女群众的身影,其中有一位叫公保措的妇女略显羞涩地告诉记者:"我的家就在这个小区里,每天按时上下课,在学技术的同时也能照顾上家人,我现在能独立完成挖掘部分的操作,但开挖掘机上路还没学,我已经等不及要学了。"

挖掘机授课老师马明虎是一位有7年挖掘机操作经验的年轻师傅,为了方便交流沟通,他还为班里50名同学建了微信群,他告诉记者:"目前已经培训快十几天了,这边群众接受能力特别好,学的时候也特别认真,预计我们这个课程到四月底就能结束,一般学得好一点的现在一上岗就能拿到3000元左右工资。"

"你方唱罢我登场",这边挖掘机操作现场尘土飞扬,另一边缝纫技术培训班里老师正在飞针走线,清一色的妇女学员正认真看着老师的每一个步骤。这里是河南县精准扶贫托叶玛乡缝纫职业技能培训班的上课现场,值得一提的是,这个培训班的授课老师是托叶玛乡夏吾特村本土牧民卓玛,而授课的地方就是她自己开办的民族服饰制造厂里。卓玛说:"我很荣幸能为当地的妇女同胞传授我的缝纫技术,我当时学的时候没有这么好的政策,是自己慢慢摸索出来的,现在能教她们,我觉得非常有意义,等课程上完了,我也会根据厂子的实际情况,挑选好一点的留在自己的店里,带她们一起致富奔小康。"

据了解,河南县就业局经过前期精细的调查研究,充分听取群众意愿,开展"菜单式"精准培训,按照"一村一班"的方式举办实用技术培训班,截至2017年年底,农牧民技能培训已开班15期,其中包括烹饪、刺绣、装饰装修、缝纫、服装制作、手工编织、挖掘机等9个工种的技能培训,培训范围覆盖到10个2018年生态文明小康村及5个非生态文明小康村,培训人数达750人。

河南县就业局局长才让东周说:"我们根据河南县剩余劳动力有就业意愿和培训意愿的,针对性地开展免费职业技能培训。改变了以往'我讲什么你就学什么'的那种模式,极大地调动了群众学技术、学知识的积极性。通过这些培训,有力地促进了牧区群众技能提高和素质提升,为外出务工创业、增收致富打好了基础。"

记者随机采访了不同工种的学员,他们纷纷表达了感谢,并表示通过学习一门技术,更增加了用自己的双手勤劳致富的信心。

"授人以鱼不如授人以渔",这样的培训方式,既方便了群众,让他们得了实惠,也学到了技术,深受群众的热烈欢迎。一时间,蒙旗草原上已悄然掀起了学技术热潮。

二 点点繁星照亮脱贫小康路

2018年2月7日,河南县召开精准脱贫暨蒙旗优秀学子表彰大会。一条条绶带、一朵朵红花、一份份沉甸甸的荣誉证书、一张张充满自信的笑脸让冬日的河南县草原显得热闹非凡。表彰大会现场座无虚席,洋溢着热烈喜庆的气氛,全县60个受表彰的脱贫攻坚先进集体代表和241名脱贫攻坚先进个人以及13名河南蒙旗优秀学子齐聚一堂,精神抖擞,接受表彰。

县委书记韩华同志讲话时强调,脱贫"摘帽"仅仅是第一步,要进一步巩固脱贫成果,让群众有更多的获得感、幸福感。一是坚持和加强党的全面领导把党的领导体现在经济发展、脱贫巩固、生态建设、教育事业等各个领域,体现在全县工作的各个环节,要切实增强"四个意识",向县委看齐,坚决贯彻执行县委的各项决策部署,绝不能有令不行、有禁不止。二是坚持攻坚期内"四个不变"的帮扶政策,继续争取省州扶持政策,以乡村振兴工程为依托,推进生态文明小康示范村建设,发展壮大村级集体经济,完善乡村水电路基础设施,提升基本公共服务能力,帮助边缘贫困户发展生产、改善生活,团结带领各族群众向更高的目标迈进。三是把基层组织建设同脱贫巩固结合起来。把着眼点放在村"两委"班子能力建设和发展村级集体经济上,开展村"两委"班子成员培训,把思想工作落到支部,把群众工作落到支部,把发展工作落实到支部,打造一支"不走的扶贫工作队"。

县政府县长阿琼同志主持会议并希望受表彰的集体和个人再接再厉,进一步坚定信心,继往开来,砥砺奋进,在新的一年里取得更大的成绩。未受到表彰的集体和个人要以他们为榜样,以此次表彰大会为契机,凝心聚力,开拓创新,锐意进取,为我县的脱贫攻坚工作和教育发展做出更大的贡献。他指出,各乡镇、各部门要以此次表彰大会为契机,认真抓好落实,进一步发扬河南精神、拓展河南经验、提升河南速度,大胆创新,真抓实干，确保圆满完成各项目标任务。全县上下必须强化责任担当，制订操作性强的生态文明小康示范村建设推进方案，明确目标、明确时限、责任到人，逐项逐条抓好落实，始终把"两个责任"放在心上，抓在手上，扛在肩上，落实在行动上，为全县经济发展和社会稳定提供坚强保障。各乡镇、各部门、各单位要加强沟通对接，强化协调力度，充分发挥自身的作用，收好关，开好局，全力推进各项工作落到实处，努力促进各项工作再创新业绩、再上新台阶。

精准脱贫过程中，河南县坚持教育优先发展，加大教育投入，加强师资队伍建设，教育扶贫精准到位，在全州率先实现无因贫辍学。2017年9月，义务教育均衡发展顺利通过国家验收。而这些累累硕果得益于一批批攻坚克难、敢打硬拼的集体和一个个勇于担当、甘于奉献、心系群众的个人。众人拾柴火焰高，正是全县上下勠力同心、苦干实干，才能有坚决打赢脱贫攻坚战的决心与信心，正如点点繁星照亮了河南县蒙旗儿女一同踏步前行的幸福小康路。

三 举办群众性文体活动凝聚民心、启发民智

为丰富牧民群众文化生活，进一步巩固牧民群众一心一意谋发展的思想，将"两讲三促四送五推进"百日活动落实到位，将"文化"切实送到群众心中，2018年3月29日，优干宁镇举办了全镇2018年群众性文体活动。舞蹈、民歌、拔河、赛跑等项目，吸引了全镇3000余名牧民群众积极参与，活动现场，热闹非凡、秩序井然。

全镇各村群众积极报名参加各类文艺项目，共献上舞蹈13支，民歌10曲，弹唱10首，笛子10曲。文艺演出呈现一片歌舞升平的喜悦氛围，现场气氛十分热烈，群众欢喜不已。

凝聚拼搏力量的拔河、赛跑比赛在活动中最受群众喜爱，比赛过程中所有队员拼尽全力也不放弃，他们的拼搏精神和团结意识也为全镇今后的发展奠定了坚实基础。

跳绳和踢毽子是一项协调性运动，也是牧民群众喜爱的运动项目。跳绳和踢毽子比赛参赛者最终以697和101个的优异成绩夺得本次活动冠军。

刺绣是妇女群众偏爱的一项传统手工艺作品，参赛者的作品各具风格，绣工精细，富足立体感。掷骨节比赛中，参赛者小心翼翼，聚精会神，全心投入到活动中，现场气氛紧张而热烈。

(河南县委宣传部记者　孙丽丽　2018年2月18日)

第四节　全社会动员助力攻坚

一　干部勤勉结硕果

作为2016年全省第一批、青南牧区第一个脱贫"摘帽"县，河南县委、县政府坚持把脱贫攻坚作为最大的政治、最大的任务和最大的责任。通过召开全县精准扶贫动员部署大会、工作推进会、座谈会、县乡村社四级干部会议、精准扶贫工作培训会，在全社会特别是干部中凝聚了率先脱贫、引领小康的思想共识，营造了决战决胜脱贫攻坚的氛围。通过县乡村社干部、驻村工作队和联点帮扶单位深入牧户全方位、多层次、多形式开展政策宣传，干部群众思想观念从"扶贫攻坚"转向"脱贫攻坚"、从"要我脱贫"转为"我要脱贫"这一质的转变。组织乡镇和行业部门主要负责人分批次到甘南州碌曲县、合作市、夏河县和玛曲县考察学习精准扶贫先进经验，召开考察报告会，查找差距，取长补短，从思想上增强了各级干部精准脱贫的责任感、使命感、紧迫感。

★★★

‖专题调查6-2‖村里来了"第一书记"

导语：俗话说："村看村、户看户，群众看党员，党员看干部"，作为精准扶贫的先锋，被选拔到河南县优干宁镇泽雄村的"第一书记"夏吾加，身上肩负的党的信任和群众的期盼，担子自然不言而喻。但他在入村的十个月以来，主动作为，沉下身子、引好路子、干出样子，在各项工作中敢为人先，心中装着百姓，为民谋着致富路子，在广阔的"天河之南"草原上，靠自己的一言一行，赢得了群众的鼓掌点赞。

迎着草原清晨的第一缕阳光，我们在泽雄村的一家牧民专业合作社里见到了这里的扶贫"第一书记"夏吾加。瘦瘦高高，西装白衬衫，看起来有点斯文的他在当地牧民群众中格外显眼。这段时间，他每天上班前的第一件事就是来这里看看水井打得怎么样，他希望能帮助合作社的人畜早日用上干净的水。

同期声（同期声指藏语采访，引入本书时翻译为汉语，下同）：河南县泽雄家畜繁育牧民专业合作社法定负责人公保东周（男，藏族）：夏吾加书记来了以后，帮助我们合作社做了很多工作，我们只懂放牛养羊，文字上的东西全是夏吾加书记帮忙整理，就像我们合作社扩建项目的可行性研究报告就是夏书记白天、晚上抽空加班帮我们弄好的，他还帮我们去协调相关单位，现在我们期盼的深水井已经开始动工了，真的非常感谢这个第一书记。

上任初期，夏吾加利用藏汉双语和写作的特长，先后制定了10项工作制度，率先编发了泽雄村信息，同时经常组织部分老党员和村民代表召开座谈会，详细了解情况，虚心听取意见。并定期召开村党员会议、"两委"会议，学文件，学政策，深入开展"两学一做"活动。为掌握第一手翔实资料，他与扶贫工作队成员走进农户家中，同当地群众面对面交谈，讲解扶贫政策的目的和意义。在工作中，他始终把群众装在心里，与群众交朋友，结穷亲，把基层的热点、难点问题摸清、摸准、摸透，全面掌握贫困情况，分析贫困原因，帮助做好贫困村、贫困户的建档立卡工作，建好数据库，做到底数清、指向准。经过精准识别全村建档立卡共识别贫困户29户98人。

同期声：河南县泽雄村贫困户才布（男，藏族）：这个书记好，真的好，他去年才到我们村上来，现在我家的一些情况他都知道，看着他来了以后村上的一些变化，我们都相信他能带领我们早日脱贫。

在精准扶贫工作中，他着眼于解决贫困群众生产生活困难，帮助他们寻找致富门路。在河南县优干宁镇上开汽车修理厂的才让南杰谈起这个扶贫"第一书记"，依然印象深刻。

同期声：才让南杰（男，藏族）：夏书记为了村里的贫困户不止一次地来我这里为他们争取汽车修理工的工作，因为考虑到厂里效益时好时坏，几次拒绝了他，但夏书记还是会一次次地来，我从刚开始有点排斥到慢慢开始佩服这个书记，一个书记一点官架子都没有，为了老百姓能脱贫，所以我在我的能力范围内招进来了两名贫困户的孩子，包吃包住让他们跟着厂里的师傅学，真的是夏书记的真诚打动了我。

上任的十个月里，他发现泽雄村水电路畜棚等基础设施仍然滞后，产业结构单一、贫困家庭缺乏行之有效的增收途径和实力，等靠要思想根深蒂固。为了更好地帮助老百姓甩掉贫穷的"帽子"，上任期间，他四处奔走，为村里新建的牧民专业合作社进行项目协调，并为合作社解决水电等基础设施问题，目前，泽雄村生态有机畜牧业牧民专业合作社共有牦牛

120头,其中奶牛60头,年收入10万余元,29户贫困户均拿到了分红,夏吾加告诉记者,合作社分社也已建成,目前正在购置牛羊。

同期声:泽雄村生态有机畜牧业牧民专业合作社董事长公保才旦(男,藏族):跟着夏书记共事的这半年里,发现他是一个雷厉风行,说干就干的人,这个合作社是村里集体的,合作社没有水、没有电,都是他带着村上的干部多方争取努力,我们跟着这个第一书记,脱贫有信心。

同期声:泽雄村生态有机畜牧业牧民专业合作社贫困户社员才让南杰(男,藏族):我被夏书记安排到村里的合作社工作,不仅有分红,我每个月还能拿到工资,我相信日子会越来越好。

我们的采访一直持续到了晚上,在村委会的办公室里夏吾加书记又开始埋头写作,他告诉记者,当了扶贫"第一书记"后,每天最后一件事就是把一天的工作、感想记录在民情日记本里,将民情记在纸上、抓在手上、放在心上。记者看到,他在日记里这样写道:只有深入基层、深入牧民家中,才能了解村民思想上想做什么,才能引起心灵上的共鸣,观念上的转念。

同期声:泽雄村第一扶贫书记 夏吾加:自被选为泽雄村第一书记已经半年了,我的心里感触很多,从州政协机关一名普通干部转变为基层牧区第一书记,我的工作环境和对象的不同,使我身上压力和责任很重,我们计划今年使泽雄村29户贫困户脱贫"摘帽",争取明年早日脱贫。

吃住在村,高寒缺氧,缺水少电,始终坚守无牢骚。走村入户,交通不便,满怀激情不埋怨。正是怀这样一颗热爱党的事业、热爱群众的心,才能让群众满怀信心期待脱贫的曙光。

(河南县委宣传部记者 孙丽丽 2017年5月18日)

★★★

‖专题调查6-3‖干部脚沾土 群众心不堵——河南县深入持续开展党员干部结对认亲帮扶活动

为进一步加快脱贫攻坚步伐,切实掌握帮扶户需求,帮助解决他们遇到的新困难,打通服务群众的"最后一公里"。河南县委、县政府深入持续开展党员干部结对认亲帮扶活动,各县级领导率先垂范,带头深入基层,深入牧民家中,加强与结对户面对面的沟通交流,带头为群众解决实际问题。通过与"亲戚"面对面、拉家常、出主意、想办法、谋发展、倾听他们的心声等方式、方法，搭建密切党群干群关系的桥梁纽带。

"党和政府给我们盖好了房子，我自己在县城打工，老婆也安置了公益性岗位，还给了8头牛，每年在合作社分红，现在两个孩子上学也稳定了，基本上没有什么困难，感谢党和政府的好政策。"河南县泽雄村帮扶户才让东周用质朴的言语跟帮扶领导县委常委、宣传部长唐建隆介绍着家里的情况，幸福喜悦溢于言表。这就是河南县党员干部深入开展认亲结对帮扶工作的一个生动剪影。

办实事解难事，心系群众。全县各县级领导干部通过看望慰问、嘘寒问暖、促膝交谈等方式，了解牧民群众的所思所想所愿所盼，逐一与他们的"亲戚"见上了面、谈上了话，深入了解了帮扶户在脱贫致富过程中存在的问题和诉求，力所能及地帮助解决实际问题。同时，帮助分析产生困难的原因，研究脱贫致富的办法思路，立说立行、不推不拖，能解决的马上解决、及时落实。

结对认亲，以真心暖人心。全县各县级领导干部深入本单位驻村点帮扶户家中，送资金、送技术、送知识、送信息。并把联系电话交到他们手中，他们带着感情，携着真情，切实同帮扶户建立了同呼吸、共命运、心连心的深厚情谊，把党和政府的关怀送到了牧民群众的心坎上。

宣讲政策，惠民感恩。深入结对帮扶户家中，采取通俗易懂的语言、灵活多样的方式，大力宣传党的十八大、十八届三中、四中、五中、六中全会和习近平总书记系列重要讲话精神，特别是青海省第十三次党代会等一系列会议精神。大力宣传各类惠民利民政策，让广大牧民群众知道惠在何处、惠从何来，进一步坚定了听党话、跟党走的信心和决心。

★★★

‖专题调查6-4‖跟着"秀哥"干扶贫青春无悔

黑黝黝的肤色、大大咧咧的性格、雷厉风行的办事效率，这是记者见到宁木特镇副镇长、精准扶贫工作站站长昂秀时的第一印象。比起昂秀副镇长，大家更喜欢叫他"秀哥"，因为他为人随和亲切、没有官架子；因为他就像邻家大哥哥一样照顾着镇上的每一位年轻干部；因为他在扶贫工作中，既是"主心骨"，又是"指挥员"，他带领每一位扶贫干部勇往直前；因为他没有哗众取宠的虚招，没有振聋发聩的豪言壮语，有的是忠诚敬业的精神和默默无闻的奉献，以一名共产党员的实际行动，身体力行地向大家树立了一个值得学习和敬佩的"扶贫站长"新形象。

敬业奉献　做好脱贫攻坚"急先锋"

2016年年初，昂秀副镇长分管全镇精准扶贫工作，从那时起，他舍小家顾大家，无怨无悔地踏上了精准扶贫的道路。在他的带领下，顺利且出色地完成了精准识别工作，共识别出建档立卡贫困户538户2099人，占全县贫困人口的38.9%，脱贫基数大、时间紧、任务重，如何在2016年年底顺利实现贫困"摘帽"的目标，成为他直接面对的任务和挑战，他身上的担子很重，知识、能力等各方面都面临着极大的考验和挑战，为了做好此项工作，他抱着积极乐观的心态，以求真务实的工作作风，在扶贫站长的岗位上带领全镇干部创新扶贫思路、抢抓扶贫先机、狠抓项目落实，走出了一条宁木特镇精准脱贫新路子。

围绕本职，做好党委政府"参谋长"

俗话说："打铁还需自身硬"，他深知作为负责全镇精准扶贫工作主要负责人，必须要吃透政策、熟悉业务，工作中，他边干边学，边学边干，深入掌握中央、省、州、县关于精准扶贫、精准脱贫各项政策知识及文件精神，把理论与实践相结合，他经常教导干部，工作时要创新工作思路，注重方式、方法，提高工作效率，他不但注重个人学习，还经常组织所有参与精准扶贫的干部集中学习，共同研究和讨论各项精准扶贫政策文件及知识，他要求所有干部首先自己要把政策吃透把准，再下沉至各村宣传各类准扶贫的相关政策知识时，才能向群众说清楚、讲明白，以便于更好地开展工作。

以身作则　勇当扶贫队伍"排头兵"

在全县精准扶贫资料集中整理的3个多月时间里，他每天第一个到办公室，最后一个离开办公楼，和全体精准扶贫干部同吃同住同加班，亲力亲为，带头起好表率作用，在上级部门规定的时间节点内高标准、高质量如期顺利完成了脱贫攻坚资料整理工作。

说起昂秀副镇长，曾跟他一起奋战在精准扶贫一线的扶贫专干郭敏就像打开了话匣子，总有说不完的经历、道不完的感动。她告诉记者："秀哥是个爱开玩笑，特别亲切的人，我们都跟他很亲近，也很尊敬他。在整理精准扶贫资料的时候,有一天从早晨八点多一直工作到了次日早晨十点多,我身体有点吃不消先回去休息,但后来才知道他竟然连轴转了两天没合眼。在精准扶贫工作上,他能把身体上的疼痛和精神上的压力都抛到脑后,可以说是拼了命地干工作。跟着秀哥干精准扶贫工作,大家都特别有动力、有信心。"

整天的忙忙碌碌,"白+黑"和"5+2"的高强度工作,使他本来就沙哑的嗓子听着更加沧桑,最严重的时候,我们都听不清他在说什么。经常的加班加点,不按时间点吃饭,导致胃炎发作,整个人看上去非常憔悴,好多同事都劝他休息一段时间,可是每次他都一笑而过,并倔强地说:"干工作要有始有终,精准扶贫各项验收工作迫在眉睫,这个时候我休息了心里不安心、不踏实。"事实上,这只是他在宁木特精准扶贫工作中的一个缩影。

心系群众　做牧区群众"贴心人"

宁木特镇赛尔永村有贫困户95户、374人,是全县贫困人口、贫困户数最多的一个村,作为副镇长兼精准扶贫工作站站长,他特意为自己"挑选"了这块"硬骨头"。在接下来的联点帮扶的日子里,他四处奔走、不辞劳苦地为村里积极争取各类资金。为群众办实事、搞活动,"金杯银杯,不如老百姓的口碑"。他用自己的热忱为群众办实事,他倾注心血为牧区群众谋发展,他用一颗共产党员的赤诚之心为精准扶贫事业奉献着青春,无怨无悔。

"昂秀太辛苦了,为了我们村里的人日子能过得好一点,让大家都更团结一些,他经常来村里,不管是宣讲还是慰问,还是让大家打扫卫生,我们村里的年轻人都会积极配合,都会心服口服地服从他的工作安排,我今年都66岁了,一切都看在眼里,哪个干部是实打实地干工作我心里最清楚。有昂秀这样的共产党员领导干部,是我们群众的福气。感谢昂秀为我们做的一切,感谢共产党给我们的好政策。"正在赛尔永村赛马场看节目的老人后多谈起昂秀,虽然谈笑时很开心,但依然湿了眼眶。我想这位老人眼泪中饱含的是对昂秀副镇长深深的感谢和敬意。

赛尔永村党支部书记公保加告诉记者:"今天村里搞这样的活动,村里没花一分钱,全是昂秀副镇长一个人到各联点单位、财政局、统战部争取过来的,他为我们村里做了太多的事,很感谢他。"

无怨无悔 做党员干部"先行者"

为了准确掌握全镇各村基本情况,有针对性地做好精准识别工作,他坚持调查研究,经常轻车简出,翻山越岭,走遍全镇的山山沟沟,有些交通不便的地方,他骑牛、骑马或者步行到达,掌握了各村第一手资料,通过入户调查,他对各村的基本情况、经济发展现状、群众的脱贫愿望和扶贫开发规划等有了很深刻的认识,全面熟悉地掌握了全镇脱贫攻坚重点和难点,成为脱贫攻坚一线的"排头兵"和"领头雁"。

宁木特镇年轻党员牛丹阳告诉记者:"我们的昂秀副镇长是我学习的榜样,他自始至终都能为我们起到一名党员的先锋模范带头作用,跟着他学习,我获益良多。我也要做一名像他一样的共产党员。"

"为群众所做的一切都是我应该做的,也是必须做的。我始终坚信,作为一名共产党员,只要自己说到做到,只要心中装着群众,就一定会带领好精准扶贫的队伍,圆满完成精准扶贫这项任务。"不善于表达的昂秀副镇长用朴实的话语表达出了他坚定的理想和信念,他无怨无悔、勇往直前,因为在他身后背负的正是一名共产党员许下的承诺——为人民服务。

★★★

‖专题调查6-5‖勇当扶贫路上的"领头羊"

村民富不富,关键看支部;村子强不强,要看"领头羊"。在优干宁镇德日隆村,有这么一个"领头羊",他俯下身子、放下架子、甩开膀子,与牧区群众打成一片;他将党的各项扶贫政策落实到每一户贫困户家中,摸清穷底子、找准穷根子;他积极发挥基层党组织在脱贫攻坚中的战斗堡垒作用,抓好以村党组织为领导核心的村级组织配套建设,让村子里的党旗飘起来、喇叭响起来、班子建起来,为德日隆村留下了一支"永远带不走的党组织队伍"。他就是德日隆村扶贫驻村第一书记田克双,驻村以来,他和村"两委"班子一道查实情、解民意、确对象、理思路、谋发展、定方案,团结带领德日隆村广大党员群众,共同奋斗在致富奔小康的道路上。

沉下身子 做一名称职的德日隆村人

要想得到群众的信任和支持,就必须真蹲实驻、真心实意。自2015年9月下旬开始,他带领扶贫工作队在村"两委"班子的密切配合下,对德日隆村 201 户 963 人的牧民家庭基本情况进行了多次入户摸底调研，经常性和工作队的同志们进村入户，与群众吃在一起、住在一起，最终精准识别出贫困户 43 户 165 人。长期的合作共事，工作队成员、村干部都能听懂他夹杂着陕西话的普通话，在他随身背包里，除了厚厚的几本精准扶贫资料外，还有一本藏语常用会话读本。他就是这样有时说着一口陕普话，有时冒出一两句藏语，与牧民群众拉家常，不仅拉近了与牧民群众的感情距离，也了解到了村情民情，搭起干群连心桥。

记者在采访贫困户卓措时，说到动情处，52 岁的她激动地流下了眼泪，是怎样的一种感激能让一位牧民群众对外地干部产生如此强烈的情怀，不难想象，正是第一书记田克双以一名共产党员的实际行动、以时时刻刻想着群众的一颗朴实真心换来了德日隆村家家户户的接纳和肯定。

包村干部卡先加告诉记者："我从 2015 年一开始就跟着田书记做精准扶贫工作，现在他能简单地用藏语跟群众沟通，我们筛选出来的 43 户贫困户，他比我们有些人还熟悉，作为一个外地人，能把河南县的牧区群众当成自己的家人，把群众的事当成自己的事来抓、去办，还能时刻以党员的标准严格要求自己，我很敬佩他。跟着他干精准扶贫工作，我有信心。"

以干求成　走一条无悔的扶贫路

"'帮扶'就是要'帮富'，靠'输血'，更要靠'造血'"，为把精准扶贫工作落到实处，建立符合村情的发展好"蓝图"，他一头扎进那间不足 8 平方米却集合了生活、工作、接待为一体的扶贫"阵地"中，然而这一扎就是无数个日日夜夜，在他辛勤地努力与无数贫困户的支持、关怀下，绘制出了"德日隆村贫困户分布图"，详细制定贫困户一户一策情况表，使工作队成员在任何时候都对 43 户贫困户情况做到心中有数。并从 20 个方面及时编著了《河南县优干宁镇德日隆村精准扶贫工作汇编》《德日隆村生态有机畜牧业专业合作社资料汇编》，带领全村在发展特色产业上下功夫，打造江源路综合市场建设项目，加大力度推进德日隆村合作社股份制改制工作，开拓市场增加牧民收入渠道，初步建立了统一经营、统一管理、统一销售的有机畜产品生产模式，使德日隆村集体经济发展走向了"快车道"。

说起田书记，贫困户公保加和妻子索南卓玛同时竖起了大拇指，这是多么无声的肯定和赞许，公保加说："田书记是个好人，是共产党的好干部，我们家没房没草场，村里把我们安排在党员活动室院内两间房子里，所以我们是离田书记最近的家,我们看他的房间经常到半夜还亮着灯,有时候煮点肉给他拿过去,他会拿回来留给我们吃。还有很多感动的事情说不完,我们只能感谢田书记,感谢共产党。"

他带领扶贫工作队和村"两委"班子,对建档立卡贫困人口,做到因户施策、因人施策。协调落实公益性岗位19人,其中林管员11人、草管员5人、信管员2人、湿地管理员1人,每人每月收入1200—1800元,既解决了就业,也增加了收入;确定特色产业脱贫30户121人,立足当地资源,实现就地脱贫;通过技能培训,劳务输出脱贫14户17人;易地搬迁脱贫27户104人,做到了搬得出、稳得住、能致富;发展教育脱贫22户32人,着力发挥好教育阻断贫困代际传递的治本作用;大病救助脱贫43户165人,通过社会医疗保障,解除贫困人口的后顾之忧;社会保障兜底脱贫13户44人,对贫困人口中完全或部分丧失劳动能力的人,由社会保障来兜底,确保了德日隆村精准脱贫工作不让一人"掉队"。

牢记使命　圆群众幸福小康梦

上任之初,村支部书记就经常对他说:"水、电、路等设施滞后是德日隆村整体发展的最大问题,也是实现整村脱贫的最大的困难。"他把水、电、路等基础设施建设作为工作和帮扶的重点,先后落实到位各类项目资金1875万元,有效地破解了群众生产生活难题。落实资金740万元,建成高标准沙石路37千米;落实资金555万元,为解决70户农牧民用电难创造了良好的基础;争取资金40万元,打造机井20眼,解决了人畜饮水困难;协调德日隆村专业合作社农牧发展项目资金540万元,为合作社发展注入了活力。

新建的德日隆村牧民委员会中央那面五星红旗在蓝天、白云的映衬下显得格外鲜红夺目,白墙红瓦,院里规划得干净整洁。田克双告诉记者:"这就是我们党支部的主阵地,我在担任第一书记一年多来,越来越明白,党支部作为村里的先锋队,只有带领着群众增收致富,群众才能有获得感,才会认可你,赢得群众的信任,强基固本、加强基层党组织建设是摆在我们第一书记面前的首要任务。扶贫先扶人、扶智,抓班子、带队伍的重要性丝毫不亚于拉资金、跑项目。也就是那句话,抓党建就是抓发展、抓发展就是抓党建。我坚信我能打好脱贫攻坚这副牌,因为我身后还站着德日隆村党支部和22名共产党员。"

（河南县委宣传部记者　孙丽丽　2017年7月18日）

二　社会力量助力攻坚

发扬自治县"一方有难八方支援"的优良传统和"邻里相帮，患难相恤"的美德，引导和发挥领导干部带头、党员干部带头、先富起来的群众带头、宗教界代表人士带头的"四个带头"作用，广泛动员民营企业、社会组织、致富能人、宗教界人士以及一切有意愿扶贫济困、热心公益的组织和个人力量积极参与脱贫攻坚，在"我为精准扶贫献爱心"社会募捐活动中，社会各界先后共2万余人次参加募捐活动，营造了全县各行业、各界组织、各界人士参与脱贫、关心脱贫、落实脱贫责任，履行脱贫义务的浓厚氛围，构建起专项扶贫、行业扶贫、社会扶贫等多方力量、多种举措有机结合和互为支撑的大扶贫格局。

三　宣传助力强信心

党中央、国务院特别重视宣传工作在扶贫开发中的作用，2014年，国务院扶贫开发领导小组办公室发布了关于印发《关于进一步加强扶贫宣传工作的意见》的通知。精准扶贫领域的宣传除了常规的政策宣传，进展宣传、先进事迹、先进人物宣传等，更重要的是创新宣传的内容和方法，深入总结扶贫开发的经验、模式。河南县在精准扶贫过程中形成了县委宣传部统领，各部门分工协作的工作机制。对精准扶贫中存在的问题及时向上级反映，对行之有效的办法及时总结，与兄弟县市分享，扩大区域协同发展成果，对有较大推广价值的经验总结向上级汇报，争取上级支持，取得了非常显著的效果。

★★★

‖ 资料6-2 ‖　精准脱贫争率先　众志成城迈小康
　　　　　　——河南县脱贫"摘帽"工作总结[①]

一　基本情况

（略）

[①] 此稿为2018年7月27日，河南县政府向中央网信办网络新闻传播局指导，青海省网信办主办的"扶贫攻坚在行动"专题采访团汇报稿，参加媒体有人民日报新媒体中心、央视网、光明网、青海省内新闻网站等（县委宣传部提供）。

二 主要做法

2016年是"十三五"规划开局之年,也是机遇与挑战并存之年。全县上下各级党组织坚持党的领导,始终把脱贫攻坚扛在肩上、把脱贫任务抓在手上,充分发挥县委总揽全局、政府主导、协调各方的领导核心作用,严格实行脱贫攻坚"一把手"负责制,县乡村三级书记齐抓共管,层层压实责任,客观分析、准确研判,凝心聚力、精准发力,全力以赴决战脱贫工作:

(一)坚持一个统领

我们将做好顶层设计作为打赢扶贫攻坚战役的关键来抓,制定了县委一号文件,即《关于率先实现脱贫 引领小康社会的决定》,明确了全县脱贫攻坚"三步走"战略目标,勾勒了一张宏伟蓝图,即2016年"摘帽"、2018年脱贫、2020年建成小康社会的宏伟蓝图。端出"一篮子"工程,即对一号文件中的58项扶贫措施分行业部门详细分解为105项细化措施全力推进。同时,组织工作组深入村社、牧户摸排实情,在分析研判县情基础上,按照"八个一批""十项工程"和"1+8+10"脱贫计划,细化、实化、责任化各项重点任务、重大项目、重要举措,为定向施策、精准发力提供了指导和遵循。

(二)打牢两个基础

一是打牢思想认识基础。通过召开全县精准扶贫动员部署大会、工作推进会、座谈会、县乡村社四级干部会议、精准扶贫工作培训会,在全社会凝聚了率先脱贫、引领小康的思想共识,营造了决战决胜脱贫攻坚的氛围。通过县乡村社干部、驻村工作队和联点帮扶单位深入牧户全方位、多层次、多形式开展政策宣传,干部群众思想观念从"扶贫攻坚"转向"脱贫攻坚"、从"要我脱贫"转为"我要脱贫"这一质的转变。优干宁镇14户牧户主动让出贫困户指标;宁木特镇2个村让出低保户指标。9月下旬组织乡镇和行业部门主要负责人分批次到甘南州碌曲县、合作市、夏河县和玛曲县考察学习精准扶贫先进经验,召开考察报告会,查找差距,取长补短,从思想上增强了各级干部精准脱贫的责任感、使命感、紧迫感。二是打牢精准识别基础。精准脱贫贵在"精准"、重在"精准"、成败也在"精准"。我们紧紧围绕对象、目标、内容、方式、考评和"五看法""六不准"识别要求和程序,严格要求各乡镇、各部门迅速抓好落实,尽快摸清底数,明确对象,找准原因,精准到人。以贫困家庭为主战场,组织抽调 2000 余名工作人员开展了为期 4 个月的入户调查及实地查勘工作。采取以村为单位组织召开村级动员大会,发放"五看法"和"六不准"藏文版宣传资料宣讲识别标准,以户为单位签订《贫困户精准识别政策宣讲明白卡》,填写驻村干部入户调查表和建档立卡精准扶贫对象入户调查表。政策宣讲知晓率、入户率均达到 100%。在广泛征求意见和调查摸底的基础上,各村均组成评议委员会,对照标准,从贫困状况调查、致贫原因分析、计算家庭收入等方面细化评议标准,按照民主集中制原则,公平、公正地对全村筛选出的贫困牧户逐项量化评分,严格采取"两公开一公示"识别程序,精准识别确定建档立卡贫困人口 1440 户、5400 人,解决了精准脱贫"扶持谁"的问题,做到了"焦点集中""靶心瞄准",为全力打赢脱贫攻坚战迈出了坚实的第一步,得到了省州的认可和全县人民群众的支持,在精准识别这一环节全县无人上访,群众满意度颇高。优干宁镇泽雄村贫困户周多说:"到我家中摸底的干部骑着摩托车、背着装满资料的袋子,一上午询问家庭基本情况、存在的困难和致贫原因,每说一项边在本子上记录边拿着计算器算,做事很认真、很仔细。"

(三) 形成三大合力

一是党政主导力。坚持党的领导、政府主导,是实现贫困县率先脱贫"摘帽"的根本保证。我们立足县情,发挥政治优势和群众基础,对精准脱贫工作层层进行动员部署,以拿着"帽子"摘"帽子"的信心和一个贫困群体都不能掉队的决心,层层签订"军令状",层层压实责任。要求各级领导干部结合"两学一做"活动,把严的要求、实的作风贯穿于脱贫攻坚始终。紧紧围绕攻坚任务,统筹整合对口帮扶、机关事业单位以及企业等帮扶力量,发挥各自优势,形成帮扶工作合力,做到脱贫项目优先安排,脱贫资金优先保障,脱贫工作优先对接,脱贫措施优先落实。二是社会攻坚合力。发扬自治县"一方有难八方支援"的优良传统和"邻里相帮,患难相恤"的美德,引导和发挥领导干部带头、党员干部带头、先富起来的群众带头、宗教界代表人士带头的"四个带头"作用,广泛动员民营企业、社会组织、致富能人、宗教界人士以及一切有意愿扶贫济困、热心公益的组织和个人力量积极参与脱贫攻坚,在"我为精准扶贫献爱心"社会募捐活动中,社会各界先后共 2 万余人次参加募捐活动,募捐善款 903359.5 元,牛 3 头、羊 17 只。营造了全县各行业、各界组织、各界人士参与脱贫、关心脱贫、落实脱贫责任，履行脱贫义务的浓厚氛围，构建起专项扶贫、行业扶贫、社会扶贫等多方力量、多种举措有机结合和互为支撑的大扶贫格局。三是脱贫内生动力。坚持"输血式"扶贫向"造血式"脱贫转变，激发贫困人口内生动力，从根本上实现脱贫；加强对贫困群众的教育引导，充分发挥其主观能动性，引导他们不等不靠、自力更生、艰苦创业，通过自身努力战胜贫困、脱贫致富。

（四）强化四项保障

结合县域实际，县委、县政府进一步完善脱贫攻坚机制，突出合力攻坚，建立脱贫攻坚责任联动体系，自上而下全力推动精准脱贫工作，保证脱贫工作全面发力。一是组织领导保障。成立县扶贫开发工作领导小组和精准扶贫工作督察组；建立以县委书记为总指挥、县长为第一总指挥的精准脱贫攻坚指挥部，指挥部下设基础设施建设组、产业发展组、易地扶贫搬迁组等14个工作组，各组组长均由县级干部担任，对各组工作职责、成员组成等均做了细化安排；在抓大抓总的同时，更加注重细节和实效，各乡镇均成立了精准扶贫工作领导小组、建立了精准脱贫工作站、各村成立扶贫工作室，增强乡镇扶贫开发工作活力，切实保障各项扶贫政策落到实处、扶到根上，共同努力服务精准脱贫，集中力量打赢贫困县脱贫"摘帽"攻坚战。二是工作队伍保障。县委着眼于固本强基，将狠抓队伍建设是打赢扶贫攻坚战役的保证来抓，充分发挥基层党组织在脱贫攻坚中的战斗堡垒作用，制订印发了《关于从严落实党组织结对共建帮村党员干部结对认亲帮户"双帮"工作机制的方案》，全县88个各级党组织结对共建帮村39个，切实发挥39名"第一书记"作用，深化结对帮扶和对口帮扶工作，开展党员干部常态化培训，提升基层党员的基本能力，以党建成果促进脱贫攻坚，以扶贫成效检验党建成果；1049名党员干部突出党员示范带头作用，佩戴党徽亮出身份联系1440户、5400名贫困人口，抽调22名干部充实到县扶贫攻坚办，全面协调脱贫攻坚工作；印发《关于进一步做好精准脱贫联点帮扶工作的实施方案》，各村联点单位共抽调78名干部与68名待业大学生志愿者深入到村实行驻村帮扶，进一步配齐配强村级扶贫工作力量。三是体制机制保障。建立大扶贫合作机制。建立健全指挥部统一领导、部门配合、乡村组织落实、驻村工作队履职尽责、联点单位倾力帮扶、群众主体作用充分发挥的责任落实体系，形成省州县乡村五级联动、左右协调的精准扶贫良好局面。在精准扶贫工作中实行各级领导包抓责任制，县级领导包抓1个贫困村，各级干部进村入户、联点帮扶，做到了精准扶贫工作落细、落小、落实、落全；同时，我们按照"一帮到底，不脱贫、不脱钩"的要求，把"真蹲实驻、真帮实扶"作为"第一书记"的基本准则，严格落实"第一书记"下基层制度、县级领导干部包扶重点贫困村制度、结对帮扶工作机制，充分调动各级干部的积极性，切实做到点面结合、合力攻坚。围绕精准脱贫标准，县、乡、村、社以及县与行业部门层层签订目标责任书，全面下达任务、精准靠实责任。建立资源整合机制。按照"渠道不乱、用途不变"的原则，整合政策，整合项目、整合资金，"打捆"统筹使用，形成资源集聚、技术整合、措施配套、拼盘开发的态势，提高使用效益。形成综合扶贫机制。充分发挥党政机关、社会团体、企业及驻村对口帮扶单位的优势，开展不同特点的帮扶活动，形成专项扶贫与行业扶贫、社会扶贫相结合的"三位一体"综合扶贫机制。强化监督检查保障。扶贫资金是贫困群众的"保命钱"和减贫脱贫的"助推剂"。为保证扶贫资金使用的针对性和实效性，切实把扶贫资金管理使用的制度建起来、规矩立起来、纪律挺起来，确保资金安全高效运行，建立健全了严格的扶贫资金使用管理制度，采取多部门联席会审、县委政府研究决定，实行层层把关、审批、使用、绩效评估流程，不断加强对财政专项扶贫资金和项目的监督。

（五）抓政策落实，五个实招惠民生

一是加快县域经济发展扎实推进脱贫攻坚。河南县畜产品加工规模小，附加值不高，工业化程度低。为均衡县域发展、深挖全县经济潜力，借"十三五"开局，又值精准脱贫的攻坚期，按照"生态、有机、高端"的产业定位，通过积极培育壮大瀞度生态水产业、"绿草源""阿米雪"畜产业、蒙藏药业、旅游业四大产业，筑牢工业、畜牧业、旅游业协调发展的经济基础，为县域经济注入强劲活力。二是谋划两个长远发展（生态发展、教育发展）。扎实搞好生态文明建设，谋划生态文明长远发展。把生态文明建设放在更加突出位置，切实以生态保护优先理念协调推进经济社会发展，牢固树立"绿水青山就是金山银山"，有序推进三江源生态保护建设二期工程和三江源国家公园体制试点工作；认真落实以草定畜、草畜平衡和草原生态奖补奖罚机制政策，落实奖补资金1.26亿元；投资1231.6万元，对16个贫困村3.96万亩黑土滩、328处180.15万亩草原有害生物进行了治理；重点实施小流域综合治理工程、水源地保护工程、洮河、黄河及泽曲河河道治理工程、水土保持预防监督站、水土保持监测中心等项目，着力建设洮河源国家湿地公园；各项节能减排政策措施落实到位，常态化开展环境卫生综合整治工作，县城污水处理厂投入试运行；开发林业管护员、草原生态管护员等公益性岗位619个，对有劳动能力的贫困人口进行公益性岗位安置，除去293户低保兜底贫困户，"一户一岗"安置率达66%；出台颁布《河南蒙古族自治县生态环境保护条例》（2016年9月1日颁布实施）。以上政策措施的贯彻落实，县域生态优先战略得到加强，奠定了绿色引领、生态富民、可持续发展的生态脱贫根基。扎实搞好教育事业，谋划提能强智长远发展大计。积极贯彻《国家中长期教育改革和发展规划纲要》精神，优先发展教育事业，加大资金支持力度，全面落实教育奖补政策，不断鼓励贫困家庭子女入学接受教育，从根本上斩断"穷"根，防止了贫穷代际传递，全县义务教育阶段学生无因贫辍学。落实5359万元资金，完成9所学校校舍改造、学前教育基础设施扩建、运动场、教师周转房等建设项目，改善了办学条件；全年培训师资1052人次，购买学前教育服务岗位230名，选派支教教师10名，壮大了师资力量；积极落实15年免费教育优惠政策，共落实学前三年免费教育补助资金52.3万元。三是做强三个长期增收措施。做强产业增收。结合县情实际，编制了《河南县产业扶贫规划》，紧紧围绕打造特色产业这一主线，结合"一村一产""一户一品"多元化的产业扶贫发展思路，通过示范引领、重点扶持等形式，争取落实特色产业扶持到户资金3039万元、特色产业贷款扶持资金8000万元、州县配套资金800万元，共计投资1.18亿元全力打造全县16个贫困村产业项目。新建畜产品交易市场、欧拉羊畜繁育基地、温室蔬菜种植基地、饲草料加工厂等22项特色富民产业。做强资产收益。通过统筹人均6400元的扶持资金入股购置商铺或牧业合作社的方式实现贫困户资产收益，享受产业发展的成果，解决贫困人口脱贫根本问题。强化技能提升。我们紧紧围绕"授人以鱼不如授人以渔"的帮扶思路，以转移就业这一重要抓手，依托扶贫开发、公共就业服务平台，对贫困劳动力开展劳动力实用技术、职业技能等培训周期短、易学易会、脱贫增收见效快的"短平快"职业技能培训工作。落实短期技能培训项目资金200万元，举办挖掘机操作、摩托车修理、汽车修理、工艺品制作、刺绣、唐卡等各类培训班29期，培训人数2050人次，合格率达90%，转移就业2900人次，培养贫困村创业致富带头人16

人。四是做好四项社会保障工作。低保兜底。加强最低生活保障制度与扶贫政策和其他社会保障制度的衔接,落实最低生活保障政策和各项扶贫帮扶措施,充分发挥低保制度的"兜底"作用,将全县1440户、5400人贫困人口全部纳入低保范畴,落实低保补助832.96万元(其中,低保户443户、1572人,补助资金393.00万元;低保贫困户462户、1775人,补助金额357.84万元;一般贫困户536户、2053人,补助金额82.12万元)。医疗救助。将医保和救助作为贫困人口的健康扶贫工程来抓,在全州率先实行了"一免七减"政策,将贫困群众住院病人药费减免提升到10%,手术费减免提升到25%,诊查费、检查费、检验费、麻醉费、住院床位费等费用减免均提升到35%;完成"四优先""十覆盖"医疗卫生优惠政策,覆盖率达100%;总投资351万余元,建成39个行政村标准化卫生室(其中贫困村新建村卫生室16所),建设面积均达到40平方米,共培训村级卫生员300人次。完成医疗保险参合工作,参合率100%。全年贫困人口住院治病494人次,医疗统筹报销199.4万元(其中,大病报销17人次,报销金额8.8万元,大病参保、医疗救助覆盖面达100%)。社会养老保险。实施全民参保登记计划,对贫困对象做到应保尽保,建立社保兜底扶贫机制,将重度残疾人、贫困残疾人、烈士遗属纳入政府代缴最低养老保险费范围,建档立卡贫困人口养老保险参保率达100%;残疾人生活保障。落实资金3668.29万元,建成敬老院2个、社会福利中心1个、儿童福利院1个、儿童保护中心1个;建立健全残疾人维权工作体系和社会服务体系,全县1415名残疾人中,233名纳入贫困人口、278名纳入低保户,贫困残疾人占全县贫困人口的9.5%;全面落实残疾人保障政策,共发放贫困残疾人补助金73.5万元、重度残疾人救助金160.5万元。五是提升五项基础设施。针对经济发展起步缓慢,基础设施建设欠账较多的问题,我们大力实施乡村道路、安全饮水、生产生活用电、危房改造、易地搬迁等工程,逐步解决群众行路难、用电难、吃水难、住房难等问题。易地搬迁危房改造方面:坚持群众自愿、积极稳妥、政府引导的原则,经调查摸底、科学甄选、多方论证,研究编制了《易地扶贫搬迁实施方案》和《易地扶贫搬迁住房建设标准》,明确质量技术监督检查的程序,健全逐级负责的工作落实机制,确保易地扶贫搬迁工作的有序推进。落实易地扶贫搬迁安置资金18820万元,采取县城集中安置、行政村就近安置、县城及乡镇插花安置三种方式,对覆盖全县建档立卡贫困户941

户、3616人实施易地扶贫搬迁安置。2016年危房改造1266户，落实项目资金3165万元，完工率达96%。水利扶贫方面：总投资1.39亿元，打井459眼，实施牧区人畜饮水工程，实施水源地保护21项、维修61处，解决1090户、5068人、19.2万头（只）牲畜的饮水问题；黄河干流预防工程河南段、泽曲河河道治理工程开工建设；电力扶贫方面：投资1.41亿元，解决了1040户的用电难问题，建立35千伏变电站一座；交通扶贫方面：投资3.5亿元，落实16个贫困村通畅工程16项，总里程达390千米；其中投资6815.98万元落实通畅工程10项、总里程237.86千米，落实村内道路硬化工程5项、12千米，落实砂石工程5项、220.2千米，目前16个贫困村道路通畅问题完全解决。通信扶贫方面：投资1156万元，完成16个贫困村16个信号基塔建设任务和精准扶贫"互联网+"线路架设任务。

（六）六个创新为经济发展提供不竭动力

一是夯实"三基"攻坚原动力。以夯实基层组织、强化基本工作、提升基本能力为出发点和落脚点，建设综合服务中心、党员活动室、脱贫攻坚工作站（室）等夯实基层组织；紧扣村社经济发展和精准脱贫需要，把精准扶贫教育培训纳入党员干部教育培训总体计划，采取专题培训、外出考察、现场观摩等方式，着力提升党员干部善抓扶贫工作、精准推动落实的能力，使组织优势转化为扶贫优势，激发党建攻坚原动力。二是发挥"精准"数据平台助推力。我们积极探索"大数据平台+脱贫攻坚"新模式，将精准识别出的1440户、5400人在精确录入的基础上，建成集贫困村贫困户精准识别、致贫原因、科学分析、脱贫措施、脱贫途径、脱贫项目和脱贫成效为一体的综合信息管理系统。使脱贫攻坚看得见、查得到、可统计，使帮扶干部、各级指挥部彻底摆脱了数据统计的烦琐，确保精准脱贫工作更加精准化、科学化、程序化，起到了增强责任、监督提醒和分析指挥的作用。三是金融杠杆撬动力。针对资金投入不足、特困户扶持难、农村整体发展慢等问题，我们在金融扶贫机制和方式方面大胆探索、积极创新。①落实700万元担保资金协调县信用联社发放扶贫贷款3870万元，推动合作社产业发展；②完成全县39个行政村1440户、5400人的金融支持精准扶贫电子建档工作，通过贫困户信用评级为贫困户提供5万元以下、3年以内的免抵押、免担保扶贫小额信贷支持生产发展；③与州农发行达成协议贷款1.4亿元，加强贫困村特色产业发展；④与国开行青海分行协议贷款 1.74 亿元，助力建档立卡贫困村的村级道路、环境整治、防洪工程和校安工程等基础设施建设。四是以"矿泉水+扶贫"模式带动企业反哺力。建立天津援助民营企业参与精准帮扶新模式，县政府与州农发行、青海聚能潆度饮料股份有限公司签订三方共同助力脱贫攻坚合作协议，为精准脱贫贡献力量（其中州农发行贯彻落实金融扶贫政策，向企业提供优惠贷款 2 亿元，用于企业扩大生产增加产能；银企以 500 元/人为基数每年递增 100 元的形式确保贫困人口增收）。五是开拓市场支撑力。以"政府+村委会"模式引导村级组织的模式，引导牧民购置经营多种产业，鼓励广大贫困村采取出租、入股等办法，形成多层次、多领域、多形式致富之路，增强脱贫支撑力。宁木特镇卫拉村、苏青村通过自筹和产业扶持贷款资金各自承担一半的形式，将评估价 1362.15 万元的乌力吉图集贸市场购置使用；优干宁镇智后茂村购置评估价 843.38 万元的苏勒德草原文化推广有限公司。六是挖掘文化旅游潜力。实施文化惠民、文化遗产保护、文艺精品创作和文化产业项目建设四大工程，开发黄河南蒙古历史文化博物馆、圣湖、仙女洞、亲王府、吉冈山、宗教寺院等文化旅游景点和线路，完善景区景点基础设施，培育了具有地域和民族特色的旅游新业态和消费新热点，带动景点周边剩余劳动力从事文化旅游业。旅游人数达到 27.68 万人次，收入达到 5367 万元。建设村级文化活动室，丰富村民的精神文化生活，提升了村民素质，净化了村风民风，促进了村社和谐稳定。

（七）践行"两学一做"，激发一种干劲

奋战在扶贫工作第一线的干部职工激发"艰苦不怕吃苦、缺氧不缺精神"的干劲，在各自的扶贫岗位上创造出经得起历史和人民检验的光荣业绩。他们绝对对党忠诚，始终同党中央在思想上政治上行动上保持高度一致，坚定理想信念，自觉执行党的纪律和规矩，真正做到头脑始终清醒、立场始终坚定；他们争做脱贫攻坚的开路人，勇于担当、奋发有为，适应和引领经济发展新常态，把握和顺应精准扶贫新进程，回应人民群众新期待，坚持从实际出发，带领群众一起做好脱贫攻坚工作，让老百姓生活越来越好；他们争做群众的贴心人，坚持全心全意为人民服务的根本宗旨，自觉贯彻党的群众路线，心系群众、为民造福，心中始终装着老百姓，真正做到了为群众排忧解难、热爱群众、服务群众；他们带头践行"两学一做"学习教育，在学习精准扶贫政策和知识上下功夫，在带领群众脱贫致富上出主意、想办法、出举措、争实效。

三 自查情况

我们按照省定四个考核办法要求，围绕贫困县"摘帽"、贫困村退出、贫困人口脱贫"三个六"标准，制定下发了《河南县建档立卡贫困人口和贫困村退出实施方案》和《河南县脱贫攻坚绩效考核表》，明确全县贫困人口、贫困村年度脱贫退出计划、标准和程序。由县委书记、县长亲自挂帅，组织业务精干力量，统一指挥，开展了河南县脱贫攻坚考核验收工作。由下而上，层层考核，级级脱贫。11月12日至28日，由县级领导担任组长，从县委督察室、县监察局和县扶贫开发工作领导小组各成员单位抽调工作人员，同时邀请县人大代表、县政协委员分成6个工作组参与督查巡查乡镇自查自评考核工作。各乡镇集中村"两委"班子和驻村工作队力量，形成工作组，在县扶贫开发工作领导小组业务指导下，从户、社、村、乡四级，由下而上，严格按照考核程序进行了自查自评考核工作。从考核情况来看，全县1440户、5400人建档立卡贫困人口年人均可支配收入超过3316元、有安全住房、义务教育阶段学生无因贫辍学、城乡居民基本医疗保险和基本养老保险参保率达到100%、有意愿的劳动力（含两后生）均参加了职业教育和技能培训，达到贫困人口脱贫标准，各贫困户已在脱贫确认书上签字确认脱贫，自查自评考核率达100%。同时，各乡镇在通过考核的基础上，向县扶贫开发领导小组提交了贫困村退出、贫困人口脱贫申请。由上而下，抽查验收，成效显著。收到各乡镇脱贫申请后，经精准脱贫攻坚指挥部的统一安排部署，于11月29日至12月3日，由9名县级干部带队，抽调21名懂业务的干部，分5个验收工作组从全县落实精准扶贫政策措施、整合各类资源开展精准脱贫、实现稳定脱贫的效果、脱贫攻坚资料以及存在的主要问题等方面，严格程序、严肃纪律、强化责任，从上而下深入16个贫困村进行了自查评估县级验收工作，验收抽查率达到35%。从县级验收情况来看，各乡镇村社脱贫攻坚工作均达到了比较好的效果。经统计部门测算，16个贫困村贫困发生率均低于3%、建立了村级集体经济和村级互助发展资金、有安全饮水、有通村沥青（水泥）或砂石路、有生活用电、有标准化村卫生室和村级综合办公服务中心，达到贫困村退出标准。虽然各村、各乡镇均建立了脱贫档案资料，并全面完成贫困人口基本信息录入脱贫大数据平台工作，但部分乡镇村社扎实有成效的脱贫成绩在材料上体现得不够充分，档案资料有待进一步优化完善。

通过县级验收，各贫困村和贫困人口验收评分在94—99.8分不等，已达到贫困县"摘帽"全部标准要求。

四 精准脱贫工作取得的成效

(一) 党的执政基础更加牢固

一是党的领导核心地位进一步牢固。我们始终将党建作为脱贫工作的重要抓手，动员全县党组织和广大党员干部从时代要求和全局高度出发，牢固树立脱贫攻坚工作的紧迫感和责任感，认真贯彻落实中央"四个全面"战略布局、习近平总书记扶贫开发重要战略思想。按照省州脱贫攻坚工作的部署和要求，全县各级党组织和广大党员充分发挥先锋模范作用，深入一线全程参与到建档立卡、产业扶持、基础建设等各领域、各环节，带领全县各族人民矢志不移地走上了一条韧性奋斗的脱贫致富路子，开启了与全省、全国一道全面建成小康社会的新征程。二是干群关系进一步密切。结合"两学一做"学习教育，认真落实县委、县政府精准脱贫决策部署，开展县级、科级、一般干部与各贫困村人口"一对三""一对二""一对一"帮扶活动，确保每个贫困村、贫困户都有党组织和党员干部结对帮扶，共同推进脱贫致富。随着脱贫攻坚工作的不断深入，今年是干部职工到基层群众中开展工作最多的一年，干部职工通过惠牧政策宣传、基层调研、精准识别、精准施策等工作，与群众真正走到一起、想到一起、融在一起、干在一起、吃在一起、住在一起，真正做到从群众中来，到群众中去，干群关系进一步融洽，距离进一步拉近，干部职工为民服务宗旨意识明显加强，群众切实感受到了党的关怀和温暖，坚定了跟党走、听党话、感党恩的信念。三是干部作风进一步得到转变。我们始终坚持把脱贫攻坚作为锤炼干部作风的大熔炉、检验识别干部的大舞台，全力以赴打好脱贫攻坚这场硬仗。在精准识别、精准帮扶工作中，大规模选派干部驻村帮扶，弘扬河南县干部缺氧不缺精神，以吃苦耐劳、敢打硬仗、勇于担当、乐于奉献的工作态度，以"大干、苦干、实干和能干、会干、巧干"的工作作风，形成脱贫攻坚合力新风尚，凝聚脱贫攻坚人心正能量。

(二) 建成小康社会的信心更加坚定

以在全省率先"摘帽"为契机，以精准脱贫统领各项工作，增强发展内生动力，不断完善基础设施及社会保障措施，促进经济发展取得新成绩。2016年，实现地区生产总值14.16亿元，完成地方一般预算收入4701万元，累计完成全社会固定资产投资16.7亿元，同比增长22.2%；实现社会消费品零售总额1.04亿元，同比增长10.49%；全体居民人均可支配收入13837.09元，同比增长8.49%（其中农村居民人均可支配收入8952.57元，同比增长8.99%）。经济综合实力明显增强，为脱贫致富奠定了坚实的基础，群众全面建成小康社会的信心更加坚定。

（三）贫困群众增收渠道进一步拓宽

稳步实现精准脱贫，不断壮大富民产业，增加贫困群众收入，是精准扶贫的核心任务。我们紧盯持续增加贫困人口收入提升这一核心，依照"两不愁""三保障"，围绕打造特色产业这一主线，结合"一村一产""一主一副"多元化产业扶贫发展思路，加快产业结构调整步伐，提升生产经营效益。引导规范牧民专业合作社创新模式，初步形成"企业+合作社+牧户"的畜牧业主导、多业并举产业发展新格局。目前，16个贫困村22项产业项目已完成建设任务，按照制订的"一户一策"产业发展计划，为997户、3828人落实精准到户产业扶持（含资产收益）资金3039万元；通过产业项目、"八个一批""十项工程"各项扶贫政策、项目精准落实，贫困人口人均可支配收入由2015年的2460元增至3800元，人均增收54%；贫困户年人均可支配收入超过3316元的脱贫标准。

（四）全民共享改革发展的成效更加明显

医疗卫生优惠政策覆盖率达100%，39个行政村全部建成标准化卫生室，医疗人员、设备、药品已配齐全，基本做到了贫困人口常见病不出村、大病不出县。完善教育基础设施建设，义务教育阶段各类补助政策全面落实。建立健全建档立卡贫困学生档案并实行动态管理，全面落实三江源异地上学补助政策。加强劳动力技能培训，提高贫困群众技能水平和创业就业能力，贫困人口脱贫致富渠道进一步拓宽。立足"兜底"保基本原则，及时将残疾人脱贫工作纳入整体扶贫规划，建立健全残疾人维权工作体系和社会服务体系，做到应兜尽兜、兜住兜牢。建档立卡贫困人口医保参合率、养老保险参保率均达100%，九年义务教育巩固率达95%，行政村通信网络覆盖率100%，辖区内所有行政村通电视，解决了上学难、看病难和通信难等难题，从根本上减轻困难群众的经济负担。按照"搬得出、稳得住、能致富"为宗旨，科学推进易地扶贫搬迁工程，目前集中建设安置房17栋、498套，安置贫困户498户、1892人；行政村就近分散安置新建住房293套，搬迁贫困户293户、1133人；县城和乡镇插花安置新建住房150套，搬迁贫困户150户、591人。通过一系列惠民政策、民生工程的精准落地，实现改革发展成果全民共享。

（五）牧民群众生产生活条件显著改善

通过交通专项扶贫，实现了"主动脉"畅、"毛细血管"通；通过水利专项扶贫，解决了769户建档立卡贫困户人畜饮水"最后一公里"难题；通过电力专项扶贫，推动16项电网改造，解决了12个贫困村853户用电困难问题；通过通信扶贫，解决16个贫困村通光纤宽带建设任务，实现贫困村通信网络全覆盖。围绕"三个六"脱贫退出标准，水、电、路、房、网等基础设施瓶颈问题得到有效解决。

五 存在的问题及建议

贫困县"摘帽"，在面临时间紧、任务重、底子薄，项目下达较晚、基础设施建设历史欠账较多、产业结构单一、群众观念落后依赖性强以及省上边制定政策边出台规划，"摸着石头过河"，毫无借鉴经验之地和参考依据等诸多困难和问题的重重压力下，我们"举债"推进落实，顺利实现县委精准脱贫"三步走"战略第一步，开启了全面建成小康社会的新征程。但仍存在一些困难和问题，需要在下一步工作中克服和解决。

（一）基础设施建设依然欠缺

通过近几年的努力，全县基础设施有了一定程度改观，但从同步建成小康社会的长远角度考虑，水电路信等基础设施薄弱问题依然存在。如39个行政村道路通达率达100%，但通畅率仅为39.4%；全县近1/3的牧区人口依然无法正常通电用电；9000多人饮水安全问题尚未得到彻底解决；偏远村社无通信基站，通信不畅，无法与外界进行沟通等。建议从省级层面整合行业资源，省州县协同推进，以扶贫与民生改善相结合、脱贫与长远发展相衔接，以脱贫攻坚为载体，制订完善脱贫巩固长远规划，向非贫困村基础设施建设扶持项目倾斜。

（二）产业发展和培育十分薄弱

从目前全县贫困人口从事的产业分析来看，绝大部分牧户仍以畜牧业为主要收入来源，家庭收入结构单一、受市场波动影响较大等问题并存，大多数村级集体经济管理队伍素质不高，缺少专业的经济管理队伍，村级产业经济发展能力十分薄弱，各村牧业专业合作社自身发展能力弱，带动贫困户创收致富能力不强。缺乏规模大、带动力强的龙头企业和合作经济组织。建议从省州层面协调出台牧业合作经济组织发展、贫困村村组经济管理人才培育等扶持政策举措，建立完善经营组织与贫困地区利益联结机制定向带动发展产业，合理引导生态资源整合，扶持培养畜产品流通经纪人和营销型中介机构，用以奖代补方式鼓励合作经济组织带动村级合作社长效发展，实现贫困地区脱贫致富和可持续发展。

（三）县级财政压力较大

根据省州安排部署，为全力以赴打赢脱贫攻坚战，我县在脱贫攻坚项目安排滞后脱节的情况下，精准脱贫工作除中央和省、州补助资金外，在积极衔接争取项目的同时，通过政策性贷款、地方性政府债务、整合有关配套资金等方式"举债"筹措资金，全力打造青南牧区样板示范县，目前我县地方性政府债务达7亿多元。作为牧区县，经济总量小，县级财政收支困难，难以承担如此巨额债务。建议省州在政策项目上一如既往予以支持和关注，解决地方财政压力大的问题。

（四）项目资金整合难度大

上级下达的部分项目，具有刚性政策性要求，但部分与群众意愿、地方实际不符，在政策落实及项目实施过程中，与中央提出的"去产能""去库存"要求难以达成一致，与市场供求出现脱节，难以发挥项目整合效益。如易地搬迁项目，按照省级文件要求不能直接购买商品房，不益于推进牧区城乡一体化建设。建议以重点扶贫项目为平台统筹整合使用财政涉农及重点项目扶持资金，探索解决长期以来资金使用"碎片化"等问题，形成"多个渠道进水、一个池子蓄水、一个口子放水"的扶贫项目、涉农资金统筹整合使用机制。在总结试点经验、完善制度机制的基础上，切实增强贫困地区以脱贫攻坚统揽经济社会发展全局的能力。

（五）公益性岗位开发安置仍然不足

河南县1440户贫困户中，在省州各部门的大力支持下，现已安排公益性岗位的贫困户共619户，除低保兜底户443户外，尚有378户贫困户仍未安排，但离省定"一户一岗"安置政策仍有不足。建议协调增加公益性岗位378个，达到户均一名公益性岗位的工作要求。

（六）草原管护员工薪资金尚未落实

为河南县安排的130名草原管护员公益性岗位中，已按规定程序落实到户并签订了聘用合同，但至今仍未落实工薪资金。建议协调相关部门解决我县130名草原管护员公益性岗位薪酬资金。

（七）非贫困村安全饮水仍然困难

从同步建成小康社会的长远角度考虑，河南县23个非贫困村饮水困难仍未有效解决。建议省级整合行业资源，协同推进，倾斜支持安排非贫困村水利基础设施建设及提档升级扶持项目。

（八）非贫困村缺互助资金支持贫困群众发展生产

河南县23个非贫困村没有互助资金，非贫困村牧民群众发展生产资金短缺问题仍然无法有效解决。建议省州切实考虑河南县非贫困村贫困群众发展生产资金短缺实际，安排互助资金支持贫困群众发展生产。

六 体会和经验

在省委确定河南县在2016年实现贫困县"摘帽"后，我们克服重重困难，迅速制订实施方案、迅速成立领导机构、迅速落实责任、迅速实施精准措施、迅速完成自查，与时间赛跑、赶超时间、抢抓时间，创造了扶贫领域当年确定贫困县、当年顺利完成"摘帽"的速度模式。

我们严格按照省州委精准扶贫精神和要求，以精准扶贫为建成小康社会打牢基础为准绳，顺应全县各族人民群众的新期盼，在实践中不断探索脱贫攻坚"摘帽"之路，保持了精准扶贫工作健康有序开展，引领全面建成小康社会。实践证明，县委一号文件《关于率先实现脱贫 引领小康社会的决定》中的思路和措施完全符合省委、省政府和州委、州政府的要求，完全符合河南县的实际，完全符合全县各族人民的根本利益，是中央作出"动员全党全国全社会力量，齐心协力打赢脱贫攻坚战"在河南县的生动实践。

习总书记强调："脱贫致富终究要靠贫困群众用自己的辛勤劳动来实现；没有比人更高的山，没有比脚更长的路。"我们更加深刻感受到：河南县贫困县"摘帽"自查顺利收官，开启全面建成小康社会新征程，得益于省州委的坚强领导；得益于我们学习贯彻中央和省州委关于打赢脱贫攻坚战的政治自觉；得益于国家扶贫政策和各级党委、政府以及社会各界的关心和有力支持；得益于全县各族干部群众态度坚决、立场坚定、责任担当、任劳任怨、无私奉献地奋战在脱贫攻坚第一线。

通过努力，使我们深刻体会到：做好精准扶贫工作，最根本的是有中国共产党作为我们的坚强后盾；最核心的是要深入贯彻落实省州委关于打赢脱贫攻坚战精神和要求，坚持把省州委精准扶贫要求和自治县的实际紧密结合起来，创造性地开展工作；最突出的是要将坚持把脱贫攻坚作为最大的政治、最大的任务和最大的责任来抓实抓好；最基本的是要认真贯彻并落实好党和国家出台的一系列惠民政策；最有效的是要坚持改革创新，把激活内力同借助外力结合起来，积极拓展发展空间，为经济发展提供不竭动力；最本质的是要坚持以人为本、执政为民，把改善民生和凝聚人心作为一切工作的出发点和落脚点，让困难群体早日摆脱贫困，共享脱贫攻坚成果；最重要的是坚持保护生态，把生态建设作为推动自治县发展的最大根基，协调推进经济发展与生态建设，筑牢生态保障这一基准；最实际的是民族团结进步创建活动扎实有效开展的结果；最关键的是要坚持党要管党、从严治党，夯实基层党组织基础，激励广大干部职工形成凝心聚力、踏实干事、吃苦耐劳、乐于奉献的工作氛围，为打赢脱贫攻坚战提供坚强的政治保证。

七　成果巩固

河南县贫困县"摘帽"自查顺利收官，顺利实现了县委精准脱贫"三步走"战略第一步，开启了全面建成小康社会的新征程。为巩固提升脱贫成果，我县将积极探索绿色、可持续发展之路，以创建生态文明小康示范村为突破口，以绿色发展为导向，结合特色产业项目的有效实施，筑牢脱贫根基，牢牢守住生态底线，合理引导生态资源整合，实现脱贫致富和可持续发展。

县委、县政府决定，通过4年时间，积极创建生态文明小康示范村建设，让各村基础条件、牧民群众精神面貌、生产环境和生活条件以及产业发展上有质的突破。力争到2020年，将全县39个行政村打造成为生态体验、休闲度假、民俗文化、特色产业的生态文明小康示范村。着重做好以下六个方面的工作：

（一）完善乡（镇）村规划方案

按照生态文明的理念，编制完善乡（镇）村规划方案，提高规划标准，努力实现村庄规划全覆盖。充分考虑牧民群众的生活习惯和生产需要、牲畜增减和环境承载能力等因素，对公共基础设施在规划中作出明确安排。注意搞好与土地利用总体规划、产业发展规划、农房建设和危房改造规划、生态修复建设规划的衔接，增强村庄规划的科学性、合理性。重心放在基础设施、人畜分离、垃圾处理、环境整治、公共服务、水电路网改造。

（二）大力发展牧区生态经济

培育和不断壮大水产业等富民产业，发展生态畜牧业，强化畜牧业自主创新和科技推广,抓好无公害、绿色、有机畜产品基地建设,利用与高校合作不断提高生态保护和畜牧业产业化、标准化、组织化、市场化水平。推进第一、第二、第三产业协调发展,坚持清洁生产、绿色发展,搞好传统产业的转型升级。大力推动乡村生态旅游业,推动劳动力充分就业和转移就业,形成以非牧收入为主的多元化收入结构,促进生产、生活、生态的协调发展,基本消除贫困现象。

(三) 努力改善群众生产生活条件

实施环境综合治理,全面实现垃圾"户收集、村中转、乡(镇)无害化处理"的模式,村内无污水横流和直接排污现象,畜禽生态养殖、废物综合利用、污染物有效处理,真正实现水清、路净、村美,改善牧区生产生活居住环境。

(四) 全力提升公共服务能力

按照城乡一体化的要求,推动各类公共设施、公共服务向牧区村社延伸。实现村村有标准化综合服务中心、卫生室、文化活动室、文体活动场所、便民商店、互助合作组织基金和志愿者服务队伍。普及学前教育,巩固义务教育,实现新型医疗、社保、养老全覆盖。进一步开发推广牧区新能源,大力发展太阳能路灯、太阳能热水器、太阳能光伏电站等太阳能综合利用进村入户,使广大牧民群众的生活更舒适、便利,从根本上缩小城乡差距。

(五) 继续提升文明新风

坚持经常性爱国主义、社会主义核心价值观思想教育,群众思想道德和家庭美德普遍提高。加强生态文明知识普及教育,开展形式多样、内容丰富的生态文明知识的宣传、培训活动,养成科学、健康、文明的生活方式,破除陈规陋习,形成健康向上的村风民俗。

(六) 继续加强基层组织建设

健全以党支部为核心的村级自治组织、群团组织、经济合作组织及社会组织。党组织工作制度、村民自治制度、民主议事制度、村务公开制度、村规民约制度等各项制度健全。村民的选举权、决策权、管理权、监督权得到落实。积极开展普法教育,提高村民知法守法水平。健全完善示范村治保、维稳、上访、传染病等事件的预警机制,杜绝重大安全事故,实现乡村和谐稳定。

同时,为进一步巩固提升脱贫成果,我们将坚持"一不减、两不变、三优先、一强化"的保障措施。一是帮扶队伍不撤人员不减。现行扶贫对象脱贫后,县级扶贫单位不撤,原贫困村驻村工作队不走,原贫困户帮扶责任人不散。要求驻村工作队员每周驻村2天。帮扶责任人每年逢年过节继续到帮扶户家中走访慰问。二是执行扶持政策不变。在继续执行并把握好省委、省政府《关于打赢脱贫攻坚战提前实现整体脱贫的实施意见》中"对提前实现'摘帽'的贫困县,在脱贫攻坚期内原有支持政策不变、扶持力度不减,并实行奖励"这一政策的基础上,为巩固好脱贫成果,在省委、省政府和州委、州政府的大力支持下,县委、县政府在脱贫后3年内,每年县级安排的财政专项扶贫资金继续用于村级扶持项目。深入整合县级部门财政项目资金,集中搞好交通、水利、电网改造、生态保护治理、产业培育等后续项目,提升生产生活条件。依托金融部门借贷资金扶持方式解决资金不足问题,支持重大扶贫项目建设。三是执行扶贫资助政策不变。落实低保兜底政策,实现应保尽保,稳定惠民政策措施,筑牢保障防线。贫困户小额意外伤害保险、贫困户大病医疗补充保险、雨露计划、高中职资助、贫困学生资助等政策保持不变。四是优先培育新型经营主体。支持发展水产业和专业合作社、畜牧企业,重点支持产业链条长和带动生产、加工、销售农副产品效果显著、解决牧户就业增收效果明显的新型经营主体。鼓励"大众创新、万众创业",支持具备条件的村社引进业主发展乡村旅游和电商扶贫产业。五是优先扶持股份合作产业模式。探索财政资金股权化,继续支持牧户以草场、牲畜等要素入股发展产业。六是优选重用扶贫干部。为进一步调动广大干部职工参与脱贫攻坚任务的积极性和主动性,对脱贫攻坚工作中表现突出、工作扎实的干部优先予以重用。七是强化监管。形成纪委、检察、审计等部门联合监督检查机制,对扶贫项目的争取、实施和扶贫资金使用全过程进行监督检查,确保项目可行、资金安全、规范、高效使用,坚决杜绝截留、挪用、浪费扶贫资金现象的发生。同时,加大对实施扶贫政策的住房、水、电、路的监管和维护,确保投入获得最大效益,避免因管理、监管和维护不到位而造成浪费。

(县委宣传部提供 2018年9月20日)

附　录

持续巩固脱贫成果，推进河南县绿色开放发展先行县建设规划（节选）[①]

一　把握新机遇　迎接新挑战

政策引领强劲有效，全面营造发展新环境。党中央、国务院高度重视藏区发展，先后出台了《关于支持青海等省藏区经济社会发展的若干意见》等一系列重要文件，从政策、项目、资金、技术等多方面为河南县实现跨越式发展带来了前所未有的机遇。全县把握新机遇，积极作为、砥砺前行，勇于迎接新挑战。

1. 面临前所未有发展机遇

全面建成小康社会，迈入了发展新阶段。河南作为省级贫困县，实现脱贫摘帽，需进一步巩固扶贫攻坚成果。第一个百年目标的临近，在未来三年的关键节点，全县与全国同步全面建成小康社会是最大政治任务和最大民生工程。实现第一个百年目标全心全意为人民谋福祉，稳定脱贫、长效脱贫，加快建设富裕、文明、开放、和谐、美丽的河南，推动河南发展进入新阶段。

大力实施乡村振兴战略，指引了发展新方向。进入新时代以来，党中央国务院着眼新形势做出了实施乡村振兴战略的伟大部署，要求各地按照产业兴旺、生态宜居、乡风文明、治理有效、生活富裕的总要求，建立健全城乡融合发展体制机制和政策体系，加快推进农业农村现代化。河南县作为畜牧业大县，乡村振兴战略的实施将有助于全县在破解农村产业发展"瓶颈"，改善农村人居环境，弘扬民族传统文化，提升基层治理水平，提高农牧民收入水平等方面实现突破，为新时代河南县发展指引了方向。

全面推进生态大省生态强省建设，营造了发展新环境。当前，全省生态文明建设已进入全面推进和难点重点攻坚期，站在新起点，省委、省政

[①] 青海省河南县人民政府，青海省工程咨询中心，2018年10月。

府做出了"加快从经济小省向生态大省、生态强省转变"的重大部署。河南地处三江源生态保护区，是全国重要的生态功能区，生态资源是河南最大的资源，良好的生态环境为发展生态经济提供了优势。全面推进生态文明建设，不但利于推动三江源等生态保护建设，为全国提供生态公共产品，做出独特的生态贡献，同时更利于河南县发挥无可替代的生态资源优势，发展生态经济，推动生态经济产业化，产业生态化。

加快青甘川交界地区经济发展，释放了发展新动力。加快青甘川交界地区经济发展，进一步区域促进公路等基础设施建设，将进一步促进河南发挥资源、文化、旅游等优势，扩大对外开放，提升开放红利，提升经济发展水平，提升自我"造血"的功能，进一步释放河南县经济社会发展动力。

对口支援"升级加力"，拓宽了技术资金引进新渠道。中央第五次西藏工作会议建立了对口援青工作机制。发挥援青干部桥梁纽带作用，深化与天津等援青省市交流合作，扩宽技术资金引进新渠道，加快促进自我发展能力，实现跨越发展。

扩大合作开放，拓展了发展新空间。河南是青海的南大门，与甘川藏族地区地缘相近、人缘相亲，有着广泛的合作空间。进一步加强区域、城镇之间的合作与交流，以更加主动的姿态，广泛开展文化艺术展览、旅游文化项目推介和商业演出等交流活动，大力宣传合作城市的资源优势、产业优势、品牌优势，实现互惠共赢、共同发展。

2. 积极作为迎接艰巨挑战

巩固脱贫"摘帽"成果、增进民生福祉的任务艰巨。河南县经济发展和人民生活水平与全省和全州还有很大的差距，巩固扶贫攻坚成果压力很大。此外，上学难、看病难、安居难的问题仍未得到彻底解决，科技人才短缺，教育师资力量不足，县乡村卫生机构设施简陋等情况都严重地制约了全县提高基本公共服务水平和实现均等化，民生福祉改善，与全省同步建成小康社会依然任重道远。

转换经济发展动力、提升发展质量效益的任务艰巨。河南县属于经济发展较为落后的藏、蒙等多民族集聚区，保障充分就业、保持民族稳定团结、提升民生福祉的基础，根本还是要通过发展经济，面临进一步扩大农牧业经济规模，提供更充足的就业机会，提高各民族群众生活水平，提升经济发展质量效益的艰巨任务。

创新生态保护模式、促进生态优势转化的任务艰巨。随着三江源生态保护和建设二期工程进入尾声，以实施生态修复工程为主的传统生态保护模式，已经无法满足新形势下生态文明建设的需要。因此探索建立生态保护长效机制，坚持工程措施与政策配套及体制机制创新并重，健全生态文明制度体系，将成为下一阶段河南县亟待面对的重大难题。同时由于经济基础薄弱，民生改善压力大，"如何由片面的生态保护战略逐步转变为全面经济生态保护战略，在保护生态的同时创造生态经济财富"的新课题、新任务，也是在创建生态文明先行示范县过程中面临的又一重大挑战。

加快新型城镇化建设、统筹城乡协调发展的任务艰巨。县域城镇产业发展、基础设施支撑能力不足，综合承载力偏弱，城镇吸纳劳动力空间十分有限。牧民收入水平低，资金积累量少，进城定居的积极性不高。全县城镇化发展进程缓慢，城镇化水平低，2016年年末户籍城镇化率仅为14.68%，较黄南州、全省平均水平分别低10个、26个百分点。域内除县城优干宁外其他城镇产业集聚和人口吸纳不足，自身发展潜力尚未充分发挥，城乡区域发展不平衡，乡镇基础设施落后，城乡一体化发展的难度较大。河南县在新型城镇化发展、城乡协调发展方面较全省目标存在一定差距，是未来全县工作重要的任务之一。

补齐基础设施短板、加强重点项目建设的任务艰巨。全县地方财力十分有限，人均地方公共财政收入仅1000元，属于典型的"吃饭财政"，用于基础设施的投入长期不足，各乡镇交通、电力、通信及市政基础设施建设薄弱，形成的欠账较多。由于建设资金不足，长期困扰重大基础设施项目实施。持续的基础设施短板，不仅影响城乡居民基本生活，也制约全县经济社会高质量、均衡性发展，已成为人民日益增长的美好生活需要、全面巩固提升脱贫成果、加快全面建成小康社会的短板，亟须补齐。

加强区域合作、扩大开放水平的任务艰巨。河南县作为全省对外开放的南大门，长期以来由于经济发展水平低，综合交通体系尚未建成，特别是缺乏特色产业，与周边地区同质化严重的问题，在青甘川交界地区的新一轮发展当中，总体发展靠后与区域竞争将更加激烈的现象并存，面临着不进则退的巨大压力。

创新社会治理、实现民族团结进步的任务艰巨。民族团结方面，县内城乡差距、地域差距、收入差距依然较大，基层社会治理能力建设和公共服务提供仍较薄弱，都成为民族团结、社会稳定的现实威胁。

二　迈向新时代　孕育新远景

1. 建设更加富裕文明开放和谐美丽新河南总体思路

全面贯彻落实党的十九大精神，深入贯彻习近平总书记系列重要讲话精神，适应把握引领经济发展新常态统筹推进"五位一体"总体布局和协调推进"四个全面"战略布局，以"四个转变"推动落实"四个扎扎实实"重大要求。深入落实主体功能区规划，持续推进生态文明先行区、循环经济发展先行区、民族团结进步先行区建设，推进生态环境保护、脱贫攻坚、民族地区发展。巩固脱贫攻坚成果，强化生态环境保护和建设，推进重点生态工程，加强环境治理，构建生态文明制度体系，实施乡村振兴战略，为河南增绿添彩。积极构建绿色产业体系，以转型升级、提质增效为主攻方向，以有机畜牧业为重点，推进全省畜禽养殖百亿元产业发展，增加有机、高品质畜产品供应，加快县域经济发展。加大有效投资力度，补齐短板，实施一批重大基础设施建设工程。加强青甘川交流，深化务实合作，增强内外联动，共享发展机会，实现互利共赢。大力实施创新驱动发展战略，增强发展活力。在新的起点上建设更加富裕、文明、开放、和谐、美丽新河南，确保如期实现与全国同步建成小康社会的奋斗目标。

2. 推进步骤和预期目标

新时代建设更加富裕、文明、开放、和谐、美丽新河南，在推进步骤和目标任务上，按照三年确保如期实现与全国同步建成小康社会，八年创建示范县两个阶段分步实施。

三年确保如期实现与全国同步建成小康社会。巩固脱贫攻坚成果，破解民生难点，促进就业增收，稳定民生支点，促进公共服务均等化，回应民生热点，创新社会治理，消除管理盲点。完善就业和社会保障体系，拓宽农牧民增收渠道，补齐基础设施和公共服务短板，推动基础设施提档升级，实现基本公共服务均等化，健全草原生态保护补助奖励机制，大力发展有机畜牧业，培育特色有机品牌，促进第一、第二、第三产业融合，推动绿色发展，成为带动农牧区经济发展和农牧民收入增长的重要支撑。

到2020年，确保如期实现与全国同步建成小康社会。为确保省州精准扶贫政策措施落实到位，取得实效，精准脱贫攻坚"三步走"战略目标。"先脱帽、再巩固、奔小康"三步走战略，在完成贫困县"摘帽"第一步基础上。第二步，到2018年实现提前两年脱贫目标。实现全县贫困人口全部脱贫，所有贫困村全部退出，贫困人口收入达到4000元以上；教育基本实现均等；城乡公共卫生和基本医疗服务基本均等；广播电视及网络基本覆盖；实现贫困人口不愁吃，不愁穿；实现住房安全全覆盖，基础设施建设明显改善。第三步，到2020年全面建成小康社会。利用2019年和2020年两年时间，对脱贫户进行"回头看"和脱贫扫残，切实提高中低收入人群的生产生活条件。教育、医疗、卫生、文化、住房及基础设施等基本公共服务主要领域指标达到全省平均水平，与全国同步建成小康社会。

八年创建先行县。在三年工作的基础上，再用五年时间，在更高起点、更高水平上建设富裕、美丽、和谐新河南。到2025年，打造全省生态文明先行县，力争在资源环境综合执法模式、农村环境综合整治长效机制、自然资源确权登记、生态产品价值实现机制、县级空间规划管控体系等领域开展试点，形成可借鉴、可推广的经验，为全省或州同类地区树立典范。打造全省牧区绿色产业先行县，争取在新型牧区合作机制、牧区电子商务、牧区文化旅游、特色蒙藏药等领域打响河南品牌，进一步巩固全国面积最大的有机畜牧业生产基地地位，同时形成全省重要的中高端天然矿泉水供应基地、蒙藏药种植示范基地和牧区电子商务示范基地，为全省或州同类地区构建现代畜牧业产业体系树立典范。打造全省生态智慧先行县。以生态智慧、和谐共生、体制机制创新为目标，建设符合湿地草原特质、蒙藏文化特色、人与自然和谐共生的全省生态智慧县。

三 踏上新征程 描绘新蓝图

全县发展站在了一个新的起点上，开启了新时代，把握新机遇，从培育构建绿色产业体系、提升公共服务和社会治理能力、创新区域开放合作发展新模式、加快补齐基础设施短板、发挥生态文明示范效应五大领域，积极作为、砥砺前行，持续巩固脱贫攻坚成果，努力开创河南建设新局面。

1. 培育构建绿色产业体系，打造富裕新河南

围绕生产发展、生活富裕、生态良好"三生"共赢促发展，推进河南有机畜牧业发展，提升第一产业，择优发展特色加工业，培育第二产业，积极发展旅游服务业，推动第三产业，全面构建一三联动，二产补充

的县域产业体系，全面培育壮大绿色产业，增强脱贫动力。

（1）做大做强有机畜牧业。以"全国有机畜牧业生产基地"认证为依托，以"有机畜牧业科技示范园"为支撑，强化与牧户的利益联结机制，提高良种繁育率。拓宽延长产业链和价值链，推动畜牧业接二连三，大力发展农畜产品精深加工、特色农畜产品品牌打造、市场营销等，积极构建有机畜牧全产业链条，提高产品附加值，解决劳动力就地就近就业，让牧户更多地分享价值链增值效益，提高产业促农增收能力。

实施种质资源保护。健全优质地方品种选育体系，做好河曲马、苏呼欧拉羊、雪朵牦牛的选育、提纯、供种工作。重点实施赛尔龙、柯生河曲马保种选育基地项目，保护品种资源。实施柯生、多松、赛尔龙苏呼欧拉羊良种繁育工程，新建规模2000头的专业合作社10个，存栏20000只基础母羊，并配套建设畜棚、贮草棚、管理用房等。实施赛尔龙、宁木特牦牛提纯复壮工程，新建规模500头的专业合作社10个，存栏5000头繁殖母牛，配套建设暖棚、草料棚及粪污处理等生产设施，提高优良品种在畜牧业生产中的贡献率。

提高有机畜牧养殖水平。依托"全国有机畜牧业生产基地"认证，鼓励兴办家庭牧场和现代化生态牧场，积极发展"生态、有机、高端"的规模化健康养殖。以苏呼欧拉羊和牦牛养殖为重点，全面打造以草畜散养为骨干、设施圈养为补充、暖棚化发展为主要模式有机畜牧业。依托河南全县39个生态（有机）牧民专业合作社，开展繁育技术培训工作，推广使用成熟、配套的良种繁育技术路线或根据实际情况进行改良，提高优良品种繁育能力。以草定畜，草畜结合，积极支持优质繁育户实施种畜场改造和扩建，以苏呼欧拉羊、牦牛两大牲畜为重点，建设人工授精站、标准化改良点，配备必要的测定和育种设备，提升种畜品质。

提升有机畜产品加工水平。依托有机畜牧业科技示范园，壮大有机畜产品精深加工。增加牛羊肉产品种类，大力挖掘青藏高原牦牛肉、藏系羊肉高蛋白、低脂肪、天然无污染的原料潜质，打造分割肉、风味肉、酱制品、熏烤制品、腌腊制品、干制品以及发酵制品等不同系列产品，培育发展天然有机的精选分割牛羊肉、速冻小包装等高端品牌产品。发展民族有机乳制品。依托"国家级有机乳品生产基地"认证，与新西兰林肯大学、天津科技大学、青海大学等科研机构紧密联系，以富含氨基酸及微量元素的牦牛奶为重点，构建"鲜奶收集—乳品加工—生物制品提取—乳品、生物制剂销售"全产业链。大力发展有机鲜奶、乳饮料等民族乳制品，重点发展酸奶、奶油、奶酪、奶饼、酥油等特色乳制品，创新发展牦牛冰激淋、风干酸奶等新型乳制品，积极开发控制高血压、胆固醇等功能性乳制品，不断拓宽市场空间和发展领域。开发特色生物制品。加快牛羊等动物骨、血、脏器精深加工和综合利用，积极开发毛、绒、皮、骨、血等高原无污染的纯天然保健产品，深挖加工副产品附加值。以动物血液为原料，发展全血氨基酸、脱毒牛血清、血红素、血红蛋白粉等产品。以动物脏器为原料，发展胸腺肽、氨基酸等产品。重点实施特色高原畜产品精深加工基地等项目。开发生产生态有机肥。依托河南县有机肥生产基地，以独特、丰富、食用天然百草的羊板粪为主要原料，采用高温恒温发酵技术生产优质有机肥，实现废弃物无害化利用和有机肥产业化发展。重点实施河南县有机肥料加工基地建设项目，满足当地及周边地区农业生产及牧草种植的需要。

实施牛羊肉品牌战略。明确经营主体。由企业作为区域品牌的经营主体，通过业务培训、订单分包、资源共享、指导监督等方式，制定统一的质量标准，搭建有影响力的平台，提升产品特色和品牌特色，打造区域品牌。同时，企业与牧户、分包商等合作，规范区域品牌的建设和管理，参与并承担区域品牌建设和管理，共同进行产品区域品牌的建设与市场推广。加大宣传推广力度。由县职能部门牵头联合企业制订区域品牌建设的战略规划，明确区域品牌定位，设计区域品牌识别系统。瞄准高端市场，采用现代媒体等手段，注重品牌正面形象的塑造，策划开展市场开拓等活动，提高区域品牌的知名度、认知度。加强区域品牌管理。通过注册商标、包装、形象等手段，保护原产地域产品；建立品牌的使用许可制度，分包商、农户等要向区域品牌的经营主体提出申请，并经过产品质量检测通过，符合质量标准的才能允许使用区域品牌；同时打击品牌的假冒伪劣行为，未经许可不得进入市场，防止区域品牌的滥用。

做好产品营销方案。加强产品"三统一"，支持畜产品精深加工基地及各合作社实行产品包装统一、规格统一、品牌统一的"三统一"制度，提高产品市场竞争力。制定合理价格，依据有机农畜产品质量、市场供求状况等因素决定其价格。针对不同档次的产品，制定合理价格，满足各类人群的需求。开展多种营销方式。依托自驾营地等开展有牛羊肉餐饮体验式营销，利用互联网，建立网购平台，对省内实行家庭式配送；设立会员制，建立会员档案。

优化营销渠道。加快构建混合营销渠道模式，做好旅游接待营销，依托生态观光旅游自驾营地、休闲农业、牧区旅游、民俗观光等项目，做好旅游接待营销工作，以简易、方便、精致、凸显产品品质的小包装形式，开展体验式营销。抓住事件促销，积极参加国内外产品展览会和主办会议，抓住事件促销产品。利用参加各种会议，以豪华、喜庆、凸显品牌形象的礼品装形式，提高产品知名度，提升销售业绩。建立直营连锁营销，依托省内西宁等和甘川周边旅游城镇超市、商场，设立直营连锁，国内大城市设立直营连锁店面，扩大销售渠道。突出会员模式营销。发展北京、深圳等大城市高学历、高收入有机农产品消费群体，以及饭店、机场、宾馆、医院、会所等企业会员，采取直配模式，提高销售收入。拓展国际贸易营销，发挥企业现有产品获得欧盟认证优势，积极扩展中东、东南亚市场，积极拓展国外市场。做好客户关系管理，企业做好旅游、网购、会员客户资料整理，建立客户档案，适当回访客户，建立长期的业务关系，进一步积累客户。

加强有机饲草生产储备。调整优化饲草产业区域布局，积极推行休牧、轮牧制度，落实草畜联动机制，严控草地载畜量指标，杜绝过度放牧。积极推动"飞地"模式建设草场，实施草场全方位有机管理，提高有机饲草料异地生产能力。实施草场综合治理，建立鼠虫害综合防治体系。提倡牲畜粪便返还草场均衡土壤营养物质，提升草场肥力和生物活性，建设设施棚圈，促进天然草原放牧向半舍饲转型，扩大颗粒饲料调运和储备工程的规模和范围。研究开发新型饲草料添加剂，保护饲草有机质，延长饲草储备时间。完善有机饲料储备体系，建立人工饲草料种植和储备财政补贴机制，提高牧民储备的积极性，提升有机饲草储备能力。

完善有机畜牧业经营体系。以龙头企业为依托，积极发展新型经营主体，实施"互联网+有机畜牧业"行动，建设多种形式和规范的初级市场，完善市场营销体系，推进有机畜牧业"生产—加工—物流—营销"规模化、一体化发展，扩大产品辐射区域，促进牧民增收、牧区发展。积极发展新型经营主体。培育发展专业大户，加大对传统畜牧业的改造力度，大力培育有机养殖示范大户，强化专业大户标准化建设，鼓励专业大户与龙头企业共建、联建"品种优良、设施先进、防疫规范、管理科学"的畜牧养殖示范点，将散养牧户培育成养殖专业大户，促进养殖牧民职业化。到 2020 年，力争在全县培育 20 户专业大户，发挥引领示范带动作用。扶持发展家庭牧场，支持牧区实用人才和致富带头人申办家庭牧场，适度扩大生产经营规模。鼓励家庭牧场与专业合作社、龙头企业合作，增强市场竞争力，提高养殖效益。到"十三五"末，力争扶持 10 个家庭牧场，创建 2 个优势品牌，大力发展生态观光畜牧业等新型业态。加快发展牧民合作社，积极争取省级、州级示范社项目，加快建设河南县生态（有机）牧民专业合作社，通过整合牲畜、整合草场，集合松散牧户进行标准化、合作化生产，提升合作社组织化程度，统一产品质量标准，提高抵御市场风险和市场竞争能力，打造特色标准化有机养殖示范牧场，辐射带动全县及周边牧户实现有机养殖，为全县有机畜牧业发展树立标杆，形成"分户放牧、联户经营、集中定居、一体管理"的有机畜牧新格局。到"十三五"末，在现有 39 个合作社的基础上继续整合资源，发展 10 个牧民专业合作社，促进畜牧养殖标准化、合作化生产。支持龙头企业发挥引领示范作用。推进"龙头企业+牧民合作社+牧户"合作机制。以河南县绿草源食品有限公司、河南县启龙牧场两家产业化龙头企业为依托，择优扶持一批专业大户、家庭牧场和专业合作社，引导和支持新型经营主体相互入股，逐步形成"企业+合作社+牧户"的产业化运作"订单"模式，发挥示范引领作用。通过直接投资、参股经营或签订长期收购合同等方式，与牧民专业合作社建立产销联合机制，以市场价格直接从养殖合作社进行活畜收购，保障畜产品销售渠道。同时鼓励和提倡龙头企业通过建立风险基金、最低保护价收购、按牧户出售牲畜的数量适当返还利润等多种方式，建立与牧户"利益共享、风险共担"的利益联结机制，带动农牧民发展适度规模经营，实现农牧民稳定增收。

建立健全质量安全保障体系。建立健全监管检测体系，依托国家动物防疫体系建设项目，重点实施县动物疾病预防控制中心、乡镇兽医站、村级动物防疫室、动物卫生监督所、动物防疫监督检查站及动物产品无害化处理厂等建设项目，健全动物防疫、检疫体系。鼓励和引导农畜产品生产企业、农牧民专业合作社、畜禽屠宰场、生鲜乳收购站点开展自律性检验检测。建设牧业投入品质量检测和安全评价系统。严格执行农畜产品生产投入品管理办法认真开展农畜产品质量安全专项整治活动，全面开展畜产品质量认证。推进农牧业标准化生产，严防原料性污染，严禁化肥农药进入，建立严格农产品产地防治与污染修复制度，健全牲畜投入品台账,保障动物源性食品安全。完善有机畜产品质量安全追溯体系建设。建立县、乡两级有机畜产品监测体系,加强全程监管能力。完善有机产品检验检测基础设施建设,提高检验检疫装备和检测技术水平,建设有机产品质量安全追溯平台,逐步实现农畜产品生产和进入市场、加工企业前的收购、储藏、运输等环节可追溯,提高消费者安全信心和畜产品品牌优势,增强应急处置能力。实施畜牧业保险制度。在现有的试点保险基础上,完善政策性畜牧业估算保险的运行机制,扩大财政保费的补贴范围,提高补贴标准,实现主要畜牧养殖的保险全覆盖,进一步提高牧业防灾抗灾能力。

专栏1　有机畜牧业重点项目

苏呼欧拉羊良种繁育基地及配套设施项目:建设两用暖棚、储草棚等1000栋及水电路等附属设施等。
牦牛提纯复壮良种工程:建设性能测定中心、提升改造种畜场、建设标准化改良点等。
生物科技加工项目:占地面积30亩,主要生产骨油、血红蛋白粉、动物内脏生物制品、胸腺肽、抑肽酶、氨基酸等产品。
特色高原畜产品精深加工基地:年加工牦牛8万头、藏羊12万只及乳制品、蕨麻、虫草、黄蘑菇等高原特色产品。
有机畜产品市场管理体系建设:重点健全产地批发市场、专业市场和有机畜产品专卖店等多种形式和规范的市场营销体系,积极培育专业合作经济组织,完善畜产品生产、销售一体化管理体系。
有机畜产品质量安全体系建设:积极开展畜产品质量认证,大力推行标准化生产,进一步完善有机产品生产可追溯体系,全面提升有机畜产品质量安全水平。
园区二期基础设施建设工程:逐步完善园区二期"九通一平"基础设施建设,重点建设道路、给排水、供电、供暖、通信及园区绿化美化等工程。
河南县两用暖棚:建设两用暖棚2830栋。
移动式羊圈项目:以每户520平方米的标准在20个规模较大的合作社中推广移动式羊圈,每个合作社建设4个,共80个。
饲草基地建设项目:采取"飞地"模式,在州内或周边地区租赁或流

> 转建设 10 万亩饲草基地。
> **生态畜牧业试验区建设工程**：进一步规范和扩大建设有机畜牧业生产基地，创建 20 个畜牧业标准化养殖示范社。
> **河南县林下经济种植项目**：依托西北高原生物研究所，加强院地合作，种植党参、贝母、黄芪等特色蒙藏药资源，探索组培产业化，种植规模为 100 亩。
> **河南县林下经济产业项目**：马鹿养殖，规模为 500 头，延伸鹿血、鹿茸、鹿肉精深加工产业链。

（2）壮大生态饮用水产业。打造生态饮用水品牌。依托三江之源自然品牌，立足天然冰川矿泉水资源优势，主打瀞度天然饮用水品牌，将瀞度打造成为青海省绿色经济特色品牌、全国知名矿泉水品牌。瞄准"市场中高端、产品中高位"营销定位，大力发展生态矿泉水产业，将河南县打造为青海省三江源生态饮用水产业核心基地和全国重要的中高端天然矿泉水水源供应基地。积极开展产品和品牌宣传营销，申请中华人民共和国地理标志保护，努力争创中国驰名商标，全力打造天然生态饮用水系列品牌。加强与援建省市的协调对接，利用援建优势进一步加大宣传推介力度，组织天然生态饮用水企业参加全国糖酒会等国内外展会和博览会，提升河南县天然生态饮用水影响力和知名度。

推动产品多样化发展。开发天然生态饮用水系列产品，加快河南县矿泉水扩建项目建设，对河南县天然生态矿泉水进行开发生产，提高纯净水、饮用水的开发利用水平。以聚能瀞度饮料股份有限公司为龙头，大力发展冰川矿泉水、天然含气苏打水等高端矿泉水产业。利用当地蕨麻等特色生物资源进一步研发蛋白饮料等新产品。适应高端市场发展规律，生产化妆用水、母婴水、特制用水等专用系列产品，支持企业产品多样化、专业化开发，最大限度地提升产品附加值，提高市场占有率和竞争力。

完善生产配套体系。加快构建包括现代仓储物流、产品质量检验检测、研究开发设计、知识产权在内的生态饮用水产业现代服务体系。加强产业科技研发支撑能力，配套开发系列产品，把生态饮用水作为绿色产业、特色优势产业和新的经济增长点重点扶持和培育。积极引导和鼓励发展印刷、包装等重点协作配套产业，不断完善生态饮用水产业的产业链体系。

专栏2　生态饮用水产业重点项目

瀞度物流园区建设项目：建设物流区、生产区和配套服务区。物流区用地面积11.29公顷，主要布局配送中心2个、商品储存区2个、货物冷链区、有机特色产品交易区、客户服务中心、辅助配套工程等。生产区用地面积4.59公顷，主要布局有机生态特色产品生产车间及产品展示中心。配套服务区用地面积4.17公顷。

河南县生态饮用水开发项目：对河南县天然矿泉水、纯净水、饮用水、天然含气水等进行开发生产。

植物蛋白饮料项目：利用当地蕨麻等特色生物资源开发植物蛋白饮料等新产品。

河南县专用系列水开发项目：生产化妆用水、母婴水、特制用水等专用系列产品，推动产品多样化、专业化开发。

（3）传承发展民族文化产业。推进民族文化产业品牌化。充分挖掘河南县历史文化、民族宗教文化、寺院文化、地方戏曲文化等蒙藏文化特色，加强文化传承中心和文化演艺中心建设，大力发展具有游览、购物、工艺品加工、特色饮食、各类艺术展示、旅游信息服务等功能的文化产业园和文化活动中心。设立河南县非物质文化遗产保护基金，建立非物质文化遗产传习展示所，做好现有非物质文化遗产项目的保护与传承工作，并积极整理、申报其他具有历史文化价值的非物质文化遗产项目。建设两个民族文化特色体验村，发展生态影视出版、民族歌舞演出等特色文化产业，加大对民族特色剧目和文艺精品创作支持，提高文化艺术创作水平，提升文化产品和文化服务的供给能力。发展青少年文艺培训工作，加大优秀人才的培养力度。开展"三下乡""送欢乐下基层"等服务活动，实施文化"走出去"工程，扩大文化交流活动。加快河南县赛马之都项目建设，通过举办一系列赛马文化节、赛马比赛等多种形式的文化活动，大力弘扬赛马文化，提升河南县赛马文化品牌，巩固提升集马背文化—草原文化—蒙藏互融文化为一体的蒙元"河曲文化"知名品牌，形成河南县独特的生态文化体系。

推动民族手工业传承发展。充分挖掘河南县民族手工业价值内涵，突出民间工艺品的文化传统和手艺传承。加快民族特色手工艺和民族特色服饰加工项目建设。大力发展蒙古族和藏族独具特色的民间手工艺术品、民族特需用品、宗教用品、藏饰品、藏日用品、藏文化用品等特色产品。加快手工纺织、编织、刺绣、藏毯、蒙藏服饰、头饰、刀具、皮雕、盛具、蒙古包、蒙式皮袄等特色旅游手工艺品和居家用品产业发展。加大招商引资，扶持乐乐玛等手工艺制品龙头企业，培育一批集研发、生产、销售、推广为一体的特色手工艺品民间企业，做大、做强民族特色手工业，带动旅游产业发展。鼓励和支持全民创业，加快目前小、散村集体、合作社等小作坊转化模式，从小产业、小作坊到大产业、大作为，推动民族手工业特色化、品牌化发展。

专栏 3　民族文化产业重点项目

河南县民族特色品牌加工项目：建设民族特色手工艺加工线和民族服饰加工线。
河南县文化传承中心：河南县历史文化、民族宗教文化、寺院文化、地方戏曲文化等特色蒙藏文化保护和传承。
民族文化特色体验村：深入挖掘藏蒙文化内涵，推动文化、旅游融合发展，建设两个民族文化特色体验村。
河南县赛马之都建设项目：生态体验游，建设马匹管理区、养殖区、运动区等。
河南县民族文化演艺中心：在赛尔龙乡建设当地民俗与现代元素结合的集非遗传习、蒙古文化传承、藏戏表演等为一体的演艺中心。

（4）推进特色蒙藏药产业化。提升产业支撑能力建设。成立县级蒙藏药研发中心，建设蒙藏医院蒙藏药制剂中心，加快蒙藏药研发和课题攻关相关平台建设，加强蒙藏医药科研与传承，保证蒙藏医药质量。加快推进蒙藏医药国药准字号的申报进程，进一步做大风湿专科、药浴专科等现有强势专业。突出关键领域，引进培养一批优秀的蒙藏医药人才。加快河南县医养结合、医旅结合中心项目建设，着力打造蒙藏医药在高原适应性生理调节、休闲养生、医养结合、医旅结合等旅游医疗品牌。扩建蒙藏医院，提高蒙藏医院接纳病人的能力，在西宁、兰州等地开设蒙藏医院分院，将蒙藏医院打造成青甘川藏区一流的特色民族医院。

加快蒙藏药产业化进程。充分挖掘河南县党参、大黄、冬虫夏草、雪莲、贝母、黄芪等丰富的蒙藏药资源，保护和开发现有药品资源，积极发展蒙藏药加工产业，加快蒙藏医药资源优势向产业优势转化进程，推进蒙藏医药科研生产加工项目、蒙藏药制药中心等项目建设，扩大生产规模，提高产品品质。积极开发蒙藏药胶囊、丸剂、水剂、注射剂、颗粒剂、口服液、制剂片等产品，延伸蒙藏药制造产业链，打造"蒙藏药材种植—蒙藏药采集、收购—蒙藏药加工—蒙藏中药饮片、中成药、保健食品"产业链。加快蒙藏医药对外开放步伐，积极实施蒙藏医药"走出去"战略，蒙藏医"治未病"工程和基层蒙藏医药服务提升工程，考虑发展"飞地"经济，打造蒙藏医药制造产业高地，提升品牌知名度。

专栏4 特色蒙藏药产业重点项目

蒙藏药研发中心：建设蒙藏药研发基地。

河南县蒙藏医药科研生产加工项目：占地面积30亩。主要建设饮片加工车间、提取车间、配方颗粒生产车间、中成药生产车间、库房、质检室及其他辅助设施，购置蒙藏药饮片、中成药和保健食品加工设备。

河南县医养、医旅结合中心建设项目：主要建设业务用房4000平方米及附属配套设施设备。

河南县（国家级）蒙藏医药健康养老旅游示范基地建设项目：建设中藏药材资源保护区、省级蒙藏医药科研中心、展览室、国家级药浴中心等。

河南县蒙藏医院制剂中心建设项目：建设业务用房7400平方米（其中包括科研楼、制剂中心、前处理车间、库房等）。

（5）推进新能源开发利用。积极发展分布式光伏。根据各地土地和电力接入的实际情况，因地制宜地选择"村级联建"集中式电站、村级电站、屋顶电站等光伏电站建设模式。重点发展以工业厂房、居民住宅、商业建筑、公共设施等为主要依托的屋顶分布式光伏发电系统。发展光伏发电与设施农牧用地结合，打造集太阳能发电、高效设施农牧业为一体的光伏农牧业示范基地。充分利用具备条件的牧业设施、闲置场地等扩大利用规模，发展牧光互补分布式光伏。建设优干宁镇参美村克其合滩村级电站，装机规模8兆瓦。建设代富桑沟分布式电站，装机规模10兆瓦。优化网架结构，扩大电网覆盖面，加快电网升级改造，全面提升输电通道能力与供电可靠性。全面推进户用太阳能源设备工程重点项目实施。

推进综合能源网络精准监测。围绕发电系统接入需求，大力推进智能电网技术和装备研发，研究解决各种发电系统的接入障碍，提高容许各种不同类型发电系统的接入能力，建立全面接纳高比例新能源电力的新型电力系统，提高电网稳定性和安全供给能力。重点突破分布式能源、智能微网等关键技术，构建集中式与分布式能源协调运行的综合能源网络。推动智慧能源管理与监管手段创新，加快基于能源大数据的智慧能源精准需求管理技术、基于能源互联网的智慧能源监管技术研发，大力发展智能用能终端、智能监测与调控等技术及核心装备，实现智慧能源精准监测。

专栏5　巩固脱贫光伏产业项目

优干宁镇克其合滩光伏电站项目：装机规模50兆瓦。
代富桑沟分布式电站项目：装机规模50兆瓦。

（6）推动服务业加快发展。推动商贸服务业特色化发展。优化城镇流通网络，畅通农村商贸渠道，加强现代批发零售服务体系建设。推动各类批发市场等传统商贸流通企业转变经营模式，利用互联网等先进信息技术进行升级改造。鼓励发展绿色商场，提高绿色商品供给水平。大力发展社区商业，引导便利店等业态进社区，规范和拓展代收费、代收货等便民服务。开展零售业提质增效行动，搭建线上线下融合发展的智慧商圈、智慧市场、智慧企业和智慧社区等消费平台，支持连锁经营向多行业、多业态和农村延伸。重点发展特色餐饮、服装销售、宾馆酒店以及各种日常用品销售，大力发展一批氧吧宾馆、氧吧餐厅、生态氧吧等大型一体化商业场所，突出氧吧在河南县商业发展中的特色。加大对县城重点商业区改造力度。

加快住宿餐饮转型提质。大力推进住宿餐饮业连锁化、品牌化发展，提高住宿餐饮服务的文化品位和绿色安全保障水平。积极发展绿色饭店、主题饭店、客栈民宿、短租公寓、长租公寓、有机餐饮、快餐团餐、特色餐饮、农（牧）家乐等满足广大人民群众消费需求的细分业态，形成以大众化市场为主体、适应多层次、多样化消费需求的住宿餐饮业发展新格局。鼓励发展预订平台、中央厨房、餐饮配送、食品安全等支持传统产业升级的配套设施和服务体系。推动住宿餐饮企业开展电子商务，实现线上线下互动发展，促进营销模式和服务方式创新。

培育壮大现代物流业。加大对青海藏区道路投入，提高公路等级，通过生态园区公路、汽车站、停靠站点、农村物流配送站场等交通中转站建设、物流体系建设，充分发挥河南县对周边地区的集散与辐射作用，将河南县打造成青甘川藏交会处物流集散地，带动周边商贸流通业发展。打造青甘川区域性物流节点。依托河南县位于青海南大门的区位优势，积极发展商贸物流产业，加快高速公路出口物流园区建设，重点围绕畜产品、日用品物流，形成以西宁市、甘肃省临夏市为一级销售中心、河南县为二级销售节点的畜产品、日用品商贸物流体系。积极发展农畜产品流通业，加强农畜产品物流园建设，推进订单生产和"农超对接"。新建活畜交易市场、农产品综合批发市场、有机畜产品物流中心等，完善市场体系节点。将河南县打造为青甘川藏区区域性商品、销售集散中心、物流节点。优干宁镇依托优越的地理位置、交通和毗邻城区等要素，积极开展物流中心建设项目。打造青甘川藏文化用品物流集散地。积极发展旅游纪念品、蒙藏服饰、民族用品、土特产品的集中与销售，围绕藏文化旅游用品的集中与销售，努力构建多方平台，形成促进藏文化用品加工、销售、仓储、第三方平台、快递为一体的综合商贸物流中心。

培育发展"互联网+"新业态。依托互联网、物联网等现代信息技术，支持县内企业加快电子商务创新与应用，大力推进"互联网+有机畜牧业""互联网+文化旅游"等多种形式的创新。进一步提升河南县信息化水平。积极推进"互联网+畜牧业"。以县邮政局"邮乐网"为服务平台，重点销售有机酸奶、有机牛羊肉、酥油、曲拉等特色产品，实现有机畜产品网络交易。积极衔接"京东·青海扶贫馆"，开辟特色畜产品走向全国新通道，利用电商京东强大的物流供应链体系，将有机牦牛肉干、牦牛酸奶、黄蘑菇、人参果等优质产品推向全国，初步形成电子商务产业链条，促使农牧民普遍受益。加快实施"互联网+旅游业"。推进"互联网+智慧景区"和智慧旅游公共服务平台建设，依托网站和微信二维码、公众号等手段，搭建模拟平台，构建3D网络景区，在洮河源湿地公园、曲格河南秦王府等重点景区实现免费Wi Fi、智能导游、电子讲解、在线预订、信息推送等功能全覆盖，扩大市场认知度，推进景区快捷旅游模式发展。建立旅游品牌产品营销网络体系，发展特色旅游商品网店，加强"三微一端"新媒体旅游宣传，加强传播能力、内容、平台建设，深入开展旅游宣传。加强与各类媒体合作，策划推出高质量的宣传片或采访报道，提升旅游对外影响力。加强与周边县市主要客源地的旅游合作，针对不同地域、不同层次的消费者开展精准营销。

积极推进"电子商务进农村综合示范县"建设。以河南县被商务部确定为"2017年电子商务进农村综合示范县"为依托，推进电子商务平台项目建设，进一步推动电子商务加快发展。支持企业加快移动电子商务创新与应用，鼓励电子商务运营商与物联网企业加快对接，提高电子商务智能化水平。加快有机畜牧业信息平台和应用数据库建设，完善有机畜牧追溯体系，开发有机畜牧、医疗卫生、教育、文化、旅游等管理信息系统，提高管理和服务能力。新建县级中心1个，乡村站点6个，逐步完善三级信息网络平台，推进电子商务示范企业、示范基地等重点项目建设，以信息化助推现代化发展。

专栏6 服务业重点项目

河南县有机畜产品精加工及餐饮对接配送基地建设：总占地面积20亩，主要建设生产区、仓储区、服务区及相关配套工程。

河南县有机产品物流园区：道路、排水管网、供水管网、亮化、绿化、人行道、车行道消防设施、环境设施、仓储、分拨区、服务区、加工增值区、信息平台建设等。

河南县市场体系节点完善工程：蔬菜肉类产地及重要物流节点产地型保鲜冷库、农畜产品交易市场建设、乡镇一体化供销服务社（农村经营服务综合体）建设。

河南县中型标准化农畜产品综合批发市场建设项目：新建中型标准化农产品综合批发市场两处、水电路及配套基础设施等。

河南县特色畜产品销售中心建设：新建10个特色畜产品销售中心，并配套相关设施。

（7）打造"天堂草原、纯净河南"蒙旗特色旅游。全面落实青海建设"高原旅游名省"部署，发挥河南地处青甘川交会处区位优势，积极融入"大九寨"北环线，努力构建"一心、三带、四区"旅游新格局，重点打造旅游核心景区，加快建设特色旅游城镇，着力打造"天堂草原、纯净河南"文化旅游品牌，完善旅游配套设施，将游牧转变为牧游，打造独具河南蒙旗特色旅游。

积极融入"大九寨"北环线。充分发挥地处青海旅游南大门，九黄环线北入口区位优势，加强与四川九寨沟、甘南州玛曲县、碌曲县等周边州县合作，发展入境游，打造西宁—河南县—郎木寺—九寨沟、甘南—夏河—河南县—西宁旅游通道，实现旅游资源共享、品牌共建、线路互联、节会互参。

努力构建"一心、三带、四区"旅游新格局。依托我县草原文化、赛马文化、"蒙元文化"、藏族文化和山水文化等优势，整合全县旅游资源、区位条件和旅游现状，构建以优干宁镇为中心，以S310峡谷风情风景廊道、五河公路神山圣湖风景廊道、S203草原湿地风景廊道三条旅游风景带和草原峡谷、草原圣湖、草原河曲、草原湿地四个文化生态旅游区为重要支撑，集文化、生态、交通、游憩、保护功能于一体的旅游新格局。

重点打造旅游核心景区景点。实施旅游项目带动和标准化战略，积极稳妥推进旅游标准化试点建设。按照国家A级景区标准，重点推进洮河源—李恰如山（创建4A）、仙女湖—吉岗山（创建5A）、曲格寺—亲王府红色旅游目的地、九曲黄河湾—蒙旗大草原、腾格里赛马场—蒙旗文化小镇、宁木特黄河大峡谷（创建3A）、潄度神泉公园、泽曲河（城区段）休闲带、蒙古族文化元素景观走廊、蒙藏医药健康养生旅游中心、那达慕帐篷城、自驾车旅游营地、冰雪运动基地等景区景点建设，以旅游项目集聚生产要素、促进投资增长、增强发展后劲，实现全县旅游业的突破性发展。

加快建设特色旅游城镇。加强城镇公共空间管理，实施城镇美化、亮化工程。布设特色化、主题化旅游服务设施，支撑完善旅游休闲功能。完善信息咨询、餐饮、住宿、公厕等配套服务和设施。建设优干宁蒙藏文化特色小镇、宁木特峡谷风情特色小镇、柯生乡神山圣湖特色小镇、赛尔龙草原湿地特色小镇四个旅游特色小城镇。

着力打造旅游品牌。大力培育"天堂草原、纯净河南"旅游品牌，以"亚洲最美草原"为主题，突出河南县作为"世界四大无公害超净区"地理优势，满足现代都市居民在当今自然与社会环境现状下对"纯"的需求，强化"蒙旗"这一地方特色与文化内涵，体现自然风光与民族文化有机融合，突出洮河源和洮河湿地公园对下游的重要性和影响力。邀请国内有影响力的诗人、画家、摄影家等来河南县境内采风，以县域内美景为素材进行艺术创作，提升河南县文化旅游的内涵和品位。

持续培育核心旅游产品。深入挖掘旅游资源优势，打造观光旅游、生态休闲旅游、健康旅游、文化旅游、节庆旅游（夏季那达慕、冬季那达慕、蒙旗美食节等）五大产品系列。发展旅游购物商店，注重创意设计，加强旅游商品开发，推出特色旅游商品。建设"藏地蒙族"文化长廊、旅游特色街区等项目。充分利用旅游市场优势和丰富的文化底蕴，加大旅游食品、纪念品等旅游商品的开发和生产，积极支持农民创办旅游商品生产加工企业，延长旅游商品生产加工销售产业链，创建一批旅游商品知名品牌，丰富旅游文化内涵，拓宽农民就业增收的路径，推动旅游经济再上新台阶。

不断完善旅游配套设施。鼓励特色餐饮住宿，推广地方特色旅游小吃，培育具有地域特色的主题度假民宿（蒙古族帐房度假营地、草原星空酒店）、牧区民宿、精品客栈。支持旅游商品线上线下销售，为优质特色旅游商品提供金融、物流等便利服务。完善景区游客中心、停车场、安全防护等配套设施。开展"厕所革命"，每年新建改建2—3所A级厕所。

坚持推进乡村旅游精准扶贫工程。积极争取国家旅游发展资金，整合新农村牧区、高原美丽乡村、新型城镇化、移民搬迁等各类项目资金，大力发展特色农业、观光农业、休闲农业、高效农业，积极扶持一批"农家乐"旅游示范户，规范旅游服务管理。到2020年，全县建成3—5个美丽乡村旅游经营示范点和10个具有较高服务水平的农（牧）家乐和乡村民宿。制定乡村旅游服务规范，开展农（牧）家乐星级评定工作，加强对农家乐和民宿服务的指导和培训。加大对乡村旅游的引导投入，重点打造3—5个旅游扶贫村，增强旅游产业的精准扶贫功能。

专栏7 "天堂草原、纯净河南"蒙旗特色旅游重点项目

优干宁蒙藏文化特色小镇：活化蒙藏艺术文化，构建多元化产品，以河南县蒙、藏传统历史文化和民俗文化体验为核心，集文化观光、文化体验、文化休闲、修学旅游、特色居住于一体的特色民族文化小镇。建筑外观上沿用河南县特有的白色蒙古包造型，内部业态上以蒙藏非遗展示为特色，以"商街+住宅"的形式，打造一处蒙藏文化融合交流展示的平台。重点建设亲王府酒店（四星标准）、蒙旗商街、毡房营地民族大舞台、蒙旗风情园等。

宁木特峡谷风情特色小镇：建设曲格寺——亲王府文化旅游景区，蒙藏旅游服务中心、亲王府红色旅游教育基地、寺院文化保护、唐卡学院、藏戏学堂、餐饮购物娱乐区改造等。建设宁木特黄河大峡谷风景区、水电工程、停车场、观光木栈道、游览车、垃圾桶及垃圾处理设施、户外运动、极限运动、峡谷科考站、自然体验中心等休闲娱乐设施。完善水、电、路等基础设施。

柯生乡神山圣湖特色小镇：建设吉冈山野生动植物观赏景点，动物养殖区及安全防护、吉冈山探险营地、游牧之家（酒吧）。开发双鱼湖景点项目，双鱼湖度假庄园等项目。完善水、电、路、游客服务中心等基础设施建设。

赛尔龙草原湿地特色小镇：建设洮河源国家湿地公园，高原湿地科普中心、鸟类展示馆、度假木屋等。开发李恰如山风景区项目，李恰如山自驾车营地、登山栈道、朝圣之路、朝圣经幡广场等。建设水、电、路、游客服务中心等基础设施。

河南县自驾游配套建设项目：在现有停车场基础上，扩增停车场1000平方米，建设3500平方米游客服务中心，500平方米车辆补给维修点，以及供排水、供电等服务设施，安装汽车影院。

休闲体验家庭牧场旅游项目：引导建设家庭牧场旅游点，建立相应的旅游观光设施和配套设施，提升自驾游的旅游接待能力。

（8）构建产业融合发展新局面。充分发挥资源、技术、资金等优势，探索三次产业融合发展多种方式，以加工业带动"接二连三"，以休闲农业带动"隔二连三"，向产业化经营要效益。以牧民增收为目标，促进涉牧企业集聚集群发展，创新订单农业、股份合作和生产分工等多种经营模式，引导农牧民实现标准化生产、规范化管理、集约化经营，形成稳定长效的增收机制，助力产业融合发展，拓宽牧民增收渠道。

构建三产融合产业链。以有机畜牧业为主线，延伸发展农畜产品、特色轻工业，文化旅游为新方式，商贸物流为拓展服务，打造功能齐全的规模化产业链。加快有机畜牧产业结构调整。做强有机养殖业。着力加强牦牛、藏羊本品种选育、青藏高原社区草—畜高效转化、青藏高原特色生态畜牧业关键技术集成与示范，提高牲畜良种繁育率，适度扩大养殖规模。做优特色加工业，加快畜产品精深加工，促进有机饲料、有机肥加工等相关产业发展，针对高端市场打造一批特色优势名牌产品，提高产品附加值，促进农牧民增收。做活畜牧服务业，加强农畜产品物流园、活畜交易市场、有机畜产品物流中心建设，大力推进有机畜牧业与物流电商等产业融合发展，延长畜牧产业链。充分挖掘畜牧业生态资源，鼓励牧民打造有机畜产品开发和畜牧业休闲观光为一体的综合性生态家庭牧场，加快畜牧业结构调整。培育融合新业态。加快畜牧业与畜产品加工融合，以有机畜牧业为基础，引导加工型龙头企业发展有机畜产品加工、保鲜与仓储运输业，建立有机畜产品精深加工体系，以及发展相关的饲料加工、包装等产业，支持各经营主体相互对接，努力提升产业经营化水平，实施精品名牌战略。加快产品与物流电商融合，以有机特色产业为支撑，大力推进有机畜产品、特色轻工产品生产、加工、物流、电子商务、销售等，发展应用物联网溯源系统等现代信息技术，引入新兴产业、高端服务行业实现产业升级，催化生成新的业态，实现有机产品网络交易，进一步提升信息化水平。积极发展牧游业，加快畜牧业与文化旅游融合，以绿色生态资源为依托，强化畜牧业与旅游、文化创意产业融合，开发有机产业多种功能，培育新型业态，提升有机产业价值，拓展增效增收空间。充分挖掘乡村传统文化、畜产品文化等资源，带动草原文化、民族文化、历史文化旅游消费。启动绿色农牧业发展计划，开展美丽（生态）牧场建设，鼓励牧民打造有机畜产品开发和畜牧业休闲观光为一体的综合性生态家庭牧场，带动牧民发展牧家乐、民宿、康养、文化创意、观光旅游、牧游体验等业态。引导牧民发展集现代畜牧业、休闲旅游、田园社区为一体的田园综合体。发挥产业聚集效应，加快有机畜牧业科技示范园区、有机畜牧业发展的示范基地、良种繁育基地、科技研发基地和物流园区建设。充分发挥河南县对周边地区的集散与辐射作用，建设青南牧区商品集散中心。

培育多元化产业融合主体。强化有机畜牧业合作社和家庭农场基础作用。健全农民合作社现代管理制度，采取措施帮助合作社引进年轻、优秀的技术和管理人才。建立入社牧户培训和激励机制，政府和合作社要为牧户搭建培训学习、技能竞赛、实习操作、技术创新、产品展示、信息服务等平台。积极促进成立家庭牧场协会和牧民合作社联合会，拓宽经营范围。发挥供销合作社综合服务优势。建设基层供销社和村级综合服务中心，形成县、乡、村三级销售点一体，加大销售网点改造步伐，不断丰富牧民日用消费品供应、就业培训等多样化服务的功能。建设电子商务、合作金融等平台，帮助有知识、有技术的中青年实现创业就业；通过发展村级综合服务中心和日用消费品经营销售点等劳动密集型产业，吸纳留守人员就近就业；供销合作社积极开拓家政服务、休闲旅游等现代生活服务业，实现劳务输出就业。

健全多渠道产业配套体系。创新发展订单牧业。按照"公司+基地+牧户"的经营方式，龙头企业同牧户之间签订购销合同，形成订单牧业关系。鼓励5个龙头企业与牧户签订合同，发展多种形式订单牧业，既保证企业原材料供应，也保证牧户按需养殖，避免盲目性。订单牧业具有一定的市场风险性，政府和企业为家庭牧场、专业合作社提供贷款担保，资助订单牧户参加保险。强化工商企业社会责任。鼓励从事产业融合发展的工商企业优先聘用土地流转的牧民，并为其提供技能培训、就业岗位和社会保障。引导工商企业发挥自身优势，辐射带动牧民扩大生产经营规模、提高管理水平。建立龙头企业社会责任报告制度，强化龙头企业鼓励税制，将国家相关扶持政策与企业履行社会责任情况相挂钩。健全风险防范机制。加大有机畜牧业保险力度。针对草地畜牧业生产周期长、抗御自然灾害能力弱、生产稳定性差的实际情况，积极探索建三高寒地区有机畜牧业保险制度，尽量规避牧业风险，将自然灾害对牧民收益的影响降到最低限度。鼓励发展生态畜牧业合作社保险，鼓励商业性保险机构开展畜牧业保险业务，加快发展政策性畜牧业保险。

2. 提升公共服务和社会治理能力，打造文明新河南

着力解决好事关人民群众切身利益的突出问题，加强公共服务能力建设，改进公共服务供给方式，提高政府保障水平，逐步完善覆盖城乡、多层次、可持续的基本公共服务体系，促进基本公共服务均等化。强化社会治安综合治理，加强基层政权保障和乡村精神文明建设，健全突发公共安全事件应急体系，全面深化平安河南建设。

（1）加快农牧业人口转移。按照青海省深化户籍制度改革的实施意见，加快推进户籍制度改革，着力解决农村牧区学生升学和参军进入城镇

的人口、在城镇就业居住5年以上人口、举家迁徙的农牧业转移人口等重点群体在城镇落户问题。强化地方政府推动农牧业转移人口市民化主体责任，推进教育、就业、医疗、养老、住房保障等领域配套改革，开展农村土地确权登记颁证，探索土地承包权、宅基地使用权、集体收益分配权退出机制，推动"三权"与户口脱钩，调动农牧业转移人口进城落户的积极性。运用货币化移民模式，对愿意自主进城定居的贫困家庭，适当提高标准，给予一次性货币补贴。通过整合易地搬迁建房补助、农村危房改造项目、政策性优惠贷款和农牧户自筹等方式，解决贫困户和其他农牧户所需建房资金，实施对生态脆弱地区贫困户异地扶贫搬迁，结合高原美丽乡村、美丽城镇建设，加大进城安置力度。

（2）优先发展教育事业。加快推进学前教育。提升学前教育基础设施建设，建设河南县幼儿园教师公寓。

巩固提高义务教育。继续推进"全面改薄"工程实施，扩建学校教学及辅助用房，完善风雨操场、消防等基础设施，购置急需的教学设备。实施优干宁镇第一、第二寄宿制完全小学等8所镇区中心寄宿制小学校舍及配套设施改造工程，宁木特镇第一寄宿制完全小学整体搬迁工程。全面改善薄弱学校基本办学条件，提升各乡镇九年义务办学水平。

积极发展职业教育。改善尔布藏传统藏医职业技术学校办学条件，增设蒙藏医专业和其他适用专业。探索与青海大学、湟源牧校等高校开展联合办学模式，通过托管、联办方式在专业设置、教师队伍、科学研究、实习实训等方面借智借力，整体提升职业教育办学水平，进一步增强职业教育吸引力。

专栏8　教育事业项目

宁木特第一寄宿制完全小学整体搬迁工程：建设教学用房4131平方米、学生宿舍2500平方米、学生食堂1000平方米，教师周转房40套，1400平方米，风雨操场800平方米等，附属设施及设备购置。
河南县中小学校附属设施建设项目：建设河南蒙古族自治县民族中学、优干宁镇第一寄宿制完全小学、优干宁镇第二寄宿制完全小学、多松乡中心寄宿制完全小学、宁木特镇第三寄宿制完全小学、赛尔龙乡中心寄宿制完全小学、宁木特镇第二寄宿制完全小学、柯生乡中心寄宿制完全小学阶梯教室、图书楼、学生礼堂、教师公寓、学生宿舍、食堂等。

河南县幼儿园教师公寓：建设县城幼儿园教师公寓，人均40平方米。

（3）加快发展医疗卫生事业。完善县级医疗机构基础设施。新建县第二人民医院建设项目，扩建人民医院门诊综合楼、蒙藏医院蒙藏药研究所及风湿专科楼，健全县级医疗机构体系。

加快乡镇医疗机构基础设施建设。重点建设塞尔龙、多松乡卫生院业务用房、急救室等功能用房及配套设施，全面实现城乡居民享有均等化的医疗服务。

专栏9　医疗卫生基础设施重点项目

河南县宁木特镇卫生院整体搬迁建设项目：建设业务用房8000平方米（其中业务用房7300平方米，周转宿舍700平方米）。
河南县卫生健康教育所建设项目：主要建设业务用房1000平方米及配套设施设备。
河南县突发公共卫生事件处理中心建设项目：主要建设业务用房800平方米及配套设施设备。
河南县蒙藏医院疾控中心、计生站业务办公楼重建建设项目：建设业务用房2500平方米及附属设施设备。

（4）推进食品药品监督基础设施及信息化建设。加大食品药品监督基础设施建设力度，健全食品药品监管机构，建立食品药品监督检测平台，重点建设农产品检测中心、定点屠宰检疫室，积极促进食品药品健康发展。

专栏10　食品药品监督基础设施重点项目

河南县定点屠宰检疫室建设项目：建设农产品质量安全检测中心800平方米及检验设备。
河南县农产品质量检测中心项目：化粪池、污水处理设施、检疫室、住房、仪器设备等。

（5）繁荣文化体育广播电视事业。完善广播电视基础设施，继续推进农牧区广播电视发展、河南县藏区广播电视台新媒体系统、河南县藏区广播电视监管平台、河南县藏语广播电视节目译制制作及播出能力建设，不断提高藏语广播电视节目译制制作及播出能力，加快乡镇有线电视网络及转播站设施建设、农村牧区公益电影固定放映点建设，全面提高农牧区广播电视的覆盖率。

专栏 11　文化体育广播电视基础设施重点项目

乡级有线电视网络及转播站基础设施：建设转播站 5 个，架设有线电视网络等。
河南县藏区广播电视台新媒体系统建设：网络台移动信息采集车、4G 传输系统、扩容现有技术编辑、存储系统等），青海广电互联网电视集成播控平台，中国电信智慧家庭 IP 电视业务，手机电视平台，移动电视，广播新媒体，多媒体分发系统。
河南县农村牧区公益电影固定放映点建设：乡镇（村）建设固定数字电影放映点建设。
河南县藏区广播电视监管平台：建设藏区广播电视监测网系统，实现对藏区有线电视、开路电视、卫星电视、卫星广播、开路广播的全方位监测。
河南县藏语广播电视节目译制制作及播出能力建设：新建河南县建设青海省安多藏语译制中心媒资库；配置藏语高清广播电视节目译制制作设备；州县电视节目互联网传输建设。

（6）完善社会福利及社会保障体系。加快养老服务体系建设，实施宁木特镇、赛尔龙乡、柯生乡、多松乡老年养护院（敬老院）项目。推进社会保障体系建设，落实就业培训，加强社会求助，建设基层就业和社会保障公共服务平台、健康教育及业务人员培训中心。强化就业创业设施建设，助力就业扶贫。依托"互联网+"等信息技术手段，建设公共就业创业服务信息平台，实现就业信息统一发布和信息监测。健全咨询服务队伍和服务机制，拓展服务功能和服务范围。完善积极就业政策，加大就业保障。大力推动大众创业、万众创新，促进以创业带动就业。引导劳动者转变就业观念，鼓励多渠道、多形式就业。

专栏12 社会福利及社会保障基础设施重点项目

> **河南县各乡镇养护院（敬老院）建设项目**：柯多养护院，建设面积1000平方米；优干宁镇养护院，建设面积800平方米；达参养护院，面积800平方米；托叶玛养护院，面积800平方米；秀夏日养护院，面积800平方米。

（7）有效排查化解矛盾纠纷。建立健全有机衔接、协调联动、高效便捷的矛盾纠纷多元化解机制，积极推进征地拆迁、生态保护、劳资关系等领域行业性、专业性调解组织建设，综合运用调解、仲裁、行政裁决和复议、诉讼等多种方式化解矛盾。深入推进社会稳定风险评估，完善决策程序、评估报告、等级预警、登记备案、监督制约、责任查究等制度，从源头上预防重大矛盾纠纷。坚持依法化解社会矛盾纠纷，引导群众依法行使权利、表达诉求、解决纠纷。健全社会心理服务和疏导机制、危机干预机制。深化信访制度改革，全面推行阳光信访，打造网上信访新渠道，推动信访问题在基层解决。

（8）强化社会治安综合治理。持续深化"两反一防"专项斗争，加强思想教育宣传引导，依法打击各种分裂破坏活动和违法犯罪，牢牢掌握反分裂斗争主动权。健全完善点线面结合、网上网下结合、人防物防技防结合、打防管控结合的立体化社会治安防控体系，织密社会治安防控网络。大力推进公共安全视频监控系统建设、联网和运用，加快公安警务信息综合应用平台建设，有效防范、化解、管控影响社会安定的各类风险，提高动态化、信息化条件下驾驭社会治安局势的能力。深化整治社会治安重点地区和突出治安问题，增强打击整治工作的针对性、实效性，不断提高群众安全感和满意度。加强流动人口和特殊人群服务管理，推进特殊人群帮扶管控工作专业化、社会化。

（9）加强和创新基层社会治理。全面推进网格化管理向社区、村（牧）委会、移民小区、寺院、学校延伸，实现对社会基本单元的有序管理、有效服务。完善县乡村三级综合服务管理平台，加强基层司法所、派出所和警务室、法庭建设，健全居委会、村委会、治保会、调委会群众组织。推动警务进社区、进村庄、进寺院，不断稳定和充实基层维稳专业力量，建立规范的待遇保障机制，推动形成警务工作全覆盖。加强社会组织规范化管理，深化登记管理改革，健全法制制度，推进自律与诚信建设，提升服务能力。加快社会信用体系建设，推进信用信息公开和共享，健全守信激励和失信惩戒机制，积极推进政务诚信、商务诚信、社会诚信和司法公信建设。完善基层群众自治制度，提升社区自治服务功能。积极开展基层民主协商，推动协商民主广泛、多层、制度化发展。

（10）全面深化平安河南建设。全力打造平安河南建设"升级版"，深入实施"平安细胞"工程建设，不断深化县（市区）、乡镇（街道）、村（社区）等地区平安创建，全面推进寺院、校园、交通、医院等行业平安创建及平安家庭、平安单位、平安边界创建，推动"平安细胞"建设全面覆盖，切实把平安筑牢在群众身边。持续开展平安建设基层典型培育，以点带面提高基层平安创建的整体水平。扎实推进平安与振兴工程。

（11）加强基层政权保障能力。加强州县乡基层政权基础设施和维稳防控网络体系建设，完善维稳应急物资储备及预警系统，提高基层社会管理、公共服务及处理突发事件的执政能力。重点建设民事调解委员会业务用房及附属设施、新一轮基层政权服务中心业务用房、乡镇派出所业务用房，提升乡政府整体服务能力。

（12）强化乡村精神文明建设。开展文明村镇、星级文明户、文明家庭等群众性精神文明创建活动。加强无神论宣传教育，抵制封建迷信活动。加强乡村红白理事会建设，将移风易俗纳入村规民约。引导农牧民树立科学、文明、环保的新生活观，遏制大操大办、厚葬薄养、人情攀比等陈规陋习。加强农牧区科普工作，提高农牧民科学文化素养。深入推进民族团结进步创建"进乡村"活动。

专栏13 提高社会管理重点项目

河南县民事调解委员会业务用房建设项目：业务用房4800平方米及附属设施等。

（13）健全突发公共安全事件应急体系。建立高效的决策监控系统，不断加强县乡各个部门的合作，完善部门共享，建成河南县平安城镇及重点区域治安监控系统，形成反应灵敏的监控预警系统。建立健全河南县公共安全基础设施，完成公安、武警训练系统训练基地、公安局县城警务室建设项目，保障农牧民生活和生命财产安全，促进经济社会繁荣发展。提升公共安全保障能力，营造和谐稳定的藏区社会环境。

专栏14　公共安全应急体系基础设施重点项目

河南县藏区平安城市及重点区域治安监控系统建设： 建设河南县和乡镇、学校及重点寺院治安监控系统。
河南县公安、武警训练系统训练基地： 新建训练场及购置设备。
河南县公安局县城警务室建设： 总建筑面积240平方米、购置设备及配套设施。

四　创新区域合作发展新模式，打造开放新河南

1. 促进青甘川周边地区互补互动发展

遵循"资源共享、错位发展、开放公平、平等协商、优势互补、互利共赢"的原则，创新区域合作发展模式，打破体制障碍、地方壁垒，发挥河南在全省南大门的区位优势，加快全省建设国家生态文明先行区建设；深入实施高原旅游名省建设，推进河南与西宁、省内藏区、甘川周边地区旅游产业跨区域合作，做强全省旅游支柱产业；围绕生态旅游产业发展，推进藏区贫困人口适当向西宁空间转移和职业转移，促进共享全面发展成果。

2. 构筑合作开放发展新格局

采取"政府主导""市场主导"和"企业主导"相结合"三主导复合模式"，政府作为区域经济合作体系的推动主体，市场主导作为区域产业合作的最根本动力，企业主导是区域产业合作的载体，建立公平开放的区域市场体系，搭建合作平台，构建河南与西宁海东和甘川周边地区良性互动、竞争有序、合作有道、共同繁荣的区域经济合作体系，形成循环经济合作、生态旅游发展、人员要素流动的合作开放发展新格局。

3. 搭建合作平台

河南与西宁海东和甘川周边地区合作搭建区域交通、信息网络等基础设施体系，区域生产要素的市场化流动系统，区域产业发展体系，区域城市（镇）发展体系四个层次系统作为支撑的平台。

4. 打破两个合作壁垒

河南与西宁海东和甘川周边地区政府，努力打破行政体系壁垒和地方保护主义壁垒。推进职能转换结构优化的行政创新，进行科学规范兼顾双方的利益整合，充分发挥市场配置资源的主导作用，打破产业合作的行政

体系壁垒；科学界定政府职能，厘清政府与市场的关系，依法规范地方政府的产业竞争行为，科学提供财政转移支付、区域政策和产业政策配套支持，打破地方保护主义壁垒。营造一个公平、开放、规范、有序的合作环境。

5. 建立三个合作机制

建立三个合作机制，即政府层面的协调机制、企业层面的合作机制、社会层面的互动机制。

建立政府层面的协调机制。推动建立河南与西宁海东和甘川周边地区党政主要领导对话协商机制，就资源整合、产业合作等重大问题，定期互访、会晤，达成合作共识，形成具体协议。推动建立河南与西宁海东和甘川周边地区职能部门定期对接机制，及时研究、协调、落实具体事项，使对接工作进入操作层面付诸具体实施。推动建立河南与西宁海东和甘川周边地区对接工作推动协调机制，通过建立政府层面的协调机制，及时研究、协调、部署区域合作的发展规划、具体政策、重大举措和重要事项。

建立企业层面的合作机制。充分发挥企业组织在区域产业合作过程中的积极作用，行业协会要突破行政区划限制，组成跨省行业联盟，共同制定区域产业、行业发展规划，区域产业共同市场规划，推进区域产业市场秩序建立，探索区域各类产业市场资源的衔接和整合等，从根本上推进河南与西宁海东和甘川周边地区的产业合作。

建立社会层面的互动机制。充分发挥民间组织研究河南与西宁海东和甘川周边地区产业发展战略及推进产业合作的区域产业资源要素的协作功能，以高等院校、科研院所及经济专家、离退休老干部为主体组建河南与西宁海东和甘川周边地区"合作发展咨询委员会""合作协调委员会""合作促进会"等组织；发挥三省各类商会作用，定期组织会员企业参与跨区域投资洽谈，推进合作。

6. 推进重点合作领域

大力推进区域生态经济融合发展。结合自身比较优势和发展阶段，加快区域内的生态产业转移与承接，加快形成区域比较优势充分发挥、要素资源合理有效配置的绿色、循环、低碳产业发展新格局。

加强与四川九寨沟、甘南州玛曲县、碌曲县等周边州县合作，打造西宁—河南县—玛曲—九寨沟旅游通道。加快促进区域旅游资源整合。做好旅游地资源与客源市场的协调和旅游服务及旅游服务设施与旅游地资源和客源市场协调。组建旅游集团（股份）公司，以资产重组为纽带，联合组建"三跨一多"（跨区域、跨行业、跨所有制、多功能）的大型旅游企业集团，共同培育统一开放的旅游市场，完善旅游市场竞争机制。建立旅游共同发展基金，通过合理的投融资管理体制，引导旅游企业的市场行为。参与国家、青甘川旅游投资项目的"拼盘开发"融资，按照商业银行法则，经过严格审贷，对（旅游）开发项目实行一般商业贷款或短期融资。组建合作区域旅游行业协会，实施新型旅游产品的联合开发等工作。负责出台区域旅游标准，推进旅馆业、景区（点）的统一服务标准，逐步推进诚信旅游标准、敏捷旅游标准、旅游产品标准、乡村旅游产品标准等的建设。建立旅游企业联合促销战略联盟。有实力的旅游企业可进行战略伙伴选择，建立联合促销的战略联盟。建立多层次的联合促销网络系统。加快旅游信息基础设施的一体化。开通共同旅游信息网，建设多语言网站。共享旅游电子地图资源，实行联合售票信息系统等统一平台。建立健全合作发展的政策体系。制定区域旅游业协同发展的机制，实施旅游市场的公平准入政策，建立区域旅游质监联系制度，共同协调和管理好区域内旅游市场，建立和完善突发事件应对机制和重大事件通报制度。定期交流旅游业管理和市场监察经验，联手整治市场秩序，联合打击不正当竞争行为和侵害消费者权益行为，建立跨区域和全省旅游诚信体系。

促进异地搬迁和就业人口转移。研究制定区域流动就业章程，消除流动就业壁垒。建立统一的职业资格证书互认制度和质量保障体系。建立技能人才库和技能人才相互引进使用机制。加强跨区域就业服务体系建设，建立健全青甘川外派劳务办事机构和流动就业跟踪服务体系。制定异地务工人员平等参加所在地社会保障政策，建立完善的接续机制，确保返乡后社保关系与本地顺利对接。

7. 全面落实各项对口支援任务

继续加大对口支援黄南州建设的力度，重点改善人民群众生产生活条件，加强生态环境治理，解决基础设施建设滞后，产业化发展水平较低，专业技术人员匮乏，自主创新能力欠缺等制约地区经济社会发展最为突出、紧迫和贴近民生的问题。

支持各项社会事业发展。加强教育支援工作。以学前教育、义务教育、职业教育为重点，改善办学条件，加大校舍改造、教学设备购置等方面的支援力度。提高医疗卫生服务能力。支持州、县和基层医疗机构基础设施建设及条件改善，全面提升医疗服务水平。加强农牧民创业和就业能力培训，转变就业观念，扩宽就业渠道，提升就业能力。实施扶贫救助活动。促进文化旅游事业发展。扶持黄河休闲旅游基础设施和河南县文化旅游园区设施建设。

促进产业升级。设立专项资金，开展产业引导扶持。支持中小企业发展，加大地方和部门帮扶力度，依靠天津市提供投融资、技术和人才，积极扶植农牧业加工生产、流通、仓储、文化旅游产业发展。支持特色蒙藏药材种植、加工等技术的研究与示范。深化与天津市的经济技术交流合作，引导和支持天津市有实力的企业到河南县投资兴业，联合打造知名品牌，促进资源优势向经济优势转化。

积极参与生态文明建设。重点支持天然林保护、封山育林和小流域综合治理等工程，水源涵养区、自然保护区管护设施建设。加大城镇及农村周边生态环境整治力度，完善城镇、乡镇污水垃圾收集和处理设施，严格控制污染。

强化"三基"建设。开展县级基层各领域"三基"示范点、村级阵地、乡镇"九有"工程等基层基础设施建设，加大基层组织活动场所及网络体系建设的支持力度。

支持基础设施建设。加强农牧区基础设施建设。实施有机畜牧业园区和有机草业园区基础设施工程，实施湿地保护和人居环境改善工程。

五 加快补齐基础设施短板，打造和谐新河南

完善城乡空间功能布局，加快综合交通运输体系建设，推进能源基础设施建设，强化信息基础设施建设，补齐城镇基础设施短板，提升农村基础设施水平，促进全县城乡基础设施现代化，统筹城乡基础设施发展，切实增强人民群众发展的基础支撑能力和可持续脱贫能力，加快构建和谐新河南。

1. 实施"多规合一"提速工程

加快打造"一心、双轴、三区"城镇体系空间格局。按照河南县"多规合一"试点工作，一心：以优干宁镇为县域城镇发展中心。继续加强城镇集聚效益，发展形成全县经济发展的增长极。双轴：以G0611张掖至汶川高速（优干宁至赛尔龙段）为横轴，建设东西向商贸流通、文化旅游对外大通道。突出赛尔龙乡茶马古道历史渊源和蒙元文化特色，重

点发展商贸物流和生态旅游业，打造以现代服务业为主导的经济发展轴。以 G1816 乌海至玛沁高速（优干宁至宁木特至尕群）为纵轴，建设西南向对外通道。重点发展有机畜牧业加工、新能源产业，打造以绿色工业为主导的经济轴。三区：以优干宁镇为主打造现代化发展综合功能区；以赛尔龙、柯生、多松为主打造成为绿色发展旅游功能区；以宁木特为主打造蒙藏药、有机畜产品加工业、牦牛养殖、新能源产业等为主的现代化绿色产业发展区。

2. 全面打造生态智慧河南

用好河南县"多规合一"成果，依托"多规合一"信息平台，推进"多规合一"信息平台与生态监测、自然资源资产管理、国土空间管控等平台融合，建设公共信息综合服务平台，积极推进教育、医疗信息化、治安监控、应急指挥、藏区"金保二期"建设、藏区社会救助"一门受理"公共服务信息化综合服务平台等信息网络建设，打造生态智慧河南。

加强智慧基础设施建设。加快建设光纤宽带网络，实施移动网络、联通网络建设项目、县城电信光缆建设项目，进一步夯实三网通信基础设施，扩大光纤宽带接入网在农村的有效覆盖，为"宽带河南""数字河南"奠定基础。大力发展无线宽带网络，推进移动通信基站建设，完善乡镇无线通信网基站等，构建和云计算、物联网的发展相适应的基础设施网络，打造县域互联网数据中心、网络运营中心、交易中心等。全面推广普及三网融合，加快电信网、广播电视网、互联网三网融合，实施电信三网融合示范工程。积极推进公共信息网络建设，实施电子政务内网完善工程、藏区"金保二期"建设项目、政务视频会议系统、党政专用通信网络建设项目、应急通信系统建设工程、治安监控录像网络办公自动化设施等，进一步完善县、乡、村三级公共信息网络建设，实现信息网络资源共享。到 2020 年，实现两镇四乡 39 个行政村光纤入户，通信网络覆盖率达到 95%以上。

推进智慧生态、智慧产业、智慧民生、智慧管理加快发展。在智慧转型的新经济环境下，推进智慧产业、智慧民生、智慧管理加快发展。

智慧生态，利用"多规合一"信息平台，重点建设生态环境监测信息平台、河南县智慧生态大数据平台，采用环境监测监控技术、网络传输技术、地理信息系统技术、数据统计分析技术和业务协同处理技术，在同一平台实现环境质量、重点污染源、生态状况监测全覆盖；部门间数据互联共享，提高生态环境监测预报预警水平、信息化能力和保障水平；生态环境监测与环境监管业务协同联动，根据污染物排放和自动报警信息，实施现场同步监测与执法，提升环保业务自动化、信息化水平；环境质量、重点污染源及生态状况、突发环境事件信息及时发布，提高政府环境信息发布权威性和公信力，保障公众知情权；通过平台对区域生态环境质量进行监测与评估，为考核问责地方政府落实生态文明建设任务提供科学依据和技术支撑；通过平台实现生态环境监测业务标准化、信息化运维。

智慧产业，推进信息技术在有机畜牧业、民族手工业、生态旅游业和新兴产业的渗透应用，实施电子商务行动，推进行业性电子商务平台建设，创建省级电子商务示范城镇。

智慧民生，推广应用数字城管、智能交通、智能电网、数字气象等为代表的公共应用服务。普及智能化的医疗服务，适时开展智慧养老、智慧社区、智慧医疗等惠民服务。推进智慧教育发展，建立智慧教育门户网、教育资源库、智慧学习平台。运用互联网等信息化手段，提升居民生活品质，提高幸福指数，让人民群众生活因智慧而变得更加美好。

智慧管理，加强人口基础数据库的建设应用，提高人口服务和管理的信息化水平。建设电子政务和公共服务平台，推广网上办公，实现"零距离"办事"零跑路"服务。网格化管理服务和社会治安防控体系，实施新一代的智能交通系统，建设南大门地域区划智慧标识牌，构建精细智能的城镇运行管理体系。

专栏 15 生态智慧河南重点建设项目

河南县智慧城市建设试点工程：建设实施河南县城市公共信息平台、城市公共基础数据库、智慧社区、平安河南、智慧建设等智慧城市试点工程。进行有线网络、无线网络及物联网建设 27 千米，并完成升级改造；拓展视频监控全覆盖、GPS 定位等。

青海南大门（河南县）地域区划智慧标识牌：全县区域内道路、乡村、旅游景点等建立新的区划智慧标识牌。

河南县智慧生态大数据平台：建设电子商务、电子政务、有机畜产品追溯、旅游信息服务等综合大数据平台。（智慧生态的内容）

3. 加快综合交通运输体系建设

加快对外通道互联互通。落实县域"三横两纵"道路发展格局，抢抓西成铁路建设机遇，向东打通河南至甘肃碌曲车站（西成铁路站点）对外连接通道，建设河南至赛尔龙段，向西南打通河南至玛沁对外通道，建设河南至玛沁高速公路、河同三级公路。

全面推进"四好农村路"建设。实施乡镇道路"畅通"工程，提高县乡道路通达深度和通畅水平，新建黄河沿—多松、优干宁—达久滩道路，改扩建泽库界—优干宁、多松—柯生道路。实施通村道路建设工程，改扩建乡镇通村油路25条，新建通自然村公路42条，乡村便民桥27座，实现乡村交通网络全覆盖，通达率达到100%，通畅率提高到60%。加强专线道路建设，重点建设河玛路—仙女湖、赛尔龙—李恰濡湖、赛尔龙—虎头山3条旅游专线公路。健全城乡客运体系，重点建设优干宁—尕克、优干宁—夏拉村、优干宁—柯生乡3条农村客运线路，配套建设交通停靠点，提高城乡客运班车通车率和服务水平，最大限度地方便人民群众出行。

专栏16　交通设施建设

> **对外通道**：河南县至玛沁高速公路68千米，河南县至赛尔龙乡高速公路85千米，河同公路43千米。
> **县乡公路**：新建黄河沿—多松、优干宁—达久滩道路70千米，改扩建泽库界—优干宁、多松—柯生道路40千米。
> **乡村公路**：改扩建乡镇通村油路25条共595千米，新建通自然村公路42条共364千米，乡村便民桥27座。
> **专线公路**：建设河玛路—仙女湖、赛尔龙—李恰濡湖、赛尔龙—虎头山3条旅游专线公路74千米。
> **客运线路**：建设优干宁—尕克、优干宁—夏拉村、优干宁—柯生乡3条农村客运线路。

4. 推进能源基础设施建设

加快县域主网主站建设，重点新建优干宁至泽库330千伏输电线路，丰富县域供电电源，扩增供电容量，提升供电输送能力。推进乡镇配网提升改造，新建优干宁—宁木特—塞尔龙—多松乡曲龙变35千伏变电站双回线路建设项目，提高配电网运行的灵活性和可靠性。继续完善农网升级改造，全面推进县城电网改造、无电地区电力建设工程、农牧区无电村通电建设工程等重点项目实施，将电网覆盖到全部行政村，形成村村通电的发展格局，国家电网覆盖率达到80%以上。积极推动天然气入县工程，实施河南县天然气输气管道建设项目，优干宁镇、宁木特镇燃气门站及管网建设项目。

专栏17　能源基础设施建设重点

优干宁至泽库330千伏输电线路建设工程：架设330千伏输电线路90千米。
优干宁—宁木特—塞尔龙—多松乡曲龙变35千伏变电站双回线路建设项目：架设35千伏电线135千米。
河南县无电村电网延伸工程：无电村作毛村、奇克河滩、参美村共建设10千伏电网500千米，低压电网530千米，变压器67台。
河南县天然气输气管道建设项目：建设DN150天然气管道36千米，中压燃气管道15.8千米等。
优干宁镇、宁木特镇燃气门站及管网建设项目：建设门站、加气站、燃气管道等。

5. 完善城乡基础设施

完善市政道路。加强优干宁市政道路与其他公路的衔接，继续推进截流、外迁过境带路，提高城镇过境通行能力。着力构建"Y型+方格网"路网，加快支路网建设，打通断头路，重点建设建业路、李恰如路、吉仁路、青年路等道路，提高道路通行能力，保障道路通行安全。发展静态交通设施，重点在居住区、交通枢纽、医院、学校等特殊地区，改造或新建3座公共停车场。升级改造交通指挥系统，提高城镇交通指挥智能化水平。有序发展公共自行车服务系统，建设人行道、自行车道，构建城市慢行系统，倡导绿色出行。优化乡镇道路网络功能和级配结构，宁木特镇、赛尔龙乡、柯生乡及多松乡城区主要依靠过境公路建设城镇主干路网，提高城镇交通通行能力。重点建设宁木特镇滨河路、南环路，赛尔龙乡延巴路，多松乡北环路、明德路等主次干路，合理增设改扩建支路，打通断头路，提高道路通达性，构建完善的道路网络系统，进一步地提高建成区路网密度。

专栏18 市政道路建设重点

河南县乡镇市政道路建设工程：建设市政道路总长7千米。
河南县优干宁镇机场市政道路工程：新建机场道路20千米。
河南县优干宁镇公共停车场建设项目：新建公共停车场3座，总建设面积50000平方米，监控、照明设施。
河南县乡镇慢行系统道路建设项目：在优干宁镇、宁木特镇和赛尔龙乡新建自行车道、游步道30千米及标识标牌等。

完善供水工程。保障优干宁镇供水水质安全，实施河南县察马沟水库建设项目及水源地保护工程，完成老城区供水管网改造工程，构建新城区供水管网。城镇综合供水能力显著增强，供水系统的安全性显著提升。完善乡镇供水系统，加快推进河南县多松乡水源地及供水厂建设项目，提前谋划一镇三乡供水水源地保护工作。城镇供水普及率达到95%。

专栏19 供水工程建设重点

河南县察马沟水库建设项目：新建水库一座，出水量200万立方米。
河南县察马沟水源地保护工程：网围栏48千米，警示牌及监控设施等配套设施。
河南县优干宁镇供水管网维护工程：更新及延伸供水管网38千米。
河南县多松乡水源地及供水厂建设项目：总供水规模4000吨/天，输水管50千米。

完善排水工程。完善城镇雨水收集管网系统，普查优干宁镇城镇雨污老旧管网，查缺补漏继续实施老旧管网改造项目，改造雨水管网20千米，提升城镇雨水排放能力。加快宁木特镇、赛尔龙乡、柯生乡及多松乡排水收集管网建设，各乡镇根据污水排放总量，合理控制污水处理设施规模，新建4座污水处理设施及管网，污水处理站设施采用地埋式一体化污水处理系统，总处理规模达到1900吨/天，改造及新建排污管网24.9千米。城镇污水集中处理率达到90%以上。

> **专栏 20　排水工程建设重点**
>
> **河南县优干宁镇老旧管网改造项目**：改造雨水管网 20 千米。
> **河南县宁木特镇、赛尔龙乡、柯生乡及多松乡污水处理站及管网建设工程**：总污水处理规模为 1900 吨/天，建设污水管网 25.8 千米。

实施温暖工程。建设优干宁镇新城区集中供暖工程，新增供暖面积 10 万平方米，扩建供热站 2 座，新建换热站 8 座，供热管网 13 千米。积极推进宁木特镇、赛尔龙乡、柯生乡及多松乡集中供暖，采用电力、太阳能等多种供热方式，对具备条件的居民小区、机关、企事业单位既有建筑物结合节能保温改造，逐步推进采暖方式和采暖设施改造。新建热源 4 座，总供热规模 40 万平方米，建设供热管网 20 千米。

> **专栏 21　温暖工程建设重点**
>
> **河南县优干宁镇新城区集中供暖工程**：增加供暖面积 10 万平方米，扩建供热站 2 座，新建换热站 8 座，供热管网 13 千米等。
> **河南县宁木特镇、赛尔龙乡、柯生乡及多松乡温暖工程**：新建热源 4 座，总供热规模 40 万平方米，建设供热管网 20 千米。

实施优干宁镇城市地下综合管廊项目建设，推进电力、通信、供水、供热、供气等多种市政管线集中在管廊内敷设，建设察汗旦津大街地下综合管廊 1.72 千米。实施河南县海绵城市建设项目，确保城市排水防涝安全的前提下，最大限度地实现雨水资源在县城区域积存、渗透和净化。

> **专栏 22　综合管廊建设重点**
>
> **河南县城优干宁镇地下综合管廊建设工程**：建设察汗旦津大街综合管沟 1.72 千米。
> **河南县海绵城市建设项目**：新建下沉式树池绿地 4000 平方米，透水铺装 2000 平方米，改造雨水管道 10 千米，改造游园面积 3000 平方米。

进一步完善优干宁镇生活垃圾收集、转运设施。优干宁镇新建垃圾中转站 6 处、公厕 15 座，购置垃圾箱及垃圾填埋设备，提高垃圾处理率。城镇生活垃圾集中处理率 90%以上。宁木特镇、赛尔龙乡、多松乡新建生活垃圾填埋场，柯生乡改扩建生活垃圾填埋场，总库容 21 万立方米，新增生活垃圾处理能力 24 吨/天，并配套建设环卫设施，提升清运能力，逐步实现各乡镇垃圾分类收集、封闭运输、无害化处理和资源化利用。加强源头控制，全面取缔露天垃圾池。到 2020 年，各乡镇生活垃圾集中处理率基本达到 90%。

专栏 23　环卫设施建设重点

河南县优干宁镇第二生活垃圾填埋场：填埋容量 20 万立方米及环卫设施。
河南县城环卫设施项目：建设垃圾中转站 3 处，公厕 15 座，购置垃圾箱、垃圾转运车等。
河南县宁木特镇、赛尔龙乡及多松乡生活垃圾填埋场及环卫设施：总库容 17 万立方米。
河南县柯生乡生活垃圾填埋场改扩建项目：总库容 4 万立方米。

6. 提升防灾减灾应急能力

提升城镇防灾减灾能力，增强应急救援保障能力。重点实施多松乡夏日达哇永曲河拉姆兰措河河道综合治理工程、塞尔龙景观防洪工程、柯生乡寺院沿黄河边坡治理工程，继续完善城镇沿河段防洪工程，加强河道沿岸环境整治，提高城镇防洪能力，提供城镇防汛指挥系统建设。重点建设河南县气象基础能力及灾害预警监测体系，提升基层气象站基础能力、建立气象灾害预警监测设施，完善灾害预警系统。加强农牧民安全意识教育，建立健全城镇公共消防设施建设和维护管理责任机制，实现城镇公共消防设施全覆盖。

专栏 24　综合防灾建设重点

多松乡夏日达哇永曲河拉姆兰措河河道综合治理工程：新建永曲河防洪堤 2298 米，配套踏步 4 座，拉姆兰措河新建防洪堤 8468 米，配套踏步 16 座。

河南县塞尔龙景观防洪工程：治理长度约4.761千米，修建防洪堤7.640千米，退水管4处，踏步15座。

柯生乡寺院沿黄河边坡治理工程：边坡防护3.4千米，加固山体植树造林30公顷，拦洪坝建设7座，谷坊30座。

河南县气象基础能力及灾害预警监测体系建设：基层气象站基础能力建设，突发公共事件预警信息发布系统、气象灾害监测及信息化建设、藏区骨干区域自动气象站升级改造。

7. 完善牧区基础设施

以生态文明小康村和高原美丽乡村建设为载体，将村容村貌整治与加强基础设施建设相结合，统筹实施好村内水、电、路、通信等系列工程，改善农牧民生活条件，形成整洁、便捷、舒适人居环境。

继续实施村内道路硬化工程，具备条件的39个行政村主要道路全部实现道路黑色化。在主要道路设置雨水排水沟渠，排水沟渠与道路同时进行硬化处理。建设39个村通村公路黑色化改造101千米。

实施饮水安全巩固提升工程，新建饮水安全工程23处，全面提升饮水质量。在梧桐村、苏青村等23个村新建泉室、检查井、蓄水池、饮水井等供水设施，配套建设干支管及配水管网。逐步推进已供水自然村实施提质增效工程，对72个自然村已建供水工程进行配套改造、升级、联网，改造干支管及配水管网。

全面推进宽带、广播电视村村通向户户通升级。加快扩大宽带网络覆盖范围和规模，实现所有行政村光纤入户。建设藏区应急广播系统和广播"村村响"工程，设置村庄广播站和广播设施，利用有线和无线相结合的方式，建设覆盖全县、内容丰富的农村广播网络，建立文化、法律、科技、教育平台和处置突发事件、预防自然灾害的应急广播系统。加强农牧区邮政网络基础设施建设，实现所有邮政空白村通邮。到2020年，实现全县39个行政村光纤入户，通信网络覆盖率达到95%以上；在39个村建设应急广播系统。

专栏25　农村基础设施项目

通村公路黑色化改造工程：39个村通村道路硬化改造，共计101.3千米。

> **农牧区饮水提质增效工程**：梧桐村、苏青村等23个村新建泉室2座，检查井8座，蓄水池2座，饮水井6座，干支管及配水管网112.34千米。
> **乡镇网络通信系统建设工程**：全县39个行政村光纤入户。
> **藏区应急广播系统和广播"村村响"工程**：39个村建设应急广播系统，配置智能调频播放器、大功率功放、广播话筒及高音喇叭。

六 发挥生态文明示范效应，打造美丽新河南

按照产业兴旺、生态宜居、乡风文明、治理有效、生活富裕的总要求，坚持人与自然和谐共生，牢固树立"绿水青山就是金山银山"理念，积极融入三江源国家公园体制试点，统筹山水林湖草系统治理，扎扎实实推进生态环境保护，持续提高生态文明意识，全面提升生态系统服务功能，聚力打好污染防治攻坚战，大力推进生态文明制度改革，形成节约资源和保护环境的空间结构、生产生活方式，以绿色发展引领乡村振兴，努力创建全省生态文明示范县，努力打造美丽新河南。

1. 持续提高生态文明意识

深入开展生态文明教育。全面推进党政机关干部生态文明教育培训活动，组织开展以生态文明为主要内容的专题培训班，县委党校开设生态文明教育培训课程，各级党委将生态文明教育纳入"两学一做"等干部教育中，全面强化各级领导干部"生态文明第一"的施政理念。将生态文明纳入国民教育体系，落实生态文明教育进课堂行动，通过发放《青海省省情教育读本》，全面加强对生态伦理价值、生态道德文化的教育，让学生了解青海、了解河南、了解保护三江源的重要性，认清目前生态环境所面临的形势；开展每年一次的"清洁江河源"垃圾捡拾行动，全面增强学生保护生态环境的意识和自觉性。

打造生态文化载体。持续弘扬传统生态文化，落实《青海省文化产业发展规划（2013—2020年）》将弘扬蒙古族和藏传佛教文化中人与自然和谐共生的生态智慧和哲学思想，推进相关展览和演出，把蒙古族群众保护生态的历史、文化、习俗、传统融入文化创建活动中，打造河南蒙古族省级民族文化保护区。加强生态文化宣传载体建设，重点在博物馆、文化馆、图书馆、广场、候车室等场所，因地制宜地建设生态文化宣传廊、

宣传站位、宣传信息设备，陈列宣传材料或播放宣传片。

加大生态文明建设宣传力度。开展形式多样、内容丰富的主题宣传活动，继续深入实施生态文明知识"八进"活动，组织成立由党员干部为主体的宣传工作组，报道先进典型，曝光反面事例。探索建立多元化的宣传模式，进一步发挥电视、广播、报纸、微信、微博等媒体宣传作用，开设专版、专栏和专题，扩大生态文明建设宣传报道的信息量和覆盖面。

倡导绿色生活方式。积极引导公众树立勤俭节约的绿色消费理念，鼓励消费者购买和使用节能环保产品，减少一次性用品的使用，限制过度包装，加快形成简约适度、绿色低碳、文明健康的消费方式。倡导绿色出行方式，鼓励公众使用环保型汽车、公交车、自行车等交通工具，建立共享理念，改变传统的出行模式，推进全县低碳出行，健康出行，文明出行。

构建绿色政府。打造节约型机关，全面落实《青海省〈党政机关厉行节约反对浪费条例〉实施办法》，推进党政机关厉行节约反对浪费，实施绿色办公。推行绿色决策，在城市规划、资源开发利用、土地开发等重大决策过程中，优先考虑生态环境承载力。全面实施绿色采购制度，优先采购通过绿色认证的产品和设备。

2. 大力提升生态系统服务功能

保护和恢复草原生态系统。实施草畜平衡管理，根据农业部办公厅财政部办公厅《关于印发〈新一轮草原生态保护补助奖励政策实施指导意见（2016—2020年）〉的通知》规定，要求对中度以上退化草地全面实行禁牧封育，未退化和轻度退化草地全面实行平衡管理。持续实施退牧还草工程，加大退化草地治理力度。以草原植被保护和恢复为重点，对禁牧、休牧地中中度退化草地实施补播，扭转草地退化势头。黑土滩实施牧草改良培育，恢复草地植被，提高优良牧草在草群中的比例，改善草场植被退化状况。实施鼠害、虫害、毒害草防控工程，以生态防治、生物防治为主要手段，建立防控体系，在划定鼠虫害分布区域后，集中人力、物力采取连续连片等防治措施，开展鼠虫害防治工作，确保和提高防治效果。着力加强草地改良，重点开展草地围栏、牧草补播及改良、草地灌溉设施等建设，加快建成一批高产、稳产、优质的天然草地牧场。探索建设太阳能畜棚基础设施试点工程，推行舍饲圈养，进一步减少天然草原超载牲畜数量，待试点工程取得明显成效后，向全县39个村大力推广。加强草原防火体系建设，依据草原防火等级配置草原防火设施设备，提高草地植被保护能力，做到防火有备，有火即灭。

专栏26　草原综合治理项目

禁牧封育和草畜平衡管理：将国家已核定43.56万公顷退化草地禁牧补助、15.43万公顷未退化和轻度退化草地实行草畜平衡奖励，实施范围为全县涉及执有草原承包经营权证的6403户所有承包户。

退牧还草工程

草原围栏：按照划区轮牧的要求，合理布局，在具体单元划分上要综合考虑草场优劣程度、草原承载力、牲畜数量等因素确定围栏单元面积，安排划区轮牧围栏7万公顷；休牧围栏5万公顷。

退化草原补播改良：对中度退化草原采取补播、施肥、围栏封育等措施进行治理，安排退化草原补播改良7326公顷；退化草原划破草皮改良1万公顷。

打草场培育：充分利用平坦适宜培育多年生牧草的草原，将天然草原培育为打草场，提高产草量，本规划打草量培育1.33万公顷。

太阳能畜棚：按照试点工程安排，规划对留居草场实行草畜平衡管理，对6个乡镇安排2个试点村建设，共12座太阳能畜棚及储草棚，每座太阳能畜棚240平方米，储草棚60平方米；共建设太阳能畜棚2880平方米，储草棚720平方米。

黑土滩综合治理：对原生植被盖度在10%以下集中连片的"黑土滩"型退化草地采取灭鼠—种植牧草—强制禁牧的综合治理技术路线，治理规模1.8万公顷。

草原有害生物防控：建立健全县草原鼠虫害、雪灾、旱灾等自然灾害应急预案体系；防治高原鼠兔106.6万公顷、防治高原鼢鼠30万公顷、防治草原毛毛虫虫害12万公顷、毒害草0.5万公顷。

草原防火：新建400平方米的1座防火储备物资库，建设一批防扑火设备、通信保障设备，配备10辆防火车，建设1套防火检测系统。

保护和培育森林生态系统。坚持保护优先、自然恢复为主，坚持数量和质量并重，坚持封山育林、人工造林并举，宜封则封、宜造则造、宜林则林、宜灌则灌，对河源地的水源涵养林、水土保持林、防沙固沙林等重点生态林和高海拔植被恢复困难、林木覆盖度低的地区实施全面封育，所有季节禁牧；对光热条件好、覆盖度高、非生态脆弱区的林地实施季节性封育；以城镇绿化为重点，根据立地条件，以适宜树种为主，推进国土绿化；加强森林有害生物防控，尤其是金龟子幼虫蛴螬的防控，提升有害生物防治能力，逐步形成有害生物监测预警体系；积极开展森林防火，强化和完善森林防火预防、扑救、保障三大体系建设，最大限度地减少森林火灾发生和灾害损失。

专栏 27　森林综合治理项目

> **公益林体系建设**：为实现"越管越好、越管越多"的目标，对国有和集体公益林，采取有效措施进行管护。现有林管护总规模 22.1 万公顷。
> **封山育林**：规划对现有疏林地和较为稀疏的灌木林地实施封育，封育面积 5 万公顷。
> **人工造林**：实施"青海省国土绿化提速行动计划"、天然林资源保护等工程共造林 0.2 万公顷。
> **森林有害生物防控**：完成防控面积 0.2 万公顷（金龟子幼虫蛴螬）。完成县（镇）及所属国有林场应急防治专业队建设，提高县级及所属国有林场防控能力。
> **森林防火工程**：在重点林区建设一套林火监测系统；每个乡镇建设 120 平方米的防火储备物资库，并配备防火装备设备。

保护和修复湿地与河湖生态系统。加强湿地保护与修复，保护和促进湿地植被恢复，优化湿地生态系统结构和恢复湿地生态功能，逐步遏制湿地退化缩减趋势，实现湿地质量和数量同步提高；通过采取生态岸线恢复、水生植物恢复等措施，逐步改善洮河源国家湿地公园环境，有效保护自然资源、文化资源和生态系统，将其建设成集自然保护、科学研究、科普宣传教育、生态旅游为一体的，具有中国西部高原湿地特色和国际影响的湿地公园。加大水土保持实施力度，坚持面上封育、点上治理的原则，以小流域为单元，通过营造水土保持林、人工种草、封禁治理、建设谷坊等措施，增强土壤抗侵蚀能力，形成有效的防护体系，减轻水土流失。

专栏 28　湿地与河湖综合治理项目

湿地保护与恢复工程：加强三江源生态保护和建设二期工程规划的湿地恢复和流域生态治理，规划区对湿地斑块进行封育保护，封禁规模2万公顷；建设洮河源国家级湿地公园。

水土保持治理工程：治理水土流失面积2400公顷。其中，营造水土保持林1020公顷，包括乔木林271公顷，灌木林749公顷；人工种草1380公顷，排水工程15.5千米，建设谷坊590座、拦砂坝47座、小型蓄水池24座。

3. 聚力打好污染防治攻坚战

深入实施污染防治行动计划。全面落实国家水、大气、土壤三大污染防治行动计划及青海省实施方案。改善水环境质量，调查评估集中式地下水型饮用水水源补给区域环境状况，定期监测并公开饮用水安全状况信息。治理黄河、洮河及小流域河道，强化区域水生态保护，提高水源涵养功能。全面实施河长制，管控河湖水域岸线，提升河湖水环境质量。改善空气环境质量，控制扬尘污染，严格落实工地施工场内防降尘措施，治理燃煤污染，鼓励使用电能、太阳能等清洁能源，减少污染物排放，推进城镇绿色交通，推广新能源汽车，引导公众绿色出行。管理保护土壤环境，做好土壤环境调查和评估，建立土壤环境信息管理系统，严控新增土壤污染，建立完善的土壤环境监测能力。

有效改善人居环境质量。深入开展"家园美化行动"，持续推进实施城乡环境卫生整治工程，进一步改善城乡发展环境和人居环境，全方位治理城镇环境卫生问题，提高城镇净化、美化水平，推动环境治理规范化、精细化和常态化。建立环卫管理长效机制，健全清扫保洁机制，各乡镇配备保洁人员，实行包干责任制，各单位、工商户、牧户实行"门前三包"责任制，落实保洁责任。健全垃圾收集转运机制，政府负责垃圾的收集清运，形成"户收集、村转运、乡处理"的运行机制。继续巩固白色污染治理，推进垃圾源头分类，减量化和资源化回收利用。

推进畜禽养殖污染防治。落实好草原奖励补助政策，推进超载草地减畜，严格控制畜禽养殖规模。开展畜禽养殖禁养区、限养区划定，逐步关闭或搬迁禁养区内的畜禽养殖场（小区）和养殖专业户。规模化养殖场（小区）配套建设粪便污水贮存、处理、利用设施。鼓励和支持散养密集区实行畜禽粪污分户收集、集中处理，已建规模化畜禽养殖场抓紧治污改造，加强综合利用，确保实现达标排放；不达标的规模养殖专业户，结合农村环境整治，实现畜禽粪便收集后处理利用。因地制宜推广畜禽粪污综合利用技术模式，配套建设粪便污水贮存、处理、利用设施，规范和引导畜禽养殖场做好养殖废弃物资源化利用，并对禁养区进行修复。结合欧拉羊、牦牛规模化养殖，推广粪污生产有机肥技术，配套建设有机肥生产设施。

4. 全面推进生态文明制度改革

加快建立县级空间规划管控体系。在"多规合一"试点工作成果的基础上，开展资源环境承载能力和国土空间开发适宜性评价，全面摸清并分析国土空间本底条件，划定"三区三线"，科学实施开发强度管控，推进主要控制线落地。

不断健全生态保护补偿政策。构建符合实际和具有河南特色的生态保护补偿制度体系，进一步落实好新一轮草原生态保护补奖、天然林保护、重点公益林等生态保护补偿政策，年落实资金15107.68万元，实现草原、森林、湿地等重点领域生态保护补偿全覆盖。积极争取省级财政加大转移支付力度，发挥河南县作为重点生态功能区的特殊地位，推动省级预算内投资对基础设施建设实现倾斜，支持生态环境保护作用明显的区域性、流域性项目。构建一体化生态管护体制，加快推进各有关部门生态管护职能融合，实现草原、森林、湿地管护由部门分割向"多方融合"转变，努力构建全区域、全方位、全覆盖的一体化管护格局。开展横向跨流域生态保护补偿工作，全面落实国家关于推进横向跨流域生态补偿有关政策要求，积极向省生态文明制度改革领导小组申请，开展洮河流域横向生态补偿试点工作，争取与下游县（区）政府通过资金补偿、对口协作、共建园区等多种方式建立横向补偿关系，为我省全面推进此项工作提供示范。

积极争取开展生态产品价值实现机制试点。围绕科学评估核算生态产品价值、培育生态产品交易市场、创新生态产品资本化运作模式、建立政策制度保障体系等方面研究制订试点实施方案，加快推行第三方环境治理，完善生产产品价格形成机制，开展用能权、碳排放权、排污权和水权交易，形成具有三江源优势的碳交易体系，积极寻求生态产品价值实现、让绿水青山真正变为金山银山的有效路径，为全国提供可复制、可推广的经验和借鉴。

加快建立农村环境综合整治长效机制。加快建立全县农村环境综合整治领导协调机构，落实各乡镇、各有关部门领导责任制，实行"一把手"负总责。通过财政补助、社会帮扶、村镇自筹等方式筹措资金，建立农村环境卫生管护制度，构建农村环境基础设施运行管理机制。

探索建立自然资源资产产权制度。积极申请自然资源确权登记试点，结合农村不动产登记工作成果，逐步实现对水流、森林、山岭、草原、荒地、滩涂以及探明储量的矿产资源等自然资源统一确权登记，清晰界定全部国土空间各类自然资源资产的产权主体，划清"四个"边界，推进确权登记法治化，推动建立归属清晰、权责明确、监管有效的自然资源资产产权制度，支撑自然资源有效监管和严格保护。

健全考核评价制度和责任追究制度。制定河南县绿色发展指标体系，进一步提高绿色发展指标权重。结合生态文明示范县创建工作，进一步健全与主体功能区相适应的差异化绩效考核评价制度和奖惩机制，优化考核政策，开展自然资源资产负债表编制工作，对领导干部实行自然资源资产和耕地保护离任审计。落实领导干部任期生态环境损害责任制、问责制和终身追究制建立责任终身追究制，实行县、乡党委和政府领导成员生态文明建设一岗双责制。

建立健全自然生态空间用途管制。按照《青海省自然生态空间用途管制试点方案》，争取在河南县开展自然生态空间用途管制试点工作，形成可复制、可推广的自然生态空间用途管制制度。

探索建立县域资源环境综合执法模式。结合地方政府职能转变和机构改革，整合自然资源和生态保护管理职责、保护地部门管理职责和执法队伍力量，统一行使用途管制职责，解决"九龙治水"问题，探索资源环境综合执法模式，形成示范试点。

增设生态管护公益岗位，推进转产增收。将生态管护与巩固扶贫工作结合起来，使牧民群众在参与生态保护建设中获得稳定收益，将其由草原利用者转变为生态保护者。继续开辟生态管护公益岗位，扩大管护规模，争取将洮河源湿地等县域重点生态系统纳入生态管护范围，按照保护区内牧民"一户一岗"设置生态管护公益岗位，推进牧民向生态型就业转变。

建立生态治理责任田长效机制。在进一步巩固好县级领导干部生态责任田基础上，持续扩大覆盖面，要求全县各级干部认领责任田，规定每块责任田至少由一名干部全程跟踪并参与治理3年，直接参与草原生态治理专项行动，全面加强、提高和强化全社会对草原生态治理的重视程度，示范引领在全省范围内可复制的天然草原综合治理模式，从根本上带动全县生态治理草原综合治理模式。

5. 实施乡村振兴战略

构建乡村新格局。坚持乡村振兴和新型城镇化双轮驱动，统筹城乡发展空间，按照主体功能定位，对国土空间的开发、保护和整治进行全面安排和总体布局，推进城乡规划一体化，加快形成城乡协调发展。优化乡村发展布局，坚持人口资源环境相均衡、经济社会生态效益相统一，引导县域内人口分布、产业布局等与水土资源、生态环境等承载能力相适应，打造集约高效生产空间，营造宜居适度生活空间、保护山清水秀生态空间，延续人类和自然有机融合的乡村空间关系。分类推进乡村发展，积极顺应村庄发展规律和演变趋势，根据全县不同村庄的发展现状、区位条件、资源禀赋等要素，对现有规模较大的中心村和其他仍将存续的一般村庄进行集聚提升，对县城近郊区以及城关镇所在地的村庄加速城郊融合发展，对蒙古文化特色和草原文化特色村庄实施特色保护，对生存条件恶劣、生态环境脆弱、自然灾害频发的村庄进行搬迁撤并，分类推进乡村振兴。

建设生态宜居乡村。推进农业绿色发展，以生态环境友好和资源永续利用为导向，推动形成农业绿色生产方式，实现投入品减量化、生产清洁化、废弃物资源化、产业模式生态化，提高农业可持续发展能力。持续改善农村人居环境，以建设美丽宜居村庄为导向，以农村垃圾、污水治理和村容村貌提升为主攻方向，开展农村人居环境整治行动，全面提升农村人居环境质量。加大乡村生态保护与修复力度以大力实施乡村生态保护与修复重大工程，完善重要生态系统保护制度，促进乡村生产生活环境稳步改善，自然生态系统功能和稳定性全面提升，生态产品供给能力进一步增强。推动实现生态资源价值要进一步健全生态保护补偿机制，切实提高自然资源的科学利用水平，提高生态保护与修复综合效益，让保护生态环境得到实实在在的收益。

繁荣发展乡村文化。以社会主义核心价值观为引领，坚持精神文明和物质文明一起抓，传承发展河南县优秀蒙藏传统文化。加强思想道德建设，持续推进精神文明建设，提高牧民综合素质，提升社会文明程度，奠定乡村振兴的思想道德基础。弘扬优秀传统文化，立足蒙藏文化，在保护传承的基础上，创新性发展，赋予时代内涵，为增强文化自信提供优质载体。丰富乡村文化生活，推动城乡公共文化服务体系融合发展，增加优秀乡村文化产品和服务供给，活跃繁荣文化市场，激发乡村文化创新创造活力，提升牧民精神风貌，培育文明乡风、良好家风和淳朴民风，焕发文明新气象，凝聚实现乡村振兴的强大精神力量。

参考文献

常杰：《生态文明中的生态原理》，浙江大学出版社2017年版。

成金华、邓宏兵：《生态文明建设与区域创新发展战略研究第1辑》，中国地质大学出版社2015年版。

戴星翼、董骁：《"五位一体"推进生态文明建设》，上海人民出版社2014年版。

杜立钊、师守祥：《生态产业的选择与培育》，《草业科学》2003年第4期。

方堃：《民族地区精准扶贫难点问题研究》，科学出版社2018年版。

侯全亮：《生态文明与河流伦理》，黄河水利出版社2009年版。

姜木枝、赵金芬、曹澄青：《生态文明与我国低碳农村建设》，江西人民出版社2016年版。

廖福霖：《生态文明建设理论与实践》（第2版），中国林业出版社2003年版。

刘司可：《精准扶贫工作问题分析及对策研究》，湖北科学技术出版社2016年版。

师守祥、李凤娟：《实施基本草地保护制度促进草业可持续发展》，《草业科学》2004年第3期。

师守祥、周兴福、张志良：《牧区移民定居的动力机制、效益分析与政策建议——甘南藏族自治州个例分析》，《统计研究》2005年第3期。

孙力：《西部地区生态文明建设理论与实践》，宁夏人民出版社2013年版。

唐小平：《青海省生态系统服务价值评估研究》，中国林业出版社2016年版。

王灵桂：《精准扶贫：理论、路径与和田思考》，中国社会科学出版社2018年版。

王灵桂、张中元：《盐池的精准扶贫之路》，中国社会科学出版社2018年版。

王然：《中国省域生态文明评价指标体系构建与实证研究》，中国地质大学出版社2017年版。

张清宇：《生态文明示范工程实施路径研究出版社》，浙江大学出版社2016年版。

张维真：《生态文明 中国特色社会主义的必然选择》，天津人民出版社2015年版。

张占斌、张青：《新时代怎样做到精准扶贫》，河北人民出版社2018年版。

赵建军：《我国生态文明建设的理论创新与实践探索》，宁波人民出版社2017年版。

郑长德：《精准扶贫与精准脱贫》，经济科学出版社2017年版。

中国科学院地理与资源研究所、甘南藏族自治州旅游局：《甘南藏族自治州生态旅游发展规划》，中国社会出版社2014年版。

朱智文、马大晋：《生态文明制度体系与美丽中国建设》，甘肃民族出版社2015年版。